KB212574

말씀과 은혜와 고백과 시를 담다

여정의 한 빛

신보은 지음

엘맨

하나님의 사람을 만들어 가는 ELMAN

말씀과 은혜와 고백과 시를 담다

여정의 한 빛

신보은 지음

엘맨
하나님의 사람을 만들어 가는 ELMAN

목차

제4장 시는 날개를 타고... / 305

머리말

하나님은 은혜 베풀 자에게 은혜를 주시는 분이십니다.

이 책을 통해 하나님의 은혜를 흘러 보내려 합니다.

가뭄에 단비가 내리듯이, 가랑비에 옷자락이 젖듯이 이 책을 통해 하나님의 은혜에 젖어들기를 원합니다. 또한 이 책을 통해 하나님의 은혜를 체험하리라 믿습니다. 은혜는 그저 주어지는 것이 아니요, 은혜에 갈급하여 구하고 찾는 자에게 내려옵니다. 시간을 두고 심사숙고한 가운데 결정한 「여정의 한 빛」이란 제목 하에 "삶과 신앙과 은혜와 시"를 통해 하나님을 담아냈습니다. 첫 구원에 이르기부터 영광에 이르기까지 하나님의 말씀을 담았으며, 저자의 삶을 통해 하나님의 은혜를 자아냈습니다.

사도 바울이 "나의 나 된 것은 하나님의 은혜라" 하였듯이 필자의 삶과 모든 것이 하나님의 은혜였음을 알 수 있을 것입니다. 아울러 성도들의 삶과 모든 것 또한 하나님께 달려 있는 것입니다. 인생은 그저 맹목적으로 살아가는 것이 아니라 하나님의 사랑을 입어 살아가야 합니다. 하나님은 성도들의 신음에도 응답하시고 작은 일상에도 함께 하십니다. 하나님 앞에 나왔을 때 하나님은 반드시 우리를 만나 주실 것이며, 나아옴을 통해 은혜주심을 믿어야 합니다. 하나님께 예배함이 그저 지나가는 것 같지만 절대 그렇지 않습니다. 제아무리 험악한 사람일지라도 하나님 앞에 나아오면 하나님은 그 상한 심령을 품어 주십니다.

십자가상에 한 강도는 삶의 끝자락에서 예수님을 영접하여 그 즉시 구원에 이르렀습니다. 이 책을 쓴 의도 또한 예수를 영접하여 하나님을 잘 섬겨 저 천국에 이르자는 의도가 큽니다. 이 세상 나그네 길은 속히 지나가는 것이요, 본향으로 돌아갈 준비를 하고 사는 자는 결국 큰 영광을 볼 것입니다. 우리 모두 예수 안에 한 지체가 되어 거대한 하나님의 나라를 이루어가길 원하며, 심심한 머리말을 마칩니다. 감사합니다.

2023년 04월 07일
진달래꽃 피는 날에
신보은 목사 올림.

제1장

성경 이야기-창세기

1. 천지 창조

하나님은 말씀으로 천지를 창조하셨다.

첫째 날 "빛이 있으라" 하시니 빛이 있었고,

둘째 날 "물과 물로 나뉘라" 하시니 그대로 되었다. 궁창 아래의 물과 궁창 위의 물로 나누시고, 궁창을 하늘이라 부르셨다.

사람들의 마음에는 빛과 어둠이 있다. 빛의 사람이 있고 어둠의 사람이 있다. 빛의 사람은 예수 그리스도의 빛을 받은 자요, 빛의 자녀이다. 또한 빛의 자녀는 빛의 열매를 맺는다. 빛의 열매는 모든 착함과 의로움과 진실함에 있다(엡 5:9). 반면 어둠의 사람은 아직 예수 그리스도의 빛으로 나오지 못한 사람들이다. 우리는 어둠의 사람을 빛의 자녀로 이끌어 내야할 의무가 있다. 예수 그리스도 안에 거하는 자는 빛의 열매를 맺는 빛의 사람이다.

"참 빛 곧 세상에 와서 각 사람에게 비추는 빛이 있었나니"(요 1:9)

"어두운 데에 빛이 비치라 말씀하셨던 그 하나님께서 예수 그리스도의 얼굴에 있는 하나님의 영광을 아는 빛을 우리 마음에 비추셨느니라"(고후 4:6)

하늘은 삼층 천(天)으로 구분된다. 둘째 날 지은 하늘은 우리가 육안으로 볼 수 있는 첫째 하늘(Sky)이다. 둘째 하늘은 공중권세 잡은 자의 하늘이며(엡 2:2), 셋째 하늘은 하나님의 보좌가 있는 하늘이다. 사도 바울은 이 셋째 하늘에 끌려간 경험이 있는데, 우리는 이 3층 하늘에 주목해야 한다. 내세에 믿는 자들이 들어가는 곳이 이곳이기 때문이다. 이곳 3층 하늘이 있는 곳은 사람의 말로는 가히 표현 할 수 없을 정도로 아름답고 영광스런 곳임을 성경을 통해 알 수 있다. 성경은 이곳을 "낙원(천국)"으로 기록하고 있다(고후 12:4; 계 2:7).

"그가 낙원으로 이끌려 가서 말로 표현 할 수 없는 말을 들었으니 사람이 가히 이르지 못할 말이로다"(고후 12:4)
"이기는 그에게는 내가 하나님의 낙원에 있는 생명나무의 열매를 주어 먹게 하리라"(계 2:7)

물과 물로 나뉘시고 빛과 어둠으로 나뉘신 하나님이시다. 물은 하늘 아래의 물과 하늘 위의 물로 나뉘셨는데, 하늘 위에도 물이 있음을 알려준다. 노아 홍수 때 하늘의 창을 열고 40주야로 쏟아내신 많은 양의 물을 상상해 본다.

크게 보면 하나님의 사역은 창조 때부터 둘로 나누는 사역임을 알 수 있다. 육을 위해 사는 땅의 사람과, 하늘에 시민권을 두고 사는 하늘의 사람으로 나뉘고, 빛의 사람과 어둠의 사람으로 나뉘고, 천국과 지옥으로 나뉘고, 영생과 영벌로 나뉜다. 또한 양과 염소로 나뉘고,

기름을 가진 슬기로운 다섯 처녀와 기름을 준비하지 못한 미련한 다섯 처녀로 나뉜다(마 25장). 슬기로운 다섯 처녀는 혼인 잔치에 들어갔으나, 미련한 다섯 처녀는 혼인잔치에 들어가지 못했다. 혼인 잔치의 신랑은 예수님을 상징하며, 신부는 성도를 상징한다. 곧 성도의 신랑은 예수님이시다.

또한 두 사람이 밭에 있으매 한 사람은 데려가고 한 사람은 버려둠을 당할 것이요, 두 여자가 맷돌질을 하고 있으매 한사람은 데려가고 한사람은 버려둠을 당할 것이다(마 24:40-41). 결국 구원받은 자와 구원받지 못한 자로 나누시는 하나님이시다. 예수님이 십자가에서 운명하실 때 성소와 지성소를 구분하는 휘장이 둘로 나뉘었다. 우리는 영적 눈을 크게 뜨고 이 사실에 대해 유심히 살펴보아야 한다. 예수님의 십자가 보혈의 공로를 덧입고 지성소까지 담대히 나아가야만 하나님을 만날 수 있는 것이다.

셋째 날에 하나님이 땅과 바다를 지으셨다.

"뭍이 드러나라"하시니 말씀대로 이루어져 뭍을 "땅"이라 부르시고 모인 물을 "바다"라 부르셨다. 땅은 풀과 씨 맺는 채소와 각기 종류대로 씨가진 열매 맺는 나무를 내라 하시니 그대로 되었다. 하나님이 보시기에 좋았다.

넷째 날은 해, 달, 별을 지으셨다.

징조와 계절과 날과 해를 이루라 하시고, 해, 달, 별들을 하늘에 두시고 이들로 땅을 비추라 하시고, 해로 낮을 주관하게 하시고, 달과 별들로 밤을 주관하게 하셨다. 이들을 통해 빛과 어둠을 나뉘게 하시니 하나님이 보시기에 좋았다. 여기서도 나누는 작업이 있음을 알 수 있다. 밤과 낮, 빛과 어둠으로 나누시는 하나님이시다. 이스라엘 백성들이 거한 애굽의 고센 땅에는 빛이 있었으나, 고센 땅을 제외한 애굽의 온 땅이 3일 밤낮으로 어둠이었던 때가 있었다(출 10:22-23). 여기서 빛은 첫째 하늘에 있는 햇빛으로 첫째 날 창조된 빛과는 다른 빛이다. 예수님의 빛은 햇빛과 비교할 수 없을 정도로 강한 빛이시다. 그러므로 천국에서는 밤과 어둠이 없다고 말하고 있다(계 22:5). 밤과 어둠이 없는 이유는? 예수님의 빛이 영원히 비추는 곳이 천국이기 때문이다. 반면 예수님과 함께하지 않는 사람은 어둠에 거하기 마련임을 직시해야 한다.

다섯째 날은 물고기와 새를 창조하셨다.

물고기는 생육하고 번성하여 바닷물에 충만 하라 하시고, 새들도 하늘을 날고 땅에 번성하라 하시니 그대로 되었다. 모든 생물들을 각기 종류대로 창조하시니 하나님이 보시기에 좋았다. 각기 종류대로 질서 있게 창조하시는 질서의 하나님이심을 알 수 있다.

여섯째 날 가축과 기는 것과 짐승들을 종류대로 내라 하시니 그대로 되고, 마지막에 사람을 지으셨다. 하나님이 보시기에 심히 좋았다. 이처럼 하나님 보시기에 심히 좋은 만물이 인간의 타락과 함께 썩어짐의 종노릇하며 탄식하고 있다(롬 8:19-21). 그러나 예수 그리스도의 재창조 사역으로 말미암아 "새 하늘과 새 땅" 곧 새 세계, 새 나라, 하나님의 왕국이 도래케 된다(계 21:1).

하나님은 아름다운 에덴동산을 창조하신 후 마지막에 사람을 지으셨다. 사람은 하나님의 형상과 모양대로 남자와 여자로 지으셨다. 먼저 아담을 흙으로 빚으시고 그 코에 생기를 불어 넣어 '생령'이 되게 하셨다(창 2:7). 여기서 "생기"는 "생명의 호흡"이란 뜻으로, 인간(아담)은 말씀으로만 지어진 짐승들과 달리 하나님의 호흡을 그 육신에 직접 불어 넣어 주신 것이다. 그러므로 사람들의 생명은 하나님께 있음을 알아야 한다. 하나님께서 그 호흡을 취하시면 다시 흙으로 돌아갈 존재이다. 에스겔은 환상을 보았는데, 하나님께서 골짜기의 마른 뼈들에게 "생기"를 불어 넣으시니 이 뼈들이 힘줄과 살과 가죽을 입고 살아났다(겔 37:1-14). 또한 "생령"은 "살아 움직이는 생명체"란 뜻으로, 사람은 하나님의 생명을 받고 하나님과 교제하는 영적 존재로 지음 받았다. 사람만이 예배를 통해 하나님과 교제하는 존재가 되었다. 그러므로 사람은 하나님을 예배하는 존재로 살아야 한다.

하나님께서 아담을 깊이 잠들게 한 후 갈빗대 하나를 취해 하와(여자)를 만드셨다. 하와를 첫 대면한 아담의 고백이 "이는 내 뼈 중의 뼈요 살 중의 살이라"(창 2:23)고 자신과 한 몸임을 고백했다. 부부는 한 몸으로써, 하나님이 짝지어 주신 것을 사람이 나누지 못한다(마 19:6). 아담과 하와는 "돕는 배필"로서 서로 벌거벗었으나 부끄러워하지 아니하며 아름다운 에덴동산에서 죄 없는 행복한 삶을 살았다. 하나님은 사람을 최적의 살기 좋은 곳 에덴에 두시고, 그들로 에덴의 모든 것을 다스리게 하셨으며, 하나님과 사람 사이에 언약을 세우셨다.

"하나님이 이르시되 우리의 형상을 따라 우리의 모양대로 우리가 사
람을 만들고 그들로 바다의 물고기와 하늘의 새와 가축과 온 땅과 땅
에 기는 모든 것을 다스리게 하자 하시고 / 하나님이 자기 형상 곧 하
나님의 형상대로 사람을 창조하시되 남자와 여자를 창조하시고"(창
1:26-27)

이처럼 하나님의 형상을 따라 지음 받은 사람은 하나님과 교제의
대상이었다. 하나님의 형상이란 육체의 모양을 가리키는 것이 아니
라 영적인 것을 가리킨다. 하나님은 영이시다(요 4:24). 영혼의 생명
이 마음에서 나듯이 사람의 마음에 예수 그리스도의 빛을 받으면 하
나님의 형상을 닮는 것이다. 에덴의 사람은 하나님의 형상으로 지음
받았으나 불순종의 죄로 말미암아 하나님의 형상이 파괴 되었고, 다
시 예수 그리스도로 인해 재창조 되어 새사람을 입게 되는 것이다.

"오직 너희의 심령이 새롭게 되어 / 하나님을 따라 의와 진리의 거룩
함으로 지으심을 받은 새 사람을 입으라"(엡 4:23-24)

2. 안식(安息)

하나님이 엿새 동안 천지를 창조하셨다. 맨 마지막에 남자와 여자 곧 아담과 하와를 창조하시고 하나님의 천지창조 사역이 그쳤다. 하나님이 창조 사역을 그치시고 일곱째 날에 안식하셨다(창 2:1-3). 그러므로 안식이란 하나님께서 계획하신 모든 일을 마치시고 기쁨과 평화 중에 쉼을 갖는 상태를 의미한다. 후일 이스라엘 백성들에게 십계명에 안식일 규례로 공식 입법화 되었다(출 20:8-11; 신 5:12-15). 출애굽기 20장의 안식일 규례는 창조사역을 기념으로 쓰였지만, 신명기 5장의 안식일 규례는 애굽의 노예 생활로부터 구원받은 하나님의 구속사를 기억케 하는 날로 그 의미가 새롭게 부여되었다(신 5:15).

성도의 안식은 육체적 정신적 휴식의 날이며, 죄와 고통으로부터 백성을 구원하신 하나님의 새로운 창조 사역을 기념하는 날이다. 또한 성도의 안식은 그리스도 안에서 누리는 참된 평화와 쉼으로, 궁극적으로는 세상 끝날 "새 하늘과 새 땅"에 들어가 예수님과 함께 영원한 안식을 누리게 될 것이다. 이 땅에서 맛볼 수 있는 그림자적인 안식은 하나님 나라의 순례자들이 영원한 천국에 도착할 때 누리게 될 "남아 있는 영원한 안식"을 예표 해 준다(히 4:3, 8-11). 한편 안식일은 신약에 와서 예수 그리스도의 부활로 인해 재창조 사역을 기념하는 "주일"

로 승화되었다.

예수께서 인간의 죄를 대속하기 위해 십자가에서 죽으시고 장사되었으며, 장사 된지 사흘 만에 부활하셨다. 이 부활하신 날이 "안식 후 첫날"이며, 또한 부활체의 몸으로 제자들에게 나타나신 날도 "안식 후 첫날"이었다. "안식 후 첫날" 이날이 곧 오늘날 일요일인 "주일"인 것이다.

계명을 따라 안식일을 지내고, 막달라 마리아와 야고보의 어머니 마리아와 살로메가 "안식 후 첫날" 새벽에 예수님의 무덤을 찾았다가 부활하신 예수님을 목격했으며(마 28:1; 막 16:2; 눅 24:1; 요 20:1), "안식 후 첫날" 저녁때 도마가 없는 제자들에게 예수님은 나타나셨으며(요 20:19), 도마가 예수님의 부활을 의심하자 또 "안식 후 첫날" 곧 여드레를 지나서 부활하신 예수께서 제자들에게 나타나셨다. 이 날은 도마에게 "내 옆구리에 손을 넣어 보라" 하시며 예수님 자신의 부활을 확인시켜 주셨다. 또한 마가 다락방에 성령이 강림하신 날 곧 오순절 날도 "안식 후 첫날"이었다(행 2:1). 120명의 제자들은 분명 예수님의 부활을 기억하고 이날 다락방에 모여서 예배를 드린 것이다. 바울 선교 시 성례전 또한 이 날에 지키기도 하였다(행 20:7).

이와 같이 안식일을 대신하여 "안식 후 첫날" 곧 주일을 중요시함은 예수님의 부활이 그만큼 중요하다는 사실을 시사해 준다. 사실 사도 바울은 예수님의 부활이 없으면 우리의 믿음도 헛것이며, 모든 사람 가운데 우리가 더욱 불쌍한 자라고 말하고 있다(고전 15:14, 19). 부활의 첫 열매되신 예수님 따라 우리도 부활하기 때문이다. 사도 요한은 이날을 "주의 날"이라고 부를 정도로 중요한 날이었다(계 1:10). 이

"주의 날"에 예수님은 '밧모' 섬에 유배된 사도 요한에게 나타나셨다.

그러므로 안식일 규례는 구약의 율법시대가 지나고 신약의 은혜시대를 맞이한 것처럼, "주일"로 승화되었음을 인식해야 한다. 오늘날 안식일을 고집하는 안식일 교회처럼 안식일(토요일)날 자체에 구원을 부각시키는 일은 어리석은 일이다. 우리는 계시의 점진성에 유념하고 그에 합당한 규칙을 따라가야 한다.

"하나님이 그 일곱째 날을 복되게 하사 거룩하게 하셨으니 이는 하나님이 그 창조하시며 만드시던 모든 일을 마치시고 그 날에 안식하셨음이니라(창 2:3)

"안식일을 기억하여 거룩하게 지키라"(출 20:8)

"지금 이후로 주안에서 죽는 자들은 복이 있도다 하시매 성령이 이르시되 그러하다 그들이 수고를 그치고 쉬리니 이는 그들의 행한 일이 따름이라 하시더라"(계 14:13)

3. 타락과 죄

하나님이 에덴동산을 창설하시고 아담과 하와를 이곳에 두시고, 이들로 동산을 경작하고 지키게 하셨다. 동산의 모든 실과를 먹되 선악을 알게 하는 나무의 열매는 먹지 말라고 하시며, 하나님과 사람 사이에 첫 언약이 있었다.

첫 언약은 행위언약이었다. 동산 중앙에 있는 선악을 알게 하는 나무의 열매를 먹는 날에는 "반드시 죽으리라"는 그것이다. 그런데 사탄이 간교한 뱀을 통해 "결코 죽지 아니하리라"고 하와를 꾀었다. 먹으면 눈이 밝아져 하나님처럼 된다는 거짓말을 했다. 사탄(마귀)은 원래 거짓말쟁이요, 거짓의 아비이다(요 8:44). "용을 잡으니 곧 옛 뱀이요 마귀요 사탄이라"(계 20:2). 하와는 하나님처럼 되고자하는 욕망에, 선악과를 보니 먹음직도 하고 보암직도 하고 지혜롭게 할 만큼 탐스럽기도 하여 선악과를 그만 따먹고 말았다. 함께한 아담에게도 선악과를 주므로 아담이 먹고, 인류의 시조인 아담이 결국 죄에 이르고 말았다.

이처럼 아담이 하나님의 말씀에 불순종하므로 죄가 들어온 것이다. 죄로 인한 부끄러움에 무화과 잎을 엮어 치마를 삼아 수치를 가렸고, 하나님을 피해 나무 사이에 숨는 죄인 된 행동이 나왔다. 죄가 들어오기 전에는 부끄러움을 모른 채 하나님과 자유로이 교제했으나, 죄가 들어오고 난후 하나님을 피하게 되었다. 그러므로 하나님이 가죽옷을 지어 입혀 주셨다(창 3:21). 가죽옷을 지으셨다는 것은 짐승을 잡아 피 흘려주셨다는 것인데, 이는 어린양이신 예수 그리스도께서 십자가에 피 흘려주실 것을 예표하고 있다. 가죽옷을 통해 하나님의 사랑을 읽을 수 있다.

> "율법을 따라 거의 모든 물건이 피로써 정결하게 되나니 피 흘림이 없은즉 사함이 없느니라"(히 9:22)

하나님께서 아담과 하와에게 가죽옷을 입혀주심은, 하나님은 죄를 용서하시는 하나님이심을 나타내 주고 있다. 그러나 죄로 인해 아담과 하와는 에덴동산에서 쫓겨나 하나님과 단절되는 죄의 대가를 치르게 된다. "반드시 죽으리라"는 말씀대로 아담은 930세를 살고 죽었으며, 육신은 흙에서 왔은즉 흙으로 돌아갔다(창 3:19).

뱀, 하와, 아담 순으로 죄에 대한 벌이 내려졌다. 뱀은 저주를 받아 배로 다니고 흙을 먹을 것이며, 여자는 임신하여 해산하는 고통과 남편의 다스림을 받을 것을 징벌 하셨다. 땅은 저주를 받아 가시덤불과 엉겅퀴를 내고, 아담은 저주 받은 땅에 땀 흘리는 수고를 해야만 땅의 소산을 먹을 수 있게 되었다.

> "내가 너(뱀)로 여자와 원수가 되게 하고 네 후손도 여자의 후손과 원수가 되게 하리니 여자의 후손은 네 머리를 상하게 할 것이요 너는 그의 발꿈치를 상하게 할 것이니라 하시고"(창 3:15)

위의 말씀을 "원시복음"이라고 한다. 수천 년 후에 예수 그리스도께서 이 땅에 오셔서 십자가에 죽으시고 부활할 것을 예언하고 있다. 뱀은 사탄이요, "여자의 후손"은 예수 그리스도를 뜻한다. 사탄이 예수 그리스도를 십자가에 못 박았으나, 예수님은 죽으신지 사흘 만에 부활하시므로 사탄의 머리를 깨부수는 승리를 가져왔다. 예수님은 사망을 이기는 승리자였다. 사탄이 예수님을 십자가에 못 박아 죽게 했으나, 이는 고작 예수님의 발꿈치를 상하게 하는 것에 불과하다. 그러나 예수님이 사망을 이기시고 부활한 것은 사탄의 머리를 상하게 한 것이다. 생명은 발꿈치에 있지 않고 머리에 있으므로 예수님의 대승인 셈이다. 이긴 자 안에 있는 성도들 역시 사탄을 이긴 자이다.

"아담이 그의 아내의 이름을 하와라 불렀으니 그는 모든 산 자의 어머니가 됨이더라"(창 3:20)

하와는 "생명"이란 뜻으로, 아담은 "여자의 후손"인 예수 그리스도를 통해 "은혜언약"이 주어질 것을 선포하고 있다.

대표성의 원리로 아담이 범죄 하므로 모든 인간이 죄인에 이르렀다. 인간은 아담으로부터 죄를 전가 받아 원죄를 지니고 태어나며, 또한 죄성을 가진 인간은 살면서 여러 가지 죄를 짓고 살아간다(자범죄). 그러므로 하나님은 둘째 아담 예수 그리스도로 인해 죄 때문에 죽은 인간이 다시 살 수 있는 생명의 길을 여셨다. 하나님께서 위의 원시복음을 일방적인 "은혜 언약"으로 약속하시고 이루신 것이다.

"예수는 우리가 범죄한 것 때문에 내줌이 되고 또한 우리를 의롭다 하시기 위하여 살아나셨느니라"(롬 4:25)

"기록된 바 첫 사람 아담은 생령이 되었다 함과 같이 마지막 아담(둘째아담 예수)은 살려 주는 영이 되었나니"(고전 15:45)

4. 가인과 아벨

가인과 아벨은 아담과 하와의 아들들이다. 에덴동산에서 죄를 짓고 쫓겨나 얻은 아들들이다. 가인은 농사짓는 자였고 아벨은 양치는 자였다.

세월이 흐른 후 가인과 아벨이 하나님께 제사를 드렸다. 가인은 땅의 소산으로 제물을 삼아 드렸고, 아벨은 양의 첫 새끼와 그 기름으로 드렸다. 그런데 하나님께서 아벨의 제물은 받으시고 가인의 제물은 받지 않으셨다"(창 4:3-5). 제사는 오늘날 예배에 해당되는데 하나님께서는 모든 예배를 열납 하시는 것이 아니다. 아벨의 예배는 받으시고 가인의 예배는 받지 않으셨듯이 개개인의 예배를 받으실 것만 받으시는 하나님이심을 알 수 있다.

가인의 제사는 왜 받지 않으셨을까?

첫째, 가인의 제사는 잘못된 제사 방법이다.

모든 제사는 피를 동반해야 한다. 피 흘림이 없은즉 죄 사함도 없다(히 9:22). 가인은 피 없는 제사를 드렸다. 구약시대에는 정결한 짐승을 잡아 하나님 앞에 피를 뿌리고, 제물의 가죽을 벗기고 각을 뜨고, 기름을 태워 하나님께서 일러준 방법과 규칙에 따라 제사를 드려야 했다.

속죄제 같은 경우는 피 뿌림의 의식이 굉장히 중요했다. 가인과 아벨이 제사 시는 아직 제사법이 율법으로 정해지지 않은 때이지만, 아벨만이 제사의 핵심을 알고 있었던 것이다.

둘째, 가인의 제사는 악하다.

가인은 악한 사람으로 그 제사도 악하다고 볼 수 있다. 악한 자가 드린 제사는 하나님께서 받지 않으신다. 심지어 악한자의 기도도 듣지 않는 하나님이시다(렘 7:16). 반면 의인의 간구는 역사하는 힘이 크다(약 5:16).

> "화 있을찐저 이 사람들이여, 가인의 길에 행하였으며..."(유 1:11)
> "가인과 같이 하지 말라 그는 악한 자에게 속하여 그 아우를 죽였으니 어떤 이유로 죽였느냐 자기의 행위는 악하고 그의 아우의 행위는 의로움이라"(요일 3:12)

그러므로 성도는 예배에 나가기 전에 지은 죄를 예수님의 보혈로 씻김 받는 회개가 따라야 한다. 심지어 예수님은 말씀하시기를 예물을 제단에 드리려다가 형제에게 원망들을 만한 일이 생각나거든 예물을 제단 앞에 두고 먼저 형제와 화목한 후에 와서 예물을 드리라고 하셨다(마 5:23-24).

셋째, 가인은 정성 없는 제사를 드렸다.

하나님은 정성 없이 드린 제사는 받지 않으신다. 곡식은 빻아서 고운 가루로 기름을 붓고 유향을 위에 놓아 정성껏 드려야 한다. 곡식 제사를 정성껏 드렸다 해도 제사의 핵심은 피를 동반한 것이다. 피는 예수 그리스도의 십자가에서 흘리신 피를 상징한다. 그러므로 오늘날 예배는 반드시 예수님의 보혈을 의지하고 예수 그리스도를 통하여 하나님께 나아가야 한다. 내 의가 아닌 예수 그리스도의 의를 의지해 나아가 예배해야 한다. 하나님께 나아가는 길은 오직 예수 그리스도 뿐인 것이다. 하나님은 영이시니 영과 진리로 예배할 것을 예수님은 말씀하고 계신다(요 4:24). 진리는 하나님의 말씀이다(요 17:17). 말씀의 진리로 거룩함을 입고 하나님 앞에 나아갈 수 있는 것이다. 예수님 또한 진리이시며(요 14:6), 성령님 또한 진리의 영이시다(요 16:13). 결국은 내 안에 성령님을 모시고 성령님과 교통하는 예배를 드릴 때 정성스런 예배가 될 것이다.

아벨의 의로운 제사는 어떤 제사인가?

첫째, 양을 잡는 피 흘림의 제사이다.
아벨은 양의 첫 새끼를 잡아 기름을 태워 드렸다. 양을 잡는다는 것은 쉬운 일이 아니다. 살아있는 양의 목숨을 끊어 피를 뽑고 가죽을 벗기고 각을 뜨는 등 많은 헌신이 따른다. 또한 아벨은 양의 제물을 "첫 새끼"로 잡았다. 짐승의 첫 새끼와 사람의 첫 아들 초태생은 거룩히 구별하여 하나님께 바치는 하나님의 것이었다(출 13:2). 예수님도 마리아에게서 난 첫 아들로서 십자가에 제물이 되신 것이다.

둘째, 양을 잡는 희생이 따른 제사이다.
양은 십자가에서 피 흘리신 예수 그리스도를 상징한다. 예수님은 우리의 죄를 대속하기 위해 자신의 피와 몸과 생명까지 모두 희생하셨다. 성도들도 하나님이 기뻐하시는 예배를 위해서는 양질의 물적 육체적 정신적 희생을 수반해야 한다. 사도 바울은 영적 예배로서 "너희 몸을 하나님이 기뻐하시는 거룩한 산 제물로 드리라"고 말하고 있다(롬 12:1).

셋째, 아벨은 믿음의 제사를 드렸다.

"믿음으로 아벨은 가인보다 더 나은 제사를 하나님께 드림으로 의로운 자라 하시는 증거를 얻었으니 하나님이 그 예물에 대하여 증언하심이라 그가 죽었으나 그 믿음으로써 지금도 말하느니라"(히 11:4)

성도는 예수 그리스도를 믿고 하나님 앞에 나와야 한다. 믿음이 없이는 하나님을 기쁘시게 하지 못한다(히 11:6). 그러므로 하나님께서 살아 계신 것과 상주시는 이심을 의심 없이 믿고 예배에 나아가야 한다. 아벨은 하나님이 계심을 확신했기 때문에 하나님을 경외하는 마음으로 양의 첫 새끼를 정성스럽게 드렸을 것이다.

5. 홍수

노아 당시의 타락

최초의 살인자 가인에 의해 아벨이 죽자 하나님께서는 아벨 대신 "셋"을 주셨다. 셋도 아들을 낳고 그의 이름을 "에노스"라 하였으니 그때에 사람들이 비로소 여호와의 이름을 불렀다(창 4:26). 여호와의 이름을 불렀다는 것은, 이때부터 공식적인 예배가 이루어졌음을 말해준다.

아담 – 셋 – 에노스 – 게난 – 마할랄렐 – 야렛 – 에녹 – 므두셀라 – 라멕 – 노아로 아담의 계보가 이어지고, "노아"는 '안위함'이란 뜻으로 아담의 10대손이다. 아담의 7대손 "에녹"은 300년을 하나님과 동행하며 살다가 365세에 죽음을 보지 않고 하늘로 올라간 사람이다. 엘리야 선지자 또한 죽음을 보지 않고 하늘로 올라간 사람으로서, 에녹과 엘리야는 하나님께서 신령한 몸으로 변화시켜 하늘로 옮겨가신 것이다. 예수님 재림 시 주안에 생존해 있는 자들 또한 신령한 몸으로 변화 받아 공중으로 들림 받을 것이다.

에녹이 65세에 "므두셀라"를 낳았고, 므두셀라를 낳은 후부터 300년을 하나님과 동행했다. "므두셀라"는 969세까지 생존한 자로서 인류 역사상 가장 긴 수명을 누린 자이다. 아담의 10대손 노아 600세에 대홍수가 있었는데, "므두셀라(창을 던지는 자)"가 죽은 해에 대홍수가 일어나 노아 가족 8명을 제외한 모든 인간은 진멸되고, 그 후 인간들의 삶은 많은 변화를 가져왔다.

"하나님의 아들들이 사람의 딸들의 아름다움을 보고 자기들이 좋아하는 모든 여자를 아내로 삼는지라"(창 6:2)

위의 말씀에서 "하나님의 아들들"은 의로운 셋 - 에노스의 계열이며, "사람들의 딸들"은 네피림(거인)의 후손 즉 악한 가인의 계열이다. 지금으로 말하면 하나님을 예배하는 빛의 아들들과 하나님을 모르는 악한 자들이다. 이들이 서로 통혼함으로 하나님을 아는 자들이 없었고 온 땅에 죄악만이 가득했다. 이는 이스라엘 백성들이 가나안 땅에 들어가서도 그 땅 원주민들과 서로 통혼하고 섞여 살므로, 하나님을 배척하고 악을 행하여 멸망 받게 되었던 것과 마찬가지인 것이다. 그러므로 이 시대에도 예수 신앙 안에서 혼인하여 가정의 신앙 공동체를 보존한다는 것은 매우 중요한 일이다. 노아시대 당시 사람들의 악함으로 인하여 하나님께서 사람 지으셨음을 한탄하사 마음에 근심하시고(창 6:6), 하나님께서 창조하신 사람과 가축과 기는 것과 공중의 새까지 모두 홍수로 쓸어버리기를 결단 하셨다.

그러나 노아는 하나님께 은혜를 입었고, 노아는 의인이요 당대에 완전한 자였다. 노아는 하나님과 동행한 자였다(창 6:8-9). 노아의 세 아들은 셈과 함과 야벳으로, 이들 셋은 모두 아내가 있었다. 그러므로 노아 가족 수는 노아와 그 아내와 세 아들과 세 며느리 모두 8명이었다. 이들 8명으로 종족을 보존하고 모든 사람들은 홍수로 쓸어버리기를 작정하신 하나님이셨다. 육신이 된 사람들의 년 수는 120년 이었다(창 6:3). 최장 969세까지 살던 인생의 연(年)수가 120세로 대폭 줄어든 셈이다.

> "하나님이 보신즉 땅이 부패하였으니 이는 땅에서 모든 혈육 있는 자의 행위가 부패함 이었더라"(창 6:12)

노아의 방주와 홍수

하나님께서 노아에게 방주를 지으라고 명하셨다. 방주는 고페르 나무로 만들되 그 안에 칸들을 막고 역청을 안팎으로 칠하라 하셨다. 방주의 길이는 삼백 규빗, 너비는 오십 규빗, 높이는 삼십 규빗으로 명하셨다(창 6:15, 1규빗은 약 50Cm). 창을 내되 한 규빗에 내고 그 문은 옆으로 내고 상 중 하 삼층으로 지을 것을 명하셨다.

노아가 하나님의 지시대로 방주를 모두 완성하였고, 방주가 완성되자 땅에 깊은 샘들을 터트리고 하늘의 창문들을 열어 40 주야로 물을 쏟아내셨다. 미리 먹을 양식을 저축하여 방주 안으로 들이게 하시고, 정결한 짐승은 암수 일곱씩, 부정한 짐승은 암수 둘씩, 새들도 암수 일곱씩 각각 쌍쌍이 들여 생명체를 보존 하셨다(창 7:2-3). 생명체 보존을 위한 짐승들과 노아 가족 8명이 방주에 들어가자 하나님께서 방주 문을 닫으셨다. 하나님께서 닫으신 방주문은 홍수가 지나고 땅에 물이 다 마르기까지 열리지 않았다. 방주에 들어간 지 7일 후 홍수가 시작되었다.

> "노아가 육백세 되던 해 둘째 달 곧 그 달 열이렛날이라 그 날에 큰 깊음의 샘들이 터지며 하늘의 창문들이 열려 / 사십 주야를 비가 땅에

쏟아졌더라"(창 7:11-12)

　사람들과 땅의 모든 생명 있는 것들이 홍수로 덮여 죽었다. 당시에는 땅에 비를 내린 적이 없고, 안개만 땅에서 올라왔으므로(창 2:6) 사람들은 노아의 말을 믿지 못하고 모두가 홍수에 멸절되고 말았다. 마지막에 있을 인류 대 심판도 노아 때와 같다고 예수님은 말씀하시고 계신다(마 24:37). 사람들이 평온하게 먹고 마시고, 시집가고 장가가고, 집사고 땅 사고 아무 일도 예상치 못한 채 살아갈 것이다. 그러나 임신한 여자에게 갑작스러운 해산의 고통이 찾아오듯 인류 대 심판도 반드시 찾아올 것이다. 이 때 예수 그리스도를 피난처로 삼는 자들은 생명을 건짐 받아 구원받을 것이며, 그렇지 못한 자들은 멸망될 것이다.

　방주에 있었던 기간과 홍수로 인한 기간은 얼마였던가?

"물이 백오십 일을 땅에 넘쳤더라"(창 7:24)
"일곱째 달 곧 그 달 열이렛날에 방주가 아라랏 산에 머물렀으며"(창 8:4)
"육백일 년 첫째 달 곧 그 달 초하룻날에 땅 위에서 물이 걷힌지라 노아가 방주 뚜껑을 제치고 본즉 지면에서 물이 걷혔더니 / 둘째 달 스무이렛날에 땅이 말랐더라"(창 8:13-14)

　노아 600세 2월 17일 홍수가 쏟아지기 시작하여, 150일째 되는 날에 최고 수위까지 올랐으며, 이후 바람에 의해 급격히 물이 줄어들기 시작했다. 노아 601세 2월 27일에 땅이 말랐으니 이날 노아 가족이 방주에서 나왔다. 그러므로 홍수 시작일로부터 방주안의 기간은 1년 10일이다. 홍수 1주일 전에 방주에 들어갔으므로 방주에 머물렀던 총 기간은 1년 17일이 된다. 이때부터 인류의 역사는 새롭게 시작되었다. 인류는 아담의 후손이지만 더 가까이는 노아의 후손이 된 셈이다.

노아 언약과 족보

노아가 방주에서 나와 제단을 쌓고 모든 정결한 짐승과 모든 정결한 새 중에서 제물을 취하여 번제를 드렸다. 하나님이 노아와 그 아들들에게 복을 주시며, 생육하고 번성하여 땅에 충만 하라 하신다(창 9:1). 고기를 먹으라 하시니 사람들이 이때부터 고기를 먹기 시작했다. 다만 고기를 먹되 그 생명 되는 피째 먹는 것은 금하셨다. 하나님의 형상대로 지음 받은 사람은 생명의 피를 흘리는 죄를 범해서도 아니 되고 그 피를 먹어서도 아니 된다. 또한 하나님께서 다시는 홍수로 생명 있는 것들을 멸하지 않을 것을 사람들과 언약하셨다. 그 언약의 증표로 무지개를 주셨다. 무지개는 이 언약 후 처음으로 나타난 것이다.

"내가 구름으로 땅을 덮을 때에 무지개가 구름 속에 나타나면 / 내가 나와 너희와 및 육체를 가진 모든 생물 사이의 내 언약을 기억하리니 다시는 물이 모든 육체를 멸하는 홍수가 되지 아니할지라 / 무지개가 구름 사이에 있으리니 내가 보고 나 하나님과 모든 육체를 가진 땅의 모든 생물 사이의 영원한 언약을 기억하리라"(창 9:14-16)

노아가 포도 농사를 지어 포도주를 마시고 취하여 벌거벗었다. 가나안의 아버지 함은 이를 비웃었고, 셈과 야벳은 뒷걸음쳐 들어가 아버지의 하체를 덮었다. 노아는 술이 깬 후 이들 행동에 따라 복과 저주를 내리는데, 셈과 야벳은 복을 내리고 함의 아들 중 가나안은 저주를 내렸다. 복과 저주는 당대에만 해당된 것이 아니라 그 후손들에게도 이어진다. 노아는 "셈의 하나님을 찬송하리라"고 "셈의 하나님"을 예언했다. 이는 셈의 후손들이 종교적이고 영적인 축복의 상속자가 될 것을 말하고 있다. 후일 셈 계열의 이스라엘이 선민으로 택함을 받았고(출 19:5), 여자의 후손(창 3:15)인 메시아 곧 그리스도가 이 계열에서 탄생 하셨다. 또한 야벳은 창대하여 셈의 장막에 거할 것을 예언하였다. 참으로 야벳은 그 이름대로 오늘날 유럽의 넓은 땅과 많은 인구와 지대한 과학과 문명 활동에 이르기까지 번영을 누려왔다. 노아의 예언대로 이 야벳 족속이 셈 족속의 종교적 특권에 동참하여 번성하였던 것이다. 그러나 함의 아들 가나안은 셈과 야벳의 종이 되기를 예언하였다. 이는 여호수아 시대에 가나안 족속이 셈 족속 이스라엘에게 정복당해 비천한 종의 처지가 되므로 성취되었다(수 9:23). 솔로몬 시대에 와서 남은 자들마저 완전히 정복당했다(왕상 9:20-21). 지금도 함의 자손들이 마게도니아인과 로마인들 등에 의해 굴복당하는 노예 상태의 역사를 찾아볼 수 있다. 그러나 종들도 주인의 장막에 거하므로 복음에는 차별이 없으신 하나님이시다. 결국 오늘날 인류는 셈, 함, 야벳의 후손들로서, 노아의 예언대로 심상치 않게 번창을 이루어 오늘에 이르렀다.

"셈의 하나님 여호와를 찬송하리로다 가나안은 셈의 종이 되고 / 하나님이 야벳을 창대하게 하사 셈의 장막에 거하게 하시고 가나안은 그의 종이 되게 하시기를 원하노라"(창 9:26-27)

노아는 온전한 헌신으로 방주를 지었다.

노아는 오직 믿음으로 방주를 지었다.

방주의 크기는 전체적으로 봤을 때, 3층으로 지어진 어마하게 큰 배이다. 하나님께서 개입하지 않았다면 당시에 기술로 지을 수 없는 배일 것이다. 노아는 우리와 똑같은 사람으로서 이 엄청난 일을 감당했는데, 우리는 하나님께서 맡겨주신 일에 얼마나 최선을 다해 일하고 있는가를 돌아보게 된다. 노아는 500세 된 후에 셈과 함과 야벳을 낳았고, 홍수 후 350년을 살았으며, 950세에 긴 인생을 마감했다(창 5:32; 9:28-29).

"믿음으로 노아는 아직 보이지 않는 일에 경고하심을 받아 경외함으로 방주를 준비하여 그 집을 구원하였으니 이로 말미암아 세상을 정죄하고 믿음을 따르는 의의 상속자가 되었느니라"(히 11:7)

6. 아브라함

아브라함은 믿음의 조상이다. 하나님이 아브라함을 갈대아 우르에서 하란으로 불러내어, 아브라함은 하란에서 75세에 하나님의 부르심을 받았다. 고향과 친척과 아버지의 집을 떠나 보여줄 땅으로 가라 하셨다. 그 땅은 약속의 땅, 가나안 땅이었다.

"믿음으로 아브라함은 부르심을 받았을 때에 순종하여 장래의 유업으로 받을 땅에 나아갈새 갈 바를 알지 못하고 나아갔으며"(히 11:8)

하나님은 아브라함으로 큰 민족을 이루고, 이름을 창대하게 하고, 복이 되게 할 것을 말씀 하셨다. 아브람의 이름을 "아브라함"으로 바꿔 주시고, 그의 아내 사래의 이름을 "사라"로 바꾸어 주셨다. 아브라함의 뜻은 "열국의 아비"이며, 사라의 뜻은 "열국의 어미"이다. 또한 아브라함은 하나님으로부터 "나의 벗"이라 칭함을 받았으며(사 41:8), 그 이름대로 하나님께서는 아브라함과 언약을 맺고 그를 이끌어 가셨다.

믿음의 조상 아브라함

아브라함이 "하란"에서 하나님의 부르심을 받고, 그의 아내 사라와 조카 롯과 하란에서 얻은 사람들과 함께 하나님이 지시하신 가나안 땅에 들어왔다. "세겜"에 이르러 "이 땅을 네 자손에게 주리라"는 하나님의 약속을 받고 그곳에 제단을 쌓았다. 또 "벧엘"에 이르러 제단을 쌓고 여호와의 이름을 불렀으며 점점 남방으로 옮겨갔다. 가나안 땅에 기근이 들어 "애굽"으로 내려갔으나, 애굽에 이르러 아내 사라를 누이라고 속이는 잘못을 저질렀다. 그러나 하나님께서 사라를 아내로 취하려 했던 바로 왕 집에 큰 재앙을 내리시므로(창 12:17), 아브라함은 재물과 함께 사라를 다시 돌려받았다. 사라가 심히 아리따움으로 아브라함을 죽이고 사라를 취할까봐 아내를 아내라 하지 못하고 누이라 했던 것이다. 이런 아브라함의 치졸함에도 하나님은 땅과 자손에 대한 언약으로 말미암아 열국의 어미 사라를 빼앗기지 않도록 보호하셨다. 사실 아브라함은 애굽에 내려가서는 아니 되었으나 하나님은 아브라함의 잘못에도 불구하고 그를 다시 가나안 땅으로 무사히 들어오게 하셨다.

네게브에서 "벧엘" 곧 전에 장막 쳤던 곳에 다시 찾아와 여호와의 이름을 불렀다. 여호와의 이름을 불렀다는 것은 예배를 드렸다는 뜻이다. 아브라함의 목자들과 롯의 목자들이 가축은 많고 땅이 좁은 관계로 서로 다투었다. 그러므로 여기서 아브라함은 조카 롯과 헤어지게 된다.

"네가 좌하면 나는 우하고 네가 우하면 나는 좌하리라"하며 롯에게 먼저 땅의 선택권을 주어 떠나가게 한다. 롯은 염치불구하고 요단 지역 소돔과 고모라의 좋은 땅을 택했다. 이곳은 여호와의 동산 같고 애굽 땅 같이 좋은 땅이었다(창 13:10). 롯이 떠나자 하나님께서 아브라함에게 나타나시어 또 다시 땅과 자손의 복을 약속하시고, 바라봄의 신앙과 행동하는 신앙을 심어 주셨다.

"롯이 아브람을 떠난 후에 여호와께서 아브람에게 이르시되 너는 눈을 들어 너 있는 곳에서 북쪽과 남쪽 그리고 동쪽과 서쪽을 바라보라 / 보이는 땅을 내가 너와 네 자손에게 주리니 영원히 이르리라 / 내가 네 자손이 땅의 티끌 같게 하리니 사람이 땅의 티끌을 능히 셀 수 있을진대 네 자손도 세리라 / 너는 일어나 그 땅을 종과 횡으로 두루 다녀 보라 내가 그것을 네게 주리라"(창 13:14-17)

아브라함의 자손과 가나안 땅은 궁극적으로 영적인 믿음의 후손에게 미치는 것이다. 믿음의 자손은 예수 그리스도로 말미암아 하늘 가나안 땅인 "새 하늘과 새 땅"에 들어가게 된다. 사도바울은 아브라함의 자손을 그리스도 한 사람이라고 해석하고 있다(갈 3:16). 아브라함과 사라를 통해 얻은 오직 한아들 이삭은 예수 그리스도를 예표 한다.

"그런즉 믿음으로 말미암은 자들은 아브라함의 자손인 줄 알지어다"(갈 3:7)
"이 약속들은 아브라함과 그 자손에게 말씀하신 것인데 여럿을 가리켜 그 자손들이라 하지 아니하시고 오직 한 사람을 가리켜 네 자손이라 하셨으니 곧 그리스도라"(갈 3:16)

조카 롯을 떠나보낸 아브라함이 "헤브론"으로 장막을 옮겨 그곳에 또 제단을 쌓았다. 롯이 떠난 후 북방의 메소포타미아 4개 연합군과 남방의 사해 연안국가들 간에 전쟁이 있었다. 롯이 속한 소돔과 고모라 왕이 패하여 조카 롯이 사로잡혀갔다. 이에 아브라함이 집에서 길러 훈련된 자 318명을 거느리고 북방의 단까지 쫓아가서 롯을 구출하고 빼앗긴 재물들을 되찾아 왔다(창 14:16). 돌아오는 길에 살렘 왕 멜기세덱이 아브라함에게 축복하니, 아브라함이 전리품 중 십분의 일을 멜기세덱에게 드렸다. 이는 성경에 나온 최초의 십일조인 셈이다. 살렘 왕 멜기세덱은 하나님의 제사장으로 우리의 대제사장 되신 예수 그리스도를 예표하고 있다(히 3:1). 히브리서 7장에서는 이 멜기세덱에 대해 좀 더 자세히 설명하고 있다. 예수님은 제사장의 반차를 불완전한 아론의 반차가 아닌 완전한 멜기세덱의 반차를 타고 오신 것이다.

"그(멜기세덱) 이름을 해석하면 먼저는 의의 왕이요 그 다음은 살렘 왕이니 곧 평강의 왕이요 / 아버지도 없고 어머니도 없고 족보도 없고 시작한 날도 없고 생명의 끝도 없어 하나님의 아들과 닮아서 항상 제사장으로 있느니라"(히 7:2-3)

아브라함의 횃불언약

창세기 15장은 횃불 언약장이다. 이때까지 아브라함에게 자식이 없었다. 아브라함은 다메섹 사람 "엘리에셀"을 상속자로 삼을 생각이었다. 그러나 하나님께서는 "아니라 네 몸에서 날 자가 네 상속자가 되리라"고 하시며, 하나님은 아브라함을 밖으로 끌고 나가 하늘을 우러러 보게 하시고 또 바라보게 하셨다. 우리는 신앙이 약해질 때마다 또 다시 하나님의 은혜로 믿음을 쌓아가야 한다. 롯을 떠나보낸 아브라함의 허전한 마음에 하나님은 하늘의 별과 같이 많은 자손을 약속 하신다. "하늘의 뭇별을 셀 수 있나 보라 네 자손이 이와 같을 것이라"고 말씀 하신다(창 15:5). 아브라함이 여호와를 믿으니 여호와께서 이를 의로 여기셨다. 지금도 마찬가지로 누구든지 하나님의 아들 예수 그리스도를 믿는 자는 죄사함을 받아 의롭다 칭함을 받게 된다. 그러므로 사도 바울은 "오직 의인은 믿음으로 말미암아 살리라"고 하박국 선지자의 말씀을 인용하여 강조하고 있다(합 2:4; 롬 1:17).

하나님은 아브라함에게 별과 같이 많은 자손을 약속하시고, 이 땅 가나안 땅을 소유로 받을 것을 횃불 언약으로 보증해 주셨다. 횃불 언약이란 쪼갠 제물 사이로 하나님의 횃불이 지나간 것이다. 이는 당시 언약을 맺을 때 쓰는 방법으로 언약을 어길시 쪼갠 제물처럼 쪼개진다는 의미이다. 그러므로 하나님의 횃불 언약은 반드시 이루어진다는 의미를 내포하고 있다. 사실 이 언약은 모두 성취되었다.

"해가 져서 어두울 때에 연기 나는 화로가 보이며 타는 횃불이 쪼갠 고기 사이로 지나더라"(창 15:17)

또한 이때 아브라함의 자손이 이방에서 객이 되어 그들을 섬길 것과, 그 후 400년, 곧 4대만에 큰 재물을 이끌고 나올 것을 예언하셨다. 이는 이스라엘(야곱) 12지파 70명이 요셉의 청함으로 애굽으로 내려가 고센 땅에 살다가 모세에 의해 출애굽 되므로 성취되었다. 야곱과 함께 70명이 애굽으로 내려갔으나 전체인구 약 250만 명을 이루어 출애굽 했던 것이다.

※ 아브라함에게 주신 가나안 10족(창 15:19-21)
겐 족속, 그니스 족속, 갓몬 족속, 헷 족속, 브리스 족속, 르바 족속, 아모리 족속, 가나안 족속, 기르가스 족속, 여부스 족속

헷 족속, 기르가스 족속, 아모리 족속, 가나안 족속, 브리스 족속, 히위 족속, 여부스 족속

대부분 가나안 7족을 말하지만 아브라함 당시에는 10족이었다. 세월이 흐름으로 진멸된 족속도 있고, 아마 이름이 바뀐 족속도 있는 듯하다. 한편 출애굽기 3장 8절에서는 기르가스 족속이 빠진 6족이 나오기도 한다.

아브라함의 아들과 할례

아브라함은 86세에 사라의 몸종 하갈에게서 "이스마엘"을 낳았다(창 16:16). 자식을 주시겠다는 하나님의 약속을 받았음에도 불구하고 사라의 권유로 이스마엘을 낳은 것이다. 이스마엘과 하갈은 이삭이 태어나자 하나님의 명하심 따라 내침을 당했다. 하나님은 언약의 자녀를 통해 기업을 이루시는 분이시다. "이삭에게서 나는 자라야 네 씨라 부를 것이라"고 하셨다(창 21:12).

아브라함이 99세 때 하나님이 나타나셔서 아브람을 "아브라함"으로 사래를 "사라"로 이름을 고쳐 주시고 언약의 아들을 주시겠다고 약속하신다.

창세기 18장에서 세 천사가 등장하여 아브라함에게 두 가지 소식을 알린다. 하나는 내년 이맘 때 사라에게 아들이 있을 것과 다른 하나는 롯이 거한 소돔과 고모라 성의 멸망이다. 아브라함과 사라에게 아들을 주시겠다는 기쁜 소식을 받았으나, 이미 사라에게는 여성의 생리가 끊어진 상태이다. 아브라함 또한 몸의 기능이 죽은 상태였다. 그러므로

아브라함도 사라도 모두 웃었다(창 17:17; 18:12). 아브라함과 사라의 웃음에도 상관없이 아브라함의 나이 100세, 사라의 나이 90세에 언약의 아들인 이삭이 태어났다. 하나님의 언약하심 따라 아들을 낳고 "이삭"이라 이름 하였으니 이삭은 '웃음'이란 뜻이다. 아브라함과 사라가 웃었음으로 하나님께서 지어주신 이름이었다. "예수"의 이름을 태어나기 전 하나님께서 지으신 것처럼, 예수님을 예표하고 있는 독자 "이삭" 또한 태어나기 전 하나님께서 그 이름을 지어주셨다. 한편 히브리서 기자는 사라의 웃음에도 아무 일 없이, 사라는 아들을 약속하신 하나님을 미쁘신 줄 알고 잉태할 수 있는 힘을 얻었다고 사라의 믿음을 말하고 있다(히 11:11). 하나님은 인간의 실수와 한계를 뛰어넘어 자신의 구속사적 뜻을 온전히 이루시는 분이심을 알 수 있다.

이삭이 젖을 떼는 날에 큰 잔치를 베풀었다. 이때 하갈의 아들 이스마엘이 이삭을 놀렸다. 이를 본 사라가 이들을 내쫓으라고 한다.

"그(사라)가 아브라함에게 이르되 이 여종과 그 아들을 내쫓으라 이 종의 아들은 내 아들 이삭과 함께 기업을 얻지 못하리라"(창 21:10)

참 아이러니하다. 몸종을 들여 아들을 얻게 할 때는 언제이고, 이젠 내쫓으라니 말이다. 인간적으로 보면 사라는 참 간사하고 자신의 이익만 추구하는 자이다. 그러나 하나님은 아브라함과 사라를 통해 개인적 인간사가 아닌 믿음의 구속사를 이루시는 것이 목적이다. 하나님의 약속을 기다리지 못하고 인간적인 방법으로 자식을 얻게 했던 잘못이 있지만, 하나님은 사라의 뜻대로 하갈과 이스마엘을 내쫓으라 하셨다.

하나님은 이 일을 통해 언약의 후손을 거룩히 구별 하시는 분이심을 보여 주고 있다. 한편 1부1처제를 깨고 첩을 통해 태어난 이스마엘도 사랑하시는 하나님이심을 보여주고 있다(일반은총). 서자 이스마엘을 통해 아랍족속의 기원을 보여준다.

한편 사도 바울은 사라와 하갈을 각각 은혜와 율법으로, 그리고 이삭과 이스마엘을 각각 약속(성령)을 따라 난 자와 육체를 따라 난자로 규정하고 있다. 하나님의 은혜를 좇아 약속을 따라 난 자만이 아브라함의 품에 거할 수 있음을 설명하고 있다(갈 4:22-31).

"형제들아 너희는 이삭과 같이 약속의 자녀라"(갈 4:28)
"그런즉 형제들아 우리는 여종의 자녀가 아니요 자유 있는 여자의 자녀니라"(갈 4:31)

"내가 내 언약을 나와 너 및 네 대대 후손 사이에 세워서 영원한 언약을 삼고 너와 네 후손의 하나님이 되리라 / 내가 너와 네 후손에게 네가 거류하는 이 땅 곧 가나안 온 땅을 주어 영원한 기업이 되게 하고 나는 그들의 하나님이 되리라"(창 17:7-8)

하나님이 믿음의 조상 아브라함에게 언약을 주시고 언약의 표징으로 포피를 베어 할례를 받으라고 하셨다(창 17:11). 그러므로 남자는 집에서 난자나 돈으로 산자를 막론하고 난 지 팔 일 만에 할례를 받아야 했다. 아브라함은 99세, 이스마엘은 13세에 할례를 받았다. 이삭은 아직 태어나지 않았으므로 이듬해 이삭은 난 지 8일 만에 할례를 받았다(창 21:4). 8일은 안식일 다음날로 예수님이 부활하신 날이다.

※ 할례(히. 물)

할례는 "양피를 베다"라는 표현의 종교적 의식이다. 할례는 하나님의 선택된 이스라엘 백성들을 구별하는 증표이다. 죄로부터 정결하게 하여 구별된 삶을 산다는 증표이기도 하다. 그러므로 할례는 하나님의 법을 좇아 거룩하게 살아야 하는 영적 의미를 담고 있다. 또한 육체의 할례는 의미가 없고, 마음에 할례를 받으라는 가르침이 있다(신 10:16; 렘 4:4; 겔 44:7; 롬 2:29). 오늘날 할례의 언약적 기능은 세례로 이전 되었다고 할 수 있다(골 2:11-12). 그러나 세례가 믿음이나 구원 그 자체가 될 수는 없고, 단지 할례(세례)는 구원의 표식일 뿐임을 알아야 한다.

사도행전 15장에 이방인의 할례 문제로 예루살렘 총회가 열렸다. 이때 의장인 야고보는 회의에서 얻은 결과물로 결의문을 공포했다. 하나님의 기록된 말씀을 따라 이방인에게 할례의 짐을 지울 것이 아님을 문서화하여 이방교회에 공문을 보냈던 것이다. 더 이상은 할례가 아닌 믿음으로 구원 받음을 명시한 것이다(이신득구).

"오직 이면적 유대인이 유대인이며 할례는 마음에 할지니 영에 있고 율법 조문에 있지 아니한 것이라 그 칭찬이 사람에게서가 아니요 다만 하나님에게서니라"(롬 2:29)
"모세에게 속하여 다 구름과 바다에서 세례를 받고"(고전 10:2)

소돔 고모라 멸망과 아브라함의 동맹

창세기 18장에 나타난 세 천사 중 두 천사는 소돔으로 향하고, 한 천사는 아브라함 앞에 그대로 남아 있다. 아브라함이 조카 롯을 생각하여 소돔을 멸하지 않기를 빌고 있다.

"의인 50명이 있다면 의인과 악인을 같이 멸하시렵니까?"

"의인 50명을 찾으면 멸하지 않고 용서하리라."

그러나 의인 50명이 없으므로 45명-40명-30명-20명-10명까지 수치가 내려갔으나, 결국 소돔 성에는 의인 10명도 없었다. 실상은 롯을 제외한 의인 1명이 없는 셈이라고 볼 수 있다.

롯과 그 아내와 두 딸이 소알성으로 피신을 하는 중 롯의 아내는 뒤돌아보지 말라는 말씀을 거역하고 뒤돌아보아 소금 기둥이 되고 말았다(창 19:26). 한편 롯의 사위들은 롯이 전한 말을 농담으로 여겨 피신하지 못한 채 유황불에 멸망되고 말았다(창 19:14). 동성애 등 죄악으로 가득 찬 소돔과 고모라가 하늘에서 비같이 내린 유황과 불에 삼킨바 되고 말았다. 롯과 롯의 두 딸 외에 모든 사람들이 하나님의 심판의 불에 죽임을 당했으니, 이는 종말에 나타날 불 심판을 상기시켜 주고 있다. 오직 예수 안에 심판을 피하지 못한다면, 마지막 날에 그 무엇으로도 자신의 생명을 건짐 받지 못한다. 누구든지 생명책에 기록되지 못한 자는 불못에 던져질 것이다(계 20:15). 한편 하나님은 아브라함을 생각하사 롯을 건지시고, 롯과 두 딸은 소알성에서 나와 산으로 올라 굴에 거주하였다. 종족 번식을 위해 롯의 두 딸이 밤에 아버지에게 술을 먹여 임신하므로, 큰 딸은 모압, 작은 딸은 암몬(벤암미) 조상을 낳았다.

창세기 20장에서 아브라함이 가데스와 술 사이 "그랄"에 거류하며 12장에 있었던 잘못을 거듭했다. 아내 사라를 또 누이라고 속인 것이다. 그랄 왕 "아비멜렉"이 사라를 아내 삼고자 데려갔다. 이번에도 하나님께서 아비멜렉의 꿈을 통해 사라를 지키셨다.

> "그 밤에 하나님이 아비멜렉에게 현몽하시고 그에게 이르시되 네가 데려간 이 여인으로 말미암아 네가 죽으리니 그는 남편이 있는 여자임이라"(창 20:3)
>
> "네가 돌려보내지 아니하면 너와 네게 속한 자가 다 반드시 죽을 줄 알지니라"(창 20:7)

이에 아비멜렉이 하나님을 두려워하여 사라를 손대지 못하고 오히려 양과 소와 종들과 은 천 개를 주고 사라를 아브라함에게 돌려보냈다. 아브라함이 하나님께 기도하매 하나님께서 아비멜렉과 그의 아내와 여종을 치료하사 출산하게 하셨다. 사라의 일로 아비멜렉의 집의 모든 태를 닫으셨다가 다시 여신 것이다(창 20:17-18). 여기서 우리는 생명의 창조자는 하나님이심을 확실히 알게 된다.

아브라함은 믿음의 조상으로 하나님이 택하시고 그와 언약관계에 있었다. 그러므로 하나님은 아브라함을 끝까지 책임지시고 지키시고 또한 아브라함과 사라를 통한 언약을 이루시는 하나님이심을 알게 된다. 하나님과 아브라함과의 언약은 믿음의 후손들에게 계승된다.

사라를 취하려 했던 그랄 왕 아비멜렉과 그 군대장관 비골이 강성해진 아브라함과 동맹관계를 맺고자 찾아왔다. 아브라함이 양과 소를 예물로 아비멜렉에게 주고 두 사람이 서로 동맹의 언약을 세웠다(창 21:27). 또한 아브라함이 암양 새끼 일곱 마리를 주고 우물 판 증거, 즉 우물의 소유권을 확정지었다. 그곳의 이름을 "브엘세바"라 하였으니 브엘세바는 "맹세의 우물"이란 뜻으로 헤브론 남방 45km 지점에 위치한 고도(古都)이다. 오늘날 "와디 에스 세바(Wadi es-Seba)"라 불리고 있으며, 이곳에 당시의 우물들로 보이는 여러 흔적들이 발굴되어 성경의 역사성을 증명하고 있다고 한다(Robin, Finn).

> "아브라함은 브엘세바에 에셀 나무를 심고 거기서 영원하신 하나님 여호와의 이름을 불렀으며"(창 21:33)

에셀 나무는 재질이 단단하며 키가 커서 넓은 그늘을 형성하고 사막에서 생명력이 가장 왕성한 나무라고 한다. 아브라함이 브엘세바에 이 나무를 심고 그 그늘에서 영원하신 하나님 여호와께 경배 드리며, 다시는 원주민들에게 우물을 빼앗기는 핍박을 받지 않고 장기간 거류했을 것으로 보여 진다. 하나님은 아브라함의 평안과 번영을 위해 일하시는 분이셨다.

아브라함의 모리아 산 시험

창세기 22장에 아주 중요한 사건이 하나 있다. 하나님이 아브라함을 시험(test)하신 사건이다. 하나님은 100세에 얻은 아들(이삭)을 모리아 산에 가서 제물로 바치라고 하신다. 이에 아브라함은 아내 사라와 의논할 것도 없이 순종하므로 시험에 합격했다. 사실 아브라함은 이삭을 통한 자손이 하늘의 별과 같이 많을 것이라는 언약을 굳게 믿었기 때문에 믿음으로 승리할 수 있었다. 그러므로 이삭을 제물로 바친다한들 하나님께서 다시 살리실 줄 믿고 드렸던 것이다.

> "그가 하나님이 능히 이삭을 죽은 자 가운데서 다시 살리실 줄로 생각

한지라 비유컨대 그를 죽은 자 가운데서 도로 받은 것이니라"(히 11:19)

죽은 자도 살리시는 하나님이시지만, 이는 아브라함의 믿음을 시험하시기 위함이었다. 또한 구속사적 의미에서 이 사건은 신약의 갈보리 사건을 예시하고 있기 때문에 아주 중요한 사건이라 할 수 있다. 아브라함은 끝까지 하나님 앞에서 믿음을 잃지 않았다. 집에서 출발한지 3일 만에 모리아 산 곧 하나님께서 일러주신 산에 이르러 그곳에 제단을 쌓았다. 제단 위에 나무를 벌여 놓고 이삭을 결박하여 제단 나무 위에 올려놓았다. 손을 내밀어 칼을 잡고 진심으로 아들을 잡으려 했다. 그때서야 여호와의 사자가 "아브라함아! 아브라함아! 그 아이에게서 손을 떼라"고 막으셨다. 이제야 하나님을 경외한 아브라함의 믿음이 드러났다. 이처럼 믿음에는 행함이 따르기 마련이다. "행함이 없는 믿음은 죽은 믿음"이라고 야고보 기자는 말하고 있다(약 2:26).

"우리 조상 아브라함이 그 아들 이삭을 제단에 바칠 때에 행함으로 의롭다 하심을 받은 것이 아니냐"(약 2:21)

"사자가 이르시되 그 아이에게 네 손을 대지 말라 그에게 아무 일도 하지 말라 네가 네 아들 네 독자까지도 내게 아끼지 아니하였으니 내가 이제야 네가 하나님을 경외하는 줄을 아노라"(창 22:12)

아브라함이 눈을 들어 살펴본즉 한 숫양 뿔이 수풀에 걸려 있는 것을 보고 그 숫양을 가져다가 이삭을 대신하여 번제로 드렸다. 그 땅 이름을 "여호와 이레"라 하였으니 이는 "여호와께서 준비 하신다"는 뜻이다(창 22:14).

아브라함은 100세에 얻은 독자까지도 아끼지 않고 하나님께 드렸다. 아브라함은 이제야 하나님의 인정을 받았다. 아브라함이 하나님의 말씀을 준행하였음으로 하나님은 아브라함에게 또 다시 큰 복을 약속하셨다. 지금까지 이삭과 야곱(이스라엘)을 통한 믿음의 후손들이 하늘의 별과 같이 바닷가의 모래와 같이 차고 넘치는 복이 임했다.

"이르시되 여호와께서 이르시기를 내가 나를 가리켜 맹세하노니 네가 이같이 행하여 네 아들 네 독자도 아끼지 아니하였은즉 / 내가 네게 큰 복을 주고 네 씨가 크게 번성하여 하늘의 별과 같고 바닷가의 모래와 같게 하리니 네 씨가 그 대적의 성문을 차지하리라"(창 22:16-17)

여기서 네 씨는 궁극적으로 아브라함의 혈통(마 1:1)을 타고 오신 예수 그리스도를 뜻한다. 그러므로 아브라함을 통한 모든 말씀 또한 예수 그리스도를 통해 완성 된다.

한편 모리아 산은 다윗이 제사 드렸던 오르난(아라우나)의 타작마당으로 솔로몬의 성전이 들어선 곳이다(대상 21:15-22:1; 대하 3:1). 다윗은 이곳을 "여호와 하나님의 성전"이요 "이스라엘의 번제단"이라고 미리 내다보았다(대상 22:1). 모리아 산 제단위에 올려 졌던 이삭은 십자가에 제물로 바쳐진 하나님의 독생자 예수 그리스도를 예표 하고 있다. 번제에 쓸 나무를 지고 모리아 산 제단을 향해 오른 이삭은 나무 십자가를 지고 골고다 언덕길을 오르신 예수님을 예표 한다.

사라가 127세를 살고 돌아갔다(창 23:1). 아브라함이 헤브론 막벨라 굴을 사서 장지로 삼았다. 이곳에 사라를 장사하고 본인도 훗날 이곳에 장사되었다. 뿐만 아니라 이곳에 3대 족장 곧 아브라함, 이삭, 야곱과 그의 아내들이 장사되었다.

또한 아브라함은 사라가 죽고 후처 "그두라"를 얻어 여섯 아들을 낳았다. 그 아들들의 이름은 시므란, 욕산, 므단, 미디안. 이스박, 수아이다(창 25:1-2). 아브라함이 175세를 살고 생을 마감하였다(창 25:7-8).

7. 이삭

이삭은 아브라함과 사라가 낳은 언약의 아들이다. 리브가와 40세에 결혼하여 20년만인 60세에 에서와 야곱 쌍둥이를 낳았다. 리브가가 임신하지 못하므로 이삭이 이를 위하여 여호와께 간구하므로 여호와께서 이삭의 간구를 들어 주셨다(창 25:21). 리브가는 밧단 아람의 아람 족속 중 브두엘의 딸이요 라반의 누이였다.

리브가의 태속 쌍둥이가 서로 싸우므로 리브가가 여호와께 물으니 여호와께서 다음과 같이 말씀하셨다.

"두 국민이 네 태중에 있구나 두 민족이 네 복중에서부터 나누이리라 이 족속이 저 족속보다 강하겠고 큰 자가 어린 자를 섬기리라 하셨더라"(창 25:23)

"에서"가 먼저 나온 큰 자이다. 에서는 붉고 전신이 털옷 같아서 붙여진 이름이다. 붉다는 뜻에서 별명이 "에돔"이다. 에서는 세일 산에 거주한 에돔 족속의 조상이 되었다.

"야곱"은 손으로 에서의 발꿈치를 잡았다 해서 붙여진 이름이다. 후에 얍복강에서 천사와 씨름 후 "이스라엘"로 이름을 바꾸어 주셨다(창 32:28). 이스라엘 12지파를 형성하여 선민 이스라엘의 조상이 되었다.

에서는 사냥꾼, 들사람이었고 야곱은 조용한 사람으로 장막에 거주하였다. 이삭은 에서를 사랑하고 리브가는 야곱을 사랑했다. 말라기 선지자는 여호와께서 야곱을 사랑하고 에서는 미워하였다고 기록하고 있다(말 1:2-3). 사도 바울 또한 로마서 9장에서 하나님의 주권적인 선택교리로 하나님이 야곱을 선택했음을 설명하고 있다. 한 태에서부터 야곱은 선택되고 에서는 유기됐다. 그러므로 성도의 구원은 하나님께 있고 사람에게 있지 아니하여 사람이 자랑할 것이 아님을 알아야 한다. 오직 하나님의 주권으로 야곱은 아브라함과 이삭에 이어 언약의 계승자 곧 언약의 상속자가 되었다. 하나님은 아브라함과 이삭과 야곱의 하나님이시다.

한편 선택받지 못한 에서의 에돔 족속은 늘 이스라엘과 적대관계에 있었다. 출애굽기 17장의 아말렉이 에돔 족속이요, 에스더서의 유대인을 멸종시키려 했던 "하만"이 아말렉 족속이요, 예수님 출생당시 예수님을 죽이기 위해 베들레헴에 두 살 이하의 아이를 모두 죽이라 명한 "헤롯"왕이 이두매(헬라어) 에돔 족속이다. 영적으로는 성도들의 천국 길을 막기 위해 택한 자라도 물고 늘어지는 사탄, 마귀의 상징적인 족속이다. 그러나 이제는 누구든지 예수 안에 들어오면 차별 없이 구원하시는 하나님이시다.

이삭은 믿음으로 장차 있을 일에 대하여 야곱과 에서에게 축복하였다(히 11:20). 이삭의 축복은 언약의 축복으로 이는 가나안 땅과 자손 번성에 대한 축복이다. 그러므로 진정한 축복은 야곱에게 베푼 것이다(창 27:27-29).

이삭은 또한 모리아 산에서 아브라함이 자신을 제물로 바치려 할 때 순한 양처럼 반항치 않은 온유한 성품의 사람이었다. 아버지의 뜻에 순종하는 순종적인 사람이었다. 그런 면에서 이삭은 아버지의 뜻에 따라 십자가에 죽기까지 순종하신 예수님을 예표 한다고 볼 수 있다. 한 번 목숨까지 내어주는 순종을 하고 나면 그 뒤에 따라오는 복이 크다. 그러므로 이삭은 블레셋 지역 그랄에서 농사하여 그 해에 백 배나 얻었고 하나님께서 복을 주셨다. 이삭이 창대하고 왕성하여 마침내 거부가 되었다고 한다(창 26:12-13). 양과 소가 떼를 이루고 종이 심히 많으므로 블레셋 사람이 이삭을 시기하여 그 아버지 아브라함 때에 판 우물들을 막고 흙으로 메워 버렸다. 그러나 이삭은 이에 대항하지 않고 자리를 옮겨 메운 우물을 다시 파고 빼앗기면 또 다시 파고 우물 파는 일을 반복 했다. 우물을 파고 에섹(다툼) - 싯나(대적함) - 르호봇(장소가 넓음)이라 이름 하였다. 우물을 파면 물이 터져 나오는 복이 임했다. 한편 그랄에서 그 아버지 아브라함과 같이 아내를 누이라고 속여 곤란한 일을 당할 뻔도 했지만, 이 또한 하나님께서 이 일에 대해 막아 주시고 언약의 후손 이삭을 강한 원주민으로부터 지켜 주셨다. 하나님은 아브라함의 아내 사라를 지켜 주셨듯이 이삭의 아내 리브가 또한 지켜 주셨다.

이삭은 이주민이라는 이유로 블레셋 족속들의 박해를 받았고, 그들에게 판 우물들을 모두 양보했다. 그런 이삭에게 블레셋 그랄 왕 아비멜렉이 군대장관 비골과 함께 이삭을 찾아와 화친 조약을 제의했다(창 26:26-33). 아브라함과 맺은 동맹관계를 새롭게 맺기 위함이었으니, 이는 아브라함도 이삭도 하나님의 큰 복이 함께하고 있음을 그들이 보았기 때문이다. 성도는 이 땅에서 나그네와 같은 삶을 살아갈 때, 이삭처럼 악을 악으로 갚지 말고 오히려 선으로 대처했을 때 하나님께서 더 큰 복으로 갚아 주심을 깨달아야 한다.

이삭이 나이가 많아 눈이 어두워 야곱을 에서로 착각하고, 야곱의 별미를 받아먹은 후 차자(次子)에게 축복하고 말았다. 이삭 자신은 장자(長子) 에서를 사랑하여 에서에게 축복하고자 하였으나, 이 사실을 리브가가 알아차리고 염소새끼를 잡아 이삭이 좋아하는 별미를 만들어 에서 대신 야곱을 들여보냈다. 리브가는 태중에서 두 민족이 싸울 때 큰 자가 어린 자를 섬길 것이라는 하나님의 계시를 염두하고 있었을 것이다. 가까스로 이삭이 야곱을 축복하였지만 이는 이삭을 속이는 리브가와 야곱의 악행에도 불구하고 하나님은 자신의 계획을 선용하여 이루시는 분이심을 알 수 있다. 이삭은 일이 벌어진 후에 하나님의 뜻을 깨닫고 재차 야곱에게 축복하여, 야곱을 밧단아람 외조부 브두엘의 집으로 보낸다. 그곳에서 외삼촌 라반의 딸 중에서 아내를 맞이하라고 일러준다.

> "전능하신 하나님이 네게 복을 주시어 네가 생육하고 번성하게 하여 네가 여러 족속을 이루게 하시고 아브라함에게 허락하신 복을 네게 주시되 너와 너와 함께 네 자손에게도 주사 하나님이 아브라함에게 주신 땅 곧 네가 거류하는 땅을 네가 차지하게 하시기를 원하노라"(창 28:3:4)

끝내 이삭이 야곱에게 축복하므로 하나님의 언약은 이삭에서 야곱으로 계승된다. 이삭은 창세기에 나온 4명의 족장 곧 아브라함(175),

이삭(180), 야곱(147), 요셉(110) 중 가장 장수한 족장이다. 1부1처제를 지켰으며, 이삭도 리브가도 기도하는 사람이었다. 이삭이 180세에 죽음으로 에서와 야곱이 헤브론 막벨라 굴에 장사하였다.

8. 야곱(이스라엘)

야곱의 장자권 획득

이삭이 나이가 많아 눈이 어두워 보지 못하는 중, 에서에게 언약의 축복을 하고자 사냥하여 별미를 만들어 오라 하였다. 이 소리를 리브가가 듣고 에서 대신 야곱이 축복을 받게 한다. 리브가가 염소 새끼 두마리를 가져오라 하여 이삭이 좋아하는 별미를 만들어 야곱의 손에 들여보낸다. 에서는 털이 많고 야곱은 매끈한 사람인지라 염소 새끼의 가죽을 야곱의 손과 목 매끈한 곳에 붙이고, 에서의 의복을 가져다가 입히고, 야곱이 에서처럼 변장하여 별미와 떡을 가지고 이삭에게 나가 아스라이 축복을 받아냈다.

"하나님은 하늘의 이슬과 땅의 기름짐이며 풍성한 곡식과 포도주를 네게 주시기를 원하노라 만민이 너를 섬기고 열국이 네게 굴복하리니 네가 형제들의 주가 되고 네 어머니의 아들들이 네게 굴복하며 너를 저주하는 자는 저주를 받고 너를 축복하는 자는 복을 받기를 원하노라"(창 27:28-29)

위와 같이 야곱이 아버지 이삭을 속여 축복을 받고 나가자 에서가 사냥하여 돌아왔다. 에서가 별미를 만들어 아버지 앞에 나가 축복을 받고

자 하니 모든 일이 들통 나고 말았다. 이삭도 에서도 놀라지 않을 수 없었다. 에서가 대성통곡하고 야곱을 죽이고자 하매 리브가가 야곱을 친정집으로 도피시킨다. 야곱은 하란에 있는 외갓집으로 에서를 피해 도망가야만 했다. 한편 앞서 야곱은 형 에서에게 팥죽(붉은 죽)으로 장자권을 샀었다. 그런데 이번엔 아버지 이삭에게서 언약의 축복을 빼앗은 것이다. 이를 보아 야곱은 장자권의 축복을 받기 위해 치밀한 사람이었음을 알 수 있다. 배고픈 형 에서에게 맹세까지 받고 팥죽으로 장자권을 샀다. 한편 에서는 장자의 명분을 가볍게 여긴 자이다(창 25:34). 히브리서 기자는 이런 에서를 "망령된 자"라고 기록하고 있다(히 12:16).

> "야곱이 이르되 오늘 내게 맹세하라 에서가 맹세하고 장자의 명분을 야곱에게 판지라"(창 25:33)

하나님께서는 "이스라엘은 내 아들 내 장자라"고 말씀하셨다(출 4:22). 그러므로 오늘날 장자의 명분은 하늘의 시민권과 같은 것이다. 야곱의 열두 아들 중 "르우벤"도 아버지의 침상에 올라 장자권을 요셉에게 빼앗기는 불행을 보았지만, 에서 또한 가장 귀중한 장자권을 가장 값싸게 넘기는 어리석은 자였다. 우리는 에서처럼 하늘의 시민권을 세상의 썩어질 것과 바꾸어서는 아니 될 것임을 깨달아야 한다. 하여튼 야곱은 형으로부터 팥죽 한 그릇에 장자권을 사고, 이번에는 아버지 이삭을 속여 장자의 축복을 받아 냈다. 언약의 상속권인 하나님의 뜻이 야곱에게 있는 것은 사실이지만, 야곱은 자신의 힘으로 형과 아버지를 속이고 장자권을 획득한 셈이다. 그러므로 야곱은 형의 낯을 피해 고향과 부모를 등지고 하란으로 피신하게 된다.

하나님의 예언적 약속보다 인간적으로 에서에게 장자권을 넘기고자 했던 이삭과, 이삭을 속인 어머니 리브가와 야곱, 장자권을 경홀히 여긴 에서, 온 가족 모두가 슬픔을 지니고 살아야 했다. 그럼에도 하나님의 구속사는 야곱을 통해 이어진다. 인간의 허물과 잘못까지도 선용하시는 사랑의 하나님이심을 깨닫게 된다. 아버지와 형을 속인 야곱은 후에 자신도 외삼촌 라반에게 속임 당하며, 가장 사랑하는 아들 요셉을 노예로 팔아넘긴 열 아들에게 속임 당하기도 한다. 한편 야곱은 어머니 리브가의 얼굴을 살아생전 보지 못한듯하여 안타깝다.

야곱이 하란으로 도피 중 "벧엘"에 이르러 하나님을 만난다(창 28장). 밤에 돌베개를 베고 자는 중 꿈을 꾸게 되는데, 사닥다리가 땅에서 하늘에 닿았고 하나님의 사자들이 그 위에 오르락내리락하며, 여호와께서는 그 위에 서서 야곱에게 말씀하셨다. "나는 여호와니 너의 조부 아브라함의 하나님, 이삭의 하나님이라 네가 누워 있는 땅을 내가 너와 네 자손에게 주리라"고 말씀 하신다. 또 자손이 땅의 티끌 같이 많을 것과 모든 족속이 너와 네 자손으로 말미암아 복을 받으리라고 말씀 하신다. 이는 아브라함과 이삭에게도 동일하게 주어진 약속이다. 그러므로 하나님은 아브라함과 이삭과 야곱의 하나님이시다. 야곱 곧 이스라엘을 통해 오늘날 이방인에 이르기까지 그 언약이 이루어진 것이다(영적 이스라엘). 장자권을 받은 자는 두 몫의 축복을 받고 언약의 계승자가 되는 것이다. 하나님은 에서가 아닌 야곱을 통해 자신의 구속사를 이루어 가신다.

"내가 너와 함께 있어 네가 어디로 가든지 너를 지키며 너를 이끌어

이 땅으로 돌아오게 할지라 내가 네게 허락한 것을 다 이루기까지 너를 떠나지 아니하리라 하신지라"(창 28:15)

야곱이 잠에서 깨어 그곳을 "하나님의 집이요, 하늘의 문이로다" 하며 돌베개를 기둥으로 세우고 그 위에 기름을 붓고 그 곳 이름을 "벧엘"이라 하였다. 그리고 세 가지 서원을 하였다. 첫째는 나를 지켜 평안히 아버지 집으로 돌아가게 하시면 여호와께서 "나의 하나님"이 되실 것과 둘째는 세운 돌기둥이 "하나님의 집(교회)"이 될 것과 셋째는 "십분의 일"을 하나님께 드릴 것을 서원하였다. 십분의 일 곧 십일조는 하나님에 대한 신앙고백으로 아브라함에 이어 이곳에 두 번째 언급되고 있다. 모세의 율법이 생기기도 전 십일조 신앙이 있었음을 말해주고 있다. 그러므로 십일조는 하나님과 나와의 1:1 관계로 접근해야한다. 정성 드린 예물은 하나님께서 반드시 받으시고 복주시기 마련이다. 우리는 우리의 보물을 좀과 동록이 해하지 않는 하늘 창고에 쌓아야 한다. 야곱이 돌기둥에 기름을 부었다는 것은 값진 예물을 하나님께 드렸다는 뜻이다. 우리 또한 은혜를 받고 가만히 있을 수만 없어야정상적인 신앙인이다. 야곱은 이곳 벧엘에서 하나님을 만나 거듭남으로 값진 예물을 드리고 세 가지 서원을 하였다.

※ "벧엘"은 "하나님의 집"이란 뜻으로 옛 이름은 "루스"였다. 예루살렘 북쪽 약 19km 지점으로 야곱은 가나안 귀환 후 이곳에 돌아와 서원대로 여호와께 단을 쌓고 "엘벧엘"(벧엘의 하나님)이라 이름 하였다. 이곳에서 제일 먼저 단을 쌓은 사람은 아브라함이었는데(창 12:8), 이곳은 후일 이스라엘의 종교적 성지가 되었다(삼상 7:16).

하란에서의 자녀 획득

야곱이 하란(밧단아람)에 도착하여 우물가에서 외삼촌 라반의 작은 딸 "라헬"을 만났다. 라헬의 언니는 "레아"였는데, 야곱은 레아보다 라헬을 무척 사랑했다. 야곱이 외삼촌 라반의 집에 들어가 라헬을 아내로 얻기 위해 7년의 노동력을 제공하기로 했다. 당시에 결혼 지참금조로 야곱이 가진 것이 없었으므로 품삯대신 신부감을 원했던 것이다. 야곱은 라헬을 사랑하는 까닭에 7년을 며칠같이 여겼다고 한다(창 29:20).

그런데 7년이 차자 결혼식 밤에 라헬이 아닌 레아가 들어왔다. 외삼촌 라반이 야곱을 속였는데, 이는 그 지방 풍습이 언니보다 아우를 먼저 보내는 것이 아니었기 때문이라고 한다. 야곱은 아침이 되어서야 라헬이 아니라 레아임을 알았다. 라반에게 따지므로 라반이 7일 후 라헬도 줄 터이니 또 7년 동안 자신을 섬기라고 한다. 당시 결혼 축제기간이 7일이었으므로 7일 후 두 번째 아내 라헬을 아내로 맞이하고, 라헬을 얻기 위해 또 7년 동안 외삼촌을 위해 일해야 했다. 결국 레아와 라헬 두 아내를 얻기 위해 14년을 외삼촌 라반을 위해 일했다.

레아와 라헬 사이에 아들 낳기 경쟁이 붙었는데, 당시에 아들을 낳지 못한 여자는 큰 수치였고 저주받은 여자로 여겨졌기 때문이다. 아들을 많이 낳을수록 값진 것이었다. 레아가 남편의 사랑을 받지 못하므로 하나님께서 레아에게 긍휼을 베푸셨다. 하나님은 소외되고 외로운 자를 찾아오신 분이시다. 레아가 하나님의 은총을 입어 먼저 네 아들을 낳아 이름을 지었다.

첫째 아들 "르우벤" – 보라 아들이라

둘째 아들 "시므온" – 들으심

셋째 아들 "레위" – 연합

넷째 아들 "유다" – 찬송함

라헬이 아이를 낳지 못함으로 언니를 시기하여 자기 시녀 "빌하"를 남편에게 아내로 주어 두 아들을 얻었다. 이름은 라헬이 지었다. 이 빌하는 후에 첫째 아들 르우벤과 통간(通姦)하므로, 르우벤은 장자라도 장자권을 빼앗기고 만다.

다섯째 아들 "단" – 억울함을 푸심

여섯째 아들 "납달리" – 경쟁함

레아가 자기의 출산이 멈춘 줄 알고 그도 자기 시녀 "실바"를 남편에게 주어 두 아들을 얻고, 레아 자신이 이름을 지었다.

일곱째 아들 "갓" – 복됨

여덟째 아들 "아셀" – 기쁨

하나님께서 레아의 소원을 다시 들으심으로 네 아들에 이어 두 아들을 더 주셨다. 이들은 레아의 다섯째와 여섯째 아들로 레아가 이름을 지었다.

아홉째 아들 "잇사갈" – 값, 보상

열째 아들 "스불론" – 거함

레아는 내 시녀를 내 남편에게 주었으므로 하나님이 내게 그 값을 주셨다(창 30:18) 하였는데, 이는 임신 촉진제인 합환채를 포기한 값이기도 하다. 레아의 첫아들 르우벤이 들에서 합환채를 구해왔는데 이

합환채를 라헬이 남편과 바꾸었던 것이다. 한편 라헬은 합환채를 쓴 후에도 오랫동안 아이가 없었으니 아이를 잉태케 하신 이는 하나님이심을 알게 된다. 레아가 아들 여섯째를 낳고서 "이제는 내 남편이 나와 함께 살리라"하는데, 남편을 동생 라헬에게 빼앗긴 레아의 고충을 읽을 수 있다. 한편 레아는 아들을 낳고 이름을 지을 때마다 남편이 자신에게 돌아오기를 바라는 소망도 함께 담은 듯하다. 이는 라헬이 레아보다 일찍 죽음으로 이루어진 셈인데, 마지막 아들 스불론(거함)을 낳고 "이제는 내 남편이 나와 함께 살리라"는 고백대로 하나님께서 이루어 주신 셈이다. 또한 레아는 마지막까지 조상의 묘지인 막벨라 굴에 남편과 함께 장사되는 영광을 차지한다. 야곱의 첫째 아내 레아는 여섯 아들과 딸 디나를 낳았다.

마지막으로 하나님께서 라헬을 생각하시고 그의 태를 여셨다. 아들을 낳고 "요셉"이라 이름 하였으니, 이는 "하나님이 내 부끄러움을 씻으셨다."하였으며, 요셉 외에도 다른 아들을 더해 달라는 소망을 담아 이중의 뜻이 담긴 이름을 지었다. 긴 기다림 끝에 아들을 얻은 라헬의 기쁨과 아들을 얻기 위한 라헬의 소망이 얼마나 간절했는지를 알 수 있다. 요셉은 야곱의 열한 번째 아들로 태어나 그 아버지 사랑을 흠뻑 받았다. 라헬은 요셉을 하란에서 낳았으나, 그 후 가나안으로 돌아와 15년이 넘어 두 번째 아들 "베냐민"을 낳고 산고로 인해 죽게 된다. 라헬이 혼이 떠나려 할 때에 "베노니" 즉 "슬픔의 아들"이라 불렀으나, 아버지 야곱이 "베냐민" 즉 "오른손의 아들"이라 불렀다. 라헬이 에브랏 곧 베들레헴에서 죽으므로 야곱이 이곳에 라헬을 장사하고 그의 묘비를 세웠다(창 35:20). 야곱은 라헬을 그토록 사랑했기에 라헬이 떠난 후에도 라헬이 낳은 요셉과 베냐민을 무척 편애하여 사랑하였다.

　　열한째 아들 "요셉" - 씻음, 더함

　　열두째 아들 "베냐민" - 오른손의 아들

　여기까지가 야곱이 네 아내에게서 얻은 열두 아들이다. 딸 디나까지
열세 자녀이다. 야곱은 라헬만을 원했는데 아이러니하게 네 명의 아내
를 얻었다. 네 명의 아내들을 통한 아들 낳기 경쟁은 현시대에는 가당
치도 않는 일이다. 그러나 우리는 성경의 당시대 속으로 들어가 하나
님의 뜻을 읽어낼 수 있어야 한다. 하나님은 이렇게 얽히고 섞인 죄 많
은 인간들을 사랑하시어 구원하시는 분이심을 보여주고 있다. 예수님
은 세리와 죄인의 친구였으며(눅 7:34), 의인을 부르러 온 것이 아니요
죄인을 부르러 이 땅에 오신 것이다(마 9:13). 인간들의 죄를 대속하려
죽음의 십자가를 지신 예수님이셨다. 레아와 라헬의 출산 경쟁의 배후
에는 하나님이 계심을 알 수 있지만, 하나님은 시기, 질투, 중혼 등 인
간의 허물까지도 당신의 뜻을 이루시는 방편으로 선용하셨다. 구원사
는 하나님의 주권 하에 있으며, 허물투성인 연약한 사람들일지라도 하
나님의 사역의 도구가 될 수 있음을 깨닫게 한다.

　요셉과 베냐민을 막바지로 야곱의 12아들은 이스라엘 열두지파의
근간이 되어 아브라함과 이삭에게 있었던 하나님의 언약이 성취된다.
장자 르우벤은 서모 빌하와 통간하여 장자권을 박탈당하고 그 장자권
은 요셉에게로 돌아갔다. 자식이 부모에게 서운하게 아니할 수는 없지
만, 절대적으로 해서는 안 되는 일도 있다. 야곱은 죽을 때 장자 르우
벤이 내 침상에 올라 더럽혔다며 장자라도 탁월하지 못할 것을 예언했

다. 결국 르우벤의 허물이 요셉에게 복이 되어 요셉은 므낫세와 에브라임 두 아들을 12지파의 반열에 올려 장자권의 두 몫을 받았다. 그러나 유다 지파를 통해 예수 그리스도가 오심으로 실질적인 장자권은 유다에게 있음을 보여주고 있다.

부의 축적

야곱은 두 아내를 위해 14년 동안 외삼촌 라반을 섬겼다. 14년이 끝나자 품삯을 정했다. 그 품삯은 양이나 염소가 새끼를 낳으면 아롱진 것과 점 있는 것과 검은 것은 야곱의 것이 되는 것이다(창 30:32). 야곱은 재산 증식을 위해 미신적 방법을 썼다. 버드나무와 살구나무와 신풍나무의 가지를 가져다가 껍질을 벗겨 흰 무늬를 내고 이것들을 개천 물구유에 세워 양 떼를 향하게 했다. 양 떼들이 물을 먹으러 올 때에 새끼를 배니, 약한 양이면 그 가지를 두지 아니하고 튼튼한 양일 때 그 가지를 두었다. 약한 것은 라반의 것이 되고 튼튼한 것은 야곱의 것이 되었다. 이렇게 6년 동안 많은 가축 떼를 이루었다.

'이에 그 사람(야곱)이 매우 번창하여 양 떼와 노비와 낙타와 나귀가 많았더라"(창 30:43).

어찌 보면 야곱의 미신적 방법이 효력을 발휘한 것처럼 보이지만, 이는 하나님께서 야곱의 "벧엘 언약"(창 28장)에 근거하여 복을 주신 것이다(창 31:12). 야곱 또한 이를 알고 31장 9절에서 하나님이 그대들(아내들)의 아버지의 가축을 빼앗아 내게 주셨다는 신앙고백을 하고 있다. 하나님은 언약에 신실하신 분이시므로 야곱을 약속의 가나

안 땅으로 돌아가도록 복을 부어 주셨다. 복의 근원은 하나님이시다(
민 6:24-26).

야곱의 귀향길과 라반의 추격

야곱의 재산이 많아지자 라반의 안색이 심상치 않았다. 이에 하나님
께서 야곱을 네 조상의 땅 네 족속에게로 돌아가라고 하셨다. 야곱은
아내들을 자기 양떼가 있는 곳으로 불러내어 이 일을 말하고 결국 20
년이 넘어서야 출(出)하란을 결행한다. 출(出)하란은 조부 아브라함과
맥락을 같이하는데 이는 출(出)애굽 사건을 예표하기도 한다. 외삼촌
라반이 허락하지 않을 것을 생각하여 라반이 양털 깎으러 간 틈을 이용
하여 네 아내와 열두 자녀와 많은 가축 떼를 이끌고 귀향길에 나섰다.
3일 후 라반이 이를 알게 되어 라반이 그의 형제를 거느리고 7일 추격
끝에 길르앗 산지에서 서로 만났다(라반과 야곱의 양떼는 사흘 길 떨
어져 있었음). 하나님께서 라반에게 현몽하여 선악 간에 말하지 말라
하셨다. 라헬이 집안의 수호신 드라빔을 훔쳤으므로 라반이 그 드라빔
을 찾았지만 찾지 못했다. 라헬은 드라빔을 낙타 안장 아래에 넣고 그
위에 앉아 마침 생리가 있어서 영접할 수 없다고 핑계를 대어 위기를
모면했다. 드라빔은 가정의 수호신으로 우상숭배의 거짓 신이었다. 라
헬은 훔치지 말아야 할 것을 훔친 것이다.

라반에게 선악 간에 말하지 말라는 하나님의 은혜가 있는 고로, 야
곱과 라반이 돌기둥을 세우고 돌무더기를 쌓고 화친 언약을 맺었다(창
31:43-55). 언약의 내용은 첫째, 야곱은 라반의 딸들 외에 다른 아내
를 맞이하지 말 것이요, 둘째, 돌기둥과 돌무더기를 넘어 서로 해하지

말라는 것이었다. 그러므로 이제 야곱은 외삼촌 라반의 가나안 귀향을 합법적으로 인정받는 계기가 된 셈이다. 쌓은 증거의 무더기를 라반은 아람어로 "여갈사하두다"라 불렀고 야곱은 히브리어로 "갈르엣"이라 불렀다. 갈르엣은 "증거의 무더기"란 뜻이다(창 31:47).

얍복강 기도(32장)

형 에서가 400명을 거느리고 야곱을 만나러 오고 있다고 하므로 야곱은 심히 두려웠다. 동행자와 양과 소와 낙타를 두 떼로 나누고 에서가 한 떼를 치면 남은 한 떼는 피하리라 생각했다. 자신이 그토록 사랑하는 라헬과 그 아들 요셉은 맨 뒤에 두었다. 소유 중에서 많은 예물을 에서에게 보내 형과의 감정을 먼저 풀고자하는 지혜를 발휘했다. 그 예물의 분량은 암염소 200, 숫염소 20, 암양 200, 숫양 20, 젖 나는 낙타 30과 그 새끼, 암소 40, 황소 10, 암나귀 20과 그 새끼 나귀 10이었다(창 32:14-15). 이처럼 많은 예물을 볼 때 야곱이 얼마나 큰 부를 획득했는지를 알 수 있지만, 이 예물은 결코 형식적인 예물이 아니라 자신의 값진 희생이 따른 인색함 없는 예물이다.

야곱이 모든 처자와 소유를 얍복 나루를 건너게 하고 야곱 자신은 홀로 얍복강 북쪽 언덕 편에 남아 기도하였다. "내 조부 아브라함의 하나님, 내 아버지 이삭의 하나님"을 찾으며 "네 고향, 네 족속에게로 돌아가라" 하신 여호와 하나님의 말씀을 붙들고 혼신을 다해 기도했다(창 32:9).

"내가 주께 간구하오니 내 형의 손에서, 에서의 손에서 나를 건져내시옵소서 내가 그를 두려워함은 그가 와서 나와 내 처자들을 칠까 겁이

나기 때문이니이다"(창 32:11)

　야곱은 20년 넘은 고난의 세월을 거쳐 많이 변화된듯하다. 이제는 제 힘으로 장자권의 축복을 차지하려하는 그 옛적 자신의 의지는 온 데간데없고 온전히 하나님께 매달려 기도하고 있는 것이다. 이곳에서 어떤 사람과 날이 새도록 씨름 하였다. 씨름 후 이 어떤 사람을 하나님이라고 밝히고 있다(창 32:30). 여기서 씨름은 단순히 육체적 힘겨루기가 아니라 실제로 씨름하듯 밤새 매달리고 울부짖으며 처절하게 기도하였다는 것이다. 야곱이 끈질기게 붙들고 놓지 않으므로, 하나님이 야곱의 허벅지 관절(환도뼈)을 치시니 그 관절이 위골 되었다. 결국 그 이름을 야곱에서 "이스라엘"로 바꾸어 축복해 주셨다. "발뒤꿈치를 잡은 자"에서 "하나님과 겨루어 이긴 자"로 이름을 바꾸어 주셨는데, 이름 속에 축복의 내용이 담겨져 있다.

　"그가 이르되 네 이름을 다시는 야곱이라 부를 것이 아니요 이스라엘이라 부를 것이니 이는 네가 하나님과 및 사람들과 겨루어 이겼음이니라"(창 32:28)

　"이스라엘"의 뜻은 "하나님과 겨루어 이겼다"는 뜻이다. 구약시대 사람들은 하나님의 얼굴을 보면 살지 못한다고 하였는데, 야곱은 죽을 목숨을 다해 하나님과 씨름한 것이다. 그 어떤 사람이 야곱을 이기지 못함을 보고 야곱의 허벅지 관절을 쳐서 어긋나게 하였다. 그럼에도 불구하고 야곱은 끝까지 기도 줄을 놓지 않고 붙들었다. 만약 축복이 오기 직전 기도 줄을 놓았더라면 "이스라엘"이란 이름은 받지 못했을까도 생각해본다. 여기서 나 자신은 얼마나 깊은 기도를 하고 있는 가를 깨닫게 되는데, 육신이 상할 정도로 절절히 기도한 야곱은 하나님과 깊은 대면을 하는 복된 신앙이었다. 하나님이 야곱의 환도뼈를 꺾음은 이제 야곱은 자신의 힘이 아닌 전능하신 하나님을 의지하며 살아야 할 것을 깨닫게 된다. 야곱이 이곳의 이름을 "브니엘"이라 하였으니 브니엘은 "하나님의 얼굴"이란 뜻이다. 이스라엘 사람들이 허벅지 관절에 있는 둔부의 힘줄을 먹지 않았는데, 하나님께서 야곱의 이 힘줄을 치신 까닭이었다.

에서 만남과 디나 수욕 사건

야곱은 얍복강 씨름을 통해 하나님과의 관계를 돈독하게 한 후 에서를 만나게 된다. 몸을 일곱 번 땅에 굽히며 형 에서 앞에 가까이 가니 에서가 달려와 끌어안고 입 맞추고 서로 울며 20년 넘는 이별의 슬픔을 회복하였다. 야곱이 형님의 얼굴을 뵈온즉 하나님의 얼굴을 본 것 같다며 기뻐하였으니, 이는 얍복강 기도를 통해 하나님께서 주신 은혜가 아닐 수 없다. 기도는 이처럼 내 앞의 장애물들을 무너뜨린다. 에서는 환도뼈를 절며 자신 앞에 나타난 야곱에게 긍휼을 베풀었다. 많은 예물 또한 에서의 마음을 부드럽게 했을 것이다. 20년 넘은 이별의 슬픔이 혈육의 그리움으로 작용했을 것이다. 야곱은 가식이 아닌 실제로 하나님을 뵌 것 같다는 진심을 드러내는데, 이는 에서의 얼굴에서 하나님의 자비로운 사랑을 보았을 것이다. 그러나 이 모든 것이 야곱의 기도를 응답하신 하나님의 은혜임을 기억해야 한다. 에서가 함께 세일로 가자했으나 야곱은 "숙곳"에 머문다. 숙곳에 우릿간을 지었으므로 그 땅 이름을 "숙곳"이라 하였다.

그 후 야곱 일가는 "세겜" 성읍에 정착했다. 세겜은 히위족속 추장인 하몰이 아들의 이름을 따서 세겜이라 이름붙인 성읍이다. 야곱이 하몰의 아들들에게 백 크시타(은 일백 개)를 주고 장막 친 땅을 샀던 것이다. 이곳에 장막을 쌓고 "엘엘로헤이스라엘(El-Elohe-Israel)"이라 부르며 전능의 하나님을 찬양했다. 세겜은 예루살렘에서 북쪽으로 60Km 정도 떨어진 곳에 위치하며, 에브라임 지파에 속한 땅으로 아브라함이 가나안 땅에 들어와 첫 단을 쌓은 곳이기도 하다(창 12:6-7).

하몰의 아들, 세겜 땅의 추장 세겜이 야곱의 딸 디나를 연연하므로 욕을 보였다. 디나는 외출을 나갔다가 세겜에게 강간을 당했던 것이다. 세겜이 디나를 사랑하므로 그녀를 아내로 맞이하고 싶었다. 하몰이 야곱과 그 아들들을 찾아와 디나를 며느리 삼고 서로 통혼하기를 제의했다. 그런데 야곱의 아들들이 조건을 걸었다. 너희들도 우리와 같이 할례를 받으면 서로 통혼하겠다고... 이는 이어진 일어난 일들을 봐서 알지만, 진심이 아닌 속임수였다.

세겜 족속들이 할례를 받고 충분히 아파할 때 시므온과 레위가 각기 칼을 가지고 가서 몰래 그 성읍을 기습하여 모든 남자를 죽이고, 디나를 세겜의 집에서 데려왔다. 모든 짐승들과 재물 또한 빼앗아 왔다. 시므온과 레위는 거룩한 할례를 핑계 삼아 피바람을 일으키고 말았다. 이 일로 인해 시므온과 레위는 훗날 야곱의 유언에서 저주를 받을 것과 이스라엘 중에서 흩어질 것을 예언 받았다(창 49:7). 후일 레위지파는 모세를 통해 저주에서 해방된듯하나, 시므온 지파는 헤어 나오지 못한 듯하다. 한편 야곱의 예언대로 레위 지파는 직분 상 이스라엘 각 성읍에 흩어져 살게 되었고, 시므온 지파 또한 남북 분열시 흩어져 살았을 가능성이 크다. 왜냐하면 시므온 지파는 가나안 땅 최남단에 속한 지분을 받아 유다 지파에 유입된 상태에서 남 유다가 아닌 북 이스라엘에 소속되었기 때문이다. 그러므로 생명의 피를 흘리는 죄는 특별히 조심해야 한다.

> "내가 반드시 너희의 피 곧 너희의 생명의 피를 찾으리니 짐승이면 그 짐승에게서, 사람이나 사람의 형제면 그에게서 그의 생명을 찾으리라 / 다른 사람의 피를 흘리면 그 사람의 피도 흘릴 것이니 이는 하나님이 자기 형상대로 사람을 지으셨음이니라"(창 9:5-6)

세겜 땅에서 시므온과 레위가 일으킨 피바람으로 인해 야곱이 두려워하므로 하나님께서는 야곱에게 말씀하신다. "일어나 벧엘로 올라가라" "거기서 제단을 쌓으라" 하신다. 야곱은 모든 가족에게 신앙적 개혁을 시킨다. "이방 신들을 버리고, 자신을 정결하게 하고, 의복을 바꾸어 입으라" 명했다. 이방 신상들을 모아 야곱은 상수리나무 아래에 묻었다. 의복을 바꾸어 입는다는 것은 외적 정결 상태를 말한다. 야곱은 곧 영적, 내외적으로 정결케 하기를 개혁했다. 이는 시내 산에서 이스라엘 백성들이 하나님을 만날 때에도 마찬가지였다. 또한 오늘날 우리가 예배에 나아갈 때의 자세라고 할 수 있다. 야곱 가족이 종교적 개혁을 한 후 세겜 땅을 떠나자, 하나님이 그 사면 고을들로 크게 두려워하게 하셨으므로 야곱의 아들들을 추격하는 자가 없었다(창 35:5). 야곱이 벧엘로 올라가 제단을 쌓고 "엘벧엘"이라 이름 하였는데 엘벧엘은 "벧엘의 하나님"이란 뜻이다.

사실 야곱은 창세기 28장의 서원대로 벧엘로 올라갔어야 했다. 그

랬다면 딸 디나의 강간사건도 아들들의 피를 부른 악행도 없었을 것으로 생각해 본다. 그런데 야곱이 세겜에 안주하므로 예기치 않는 사건이 발생하고 말았다. 그러므로 서원은 자신에게 해가 될지라도 갚아야 하며, 서원 갚기를 더디 하면 죄가 된다는 사실을 잊어서는 아니 된다(시 15:4; 신 23:21).

결국 야곱은 벧엘로 돌아와 서원을 갚고, 비로소 참된 안녕과 번영의 축복을 받을 수 있었다. 다시는 야곱이라 부르지 않겠다고 하시며 야곱을 이스라엘이라 부르셨다(창 35:9-10).

야곱의 죽음

야곱은 얍복강에서 성화된 후 줄곧 하나님을 따르는 영적 삶을 살았다. 130세에 요셉의 초청으로 70명의 가족과 함께 애굽에 내려가 "고센" 땅에서 17년을 살았다. 애굽의 바로 왕 앞에 섰을 때 자신이 험악한 세월을 살았다고 고백하기도 했다(창 47:9). 험악한 삶의 고난을 통해 영적 성장도 컸음을 생각해 본다. 그러므로 히브리서 기자는 야곱을 믿음의 사람으로 꼽았다. 믿음으로 야곱은 죽을 때에 요셉의 아들 에브라임과 므낫세에게 축복하였고, 그 지팡이 머리에 의지하여 경배하였다고 기록하고 있다(히 11:21). 야곱은 죽기직전 요셉의 두 아들과 자신의 열두 아들에게 축복과 예언을 남겼다. 요셉의 아들 즉 자신의 손자 므낫세와 에브라임을 축복하여 열두지파에 들게 하였는데, 이 때 오른손을 에브라임에게로 왼손을 므낫세에게로 팔을 엇바꾸어 축복하였다. 장자 므낫세보다 차자 에브라임의 장래를 더 크게 앞세우는 영적인 믿음의 사람이었다. 사실 에브라임은 하나님께서 북이스라엘을 대표하여 이름 부를 정도로 월등한 지파였다. 가나안 땅 정복 시 지

도자였던 "여호수아"가 에브라임 지파였으며, 북 왕국 초대 왕 "여로
보암"이 에브라임 지파였다. 사사시대 때 지파우월주의에 빠져 입다에
게 한판 당한 경우도 있었지만, 야곱의 축복대로 장자 므낫세보다 차
자 에브라임이 복을 더 많이 받은 것은 사실이다. 이를 볼 때 믿음을 가
진 부모의 축복은 하나님의 복과 연관되어 부어짐을 깨닫게 된다. 또
한 야곱의 영권은 열두 아들에 대한 예언에서도 잘 나타난다. 넷째아
들 유다에게서 규가 떠나지 아니하고 통치자의 지팡이가 떠나지 아니
할 것을 예언하였다(창 49:10). 이는 유다지파에서 왕권이 임하여 떠
나지 않을 것을 예언한 것으로서, 실제로 다윗 왕가와 왕으로 오신 예
수그리스도를 통해 성취되었다.

야곱이 애굽 고센 땅에서 나그네 세월을 마침으로, 40일 동안 향으
로 몸을 처리하고 애굽 사람들은 70일 동안 애곡하였다. 야곱이 죽음
에 이르기 전 요셉에게 맹세하게 하였으므로 애굽에 장사되지 않고 가
나안 땅 조상의 묘지에 장사되었다. 야곱이 130세에 애굽으로 내려와
147세에 생을 마감하고 헤브론 막벨라 굴에 장사되었다.

창세기 35장에서는 라헬이 에브랏(베들레헴)에서 베냐민을 낳고 죽
었으며 베냐민을 마지막으로 야곱의 열두 아들이 형성되었다. 요셉의
두 아들 므낫세와 에브라임을 합세하여 이스라엘의 열두 지파가 형성
되었다. 실상은 열세 지파이나 레위지파는 하나님의 일을 하는 지파
로서 지파 수에 포함시키지 않고, 이스라엘은 통상적으로 열두 지파
라 일컫는다.

창세기 36장에는 에서의 계보가 기록되고, 37장부터는 요셉이 등장
한다. 요셉이 등장하다 갑자기 시아버지와 며느리 사이인 "유다와 다

말 사건"이 마블링처럼 한 장에 걸쳐 스쳐간다(38장). 이에 대해 다음 단원에 간단히 기록한다.

9. 유다와 다말 사건

이 사건은 야곱이 레아에게서 얻은 넷째 아들 유다(찬송)의 족보를 타고 예수님이 오시기 때문에 중요한 사건으로 다루고 있다.

유다는 가나안 사람 수아의 딸에게서 세 아들 곧 엘, 오난, 셀라를 얻었다. 장자 '엘'이 다말과 결혼했으나, 엘이 하나님 보시기에 악하므로 하나님께서 엘을 자식이 없이 죽이셨다.

> "유다가 오난에게 이르되 네 형수에게로 들어가서 남편의 아우 된 본분을 행하여 네 형을 위하여 씨가 있게 하라"(창 38:8)

이스라엘 율법에 고엘 제도 중 "계대결혼 법"이 있다. 형이 아들이 없이 죽으면 형의 아우가 형수에게 들어가 아들을 낳아서 그 죽은 형의 대를 잇게 하는 법이다(신 25:5-10). "엘"이 죽으므로 그 아우 "오난"이 형수 "다말"에게 들어갔다. 그러나 오난은 그 씨가 자기 것이 되지 않을 줄 알므로 땅에 설정해 버렸다. 여호와 보시기에 이 오난도 악하므로 죽이셨다. 유다는 두 아들의 죽음이 며느리 때문이라 간주하고, 자기 자식의 악함은 깨닫지 못했다. 사실 유다는 그의 형제들과 함께 동생 요셉을 애굽에 팔아넘기고 심적 괴로움을 느꼈는지, 형제들과 부친 야곱을 떠나 아둘람에 장막을 치고 살았다. 그곳 사람 히라와 가까이 하고, 또 거기서 가나안 여인을 아내로 얻었다. 이방여인에게서 얻은 아들들은 악했다. 며느리 또한 아무렇지 않게 이방여인으로 들였다. 동생을 시기하여 은 20에 팔아넘긴 죄는 또 다른 죄를 불러온듯하다. 이는 유다의 종교 도덕적 타락상을 보여주고 있으며, 이미 타락해 버린 유다는 메시야의 가계에 이방인의 피가 섞이는 시발점이 된다. 하나님은 악한 두 아들과 아내를 일찍 죽게 하셨다. 두 아들이 무자(無子)하여 죽고 이제 계대결혼 법에 의해 하나 남은 아들 "셀라"가 다말에게 들어갈 차례이나 셀라는 아직 어렸다. 유다는 셀라도 죽을까 염려되어 다말을 친정으로 내보냈다. 말은 셀라가 장성하기를 기다리라 했지만 이는 유다의 진심이 아니었음을 알 수 있다. 다말은 친정에 가서 과부로 지냈고, 셀라가 장성하여도 계대결혼 법은 이행되지 않았다. 여기서 다말이 부도덕적인 편법을 쓴다. 이방인 며느리에게서 나온 생각이니만큼 좀 심하다는 생각도 해본다.

유다의 아내가 죽고 없을 때, 유다가 자기의 양털을 깎으려고 딤나에 올라왔다는 소식을 다말이 전해 들었다. 유목민에게 있어 양털을 깎는 일은 수고의 결실을 얻는 매우 즐거운 축제이자 연례행사 중 큰 행사였다. 다말이 과부의 의복을 벗고 창녀로 위장했다. 너울로 얼굴을 가리고 몸을 휩싸고 딤나 길곁 에나임 문에 앉아 있다가 시아버지 유다를 맞아들였다. 유다는 다말을 창녀로 알고 그녀에게 들어갔다. 유다가 창녀에게 줄 대가로 염소 새끼를 약속하니, 다말은 염소 새끼를 줄 때까지 도장과 끈과 지팡이를 담보물로 챙겨 두었다. 후에 유다가 염소 새끼를 줄려고 찾았으나 찾지 못했다.

석 달 쯤 후 다말이 행음하여 임신 하였다는 소식이 유다에게 들려왔다. 유다는 다말을 끌어내어 불사르라 하였다. 이와 같이 시내산 율법 전에도 행음 자에 대한 중범죄 처벌이 있었음을 보여주고 있다. 지금에야 남편이 죽으면 남편의 법에서 해방되지만, 당시 결혼 법은 그런 것이었다. 후에 생긴 율법은 이 다말의 경우 돌로 쳐 죽여야 했다(신 22:20-24). 하여튼 다말은 유다 앞에 도장과 끈과 지팡이를 내밀고 이것들의 임자로 말미암아 임신하였음을 증명해 보였다. 이 일은 셀라가 장성하였으나 다말에게 주지 않음으로 일어난 일이다. 그러므로 유다는 다말에게 "그는 나보다 옳도다"라는 죄의 고백과 회개에 이른다. 유다는 셀라가 장성하였음에도 불구하고 며느리와의 약속을 이행치 않았던 허물과, 자신도 창녀와 간음 자였던 죄를 인정하고 고백한 것이다. 이후 유다가 다시는 다말을 가까이 하지 않는데 이는 죄를 온전히 회개하는 바른 행동이다. 참 아이러니하게 시아버지와 며느리 사이에서 쌍둥이 아들 "세라"와 "베레스"가 태어났다. 예수님은 혈통적으로 "베레스"의 족보를 타고 이 땅에 성육신 하셨다. 다말은 근친상간의 부도덕함에도 불구하고 선민의 혈통을 잇는 영예로운 위치에 올랐다(마 1:3).

"유다가 그것들을 알아보고 이르되 그는 나보다 옳도다 내가 그를 내 아들 셀라에게 주지 아니하였음이로다 하고 다시는 그를 가까이 하지 아니하였더라"(창 38:26)

예수님은 왜 이토록 수치스러운 계보를 타고 오신 것일까? 이는 죄인을 구하러 오신 예수님을 통한 하나님의 일방적인 인간 사랑이다. 그러므로 구원함에 있어서 인간의 의는 하나도 없음을 깨달아야 한다. 만물보다 심히 거짓되고 부패한 것은 사람의 마음이고(렘 17:9), 의인은 없나니 하나도 없다(롬 3:10). 그러므로 우리는 구원의 은혜의 선물을 받은 하나님께 늘 감사하고 그 하나님을 찬양하며 살아야 한다. 유다의 허물, 며느리의 속임수, 근친상간의 불륜 관계로 뒤덮인 족보를 타고 구원자 예수께서 오심은, 죄 많은 인생을 향한 하나님의 크신 은혜요, 사랑이 아닐 수 없다. 이 사건을 통해 택한 백성을 향한 하나님의 무조 건적인 은혜와 무한한 사랑을 깨닫게 된다. 한편 예수님은 고엘 제도를 통해 우리의 기업 무를 자가 되시어 우리의 죄 값을 대신 치러 주셨다.

※ 고엘 제도

"고엘"은 친족(Kinsman)으로, 깊게는 "구속자" "기업 무를 자"란 뜻이다. 5가지 고엘 제도에 대해 간략하게 기록해 본다.

첫째, 가난한 형제가 빚 때문에 종으로 팔려갔을 경우, 그 친족이 빚을 갚고 종의 굴레에서 해방시킨다(레 25:47-55).

둘째, 토지를 팔았을 경우, 친족이 그 값을 치루고 토지를 돌려받는 제도이다(레 25:23-28). 사실 가나안 땅에 정착한 이스라엘 백성들은 하나님께서 주신 기업으로 토지를 분배 받았기 때문에 토지 매매가 금지 되었다.

셋째, 형제가 죄를 지었을 경우, 그 친족이 죄 값을 무를 의무를 지는 제도이다(민 5:8). 예수님은 우리의 형제로서(히 2:11) 우리의 죄를 대신해 십자가에 죽으심으로 그 죄 값을 모두 치루셨다. 그러므로 구원 받은 사람은 예수님의 피 공로로 구원 받은 것이다. 인간은 모두가 죄인이기 때문에 스스로 죄 값을 치룰 수 없어 예수님의 피 공로는 절대적이었다. 죄 없으신 예수님이 형제들의 죄를 대속하였다(롬 7:24; 갈 1:4; 골 1:13).

넷째, 누가 살해당했을 때 가까운 친척이 피의 보복을 할 수 있는 제도이다(민 35:19). 그러나 고의가 아닌 실수로 사람을 죽였을 때는 가까운 도피성으로 피하여 피의 보복을 면할 수 있었다.

다섯째, 형제가 자식이 없이 죽었을 경우, 가까운 형제 순으로 미망인과 계대 결혼을 하여 그 가문의 대를 잇는 제도이다. 위의 다말의 경우이며, 룻기서에서 보아스와 결혼한 룻의 경우가 이에 해당한다.

10. 요셉

꿈꾸는 자 요셉

요셉은 꿈꾸는 사람이었다. 요셉의 꿈은 야곱 가족을 다스리는 꿈이었다. 이는 이스라엘을 오묘하게 섭리하시는 하나님의 뜻 가운데 요셉의 꿈은 점차적으로 이루어져갔다.

> "요셉이 그들(형들)에게 이르되 청하건대 내가 꾼 꿈을 들으시오 / 우리가 밭에서 곡식 단을 묶더니 내 단은 일어서고 당신들의 단은 내 단을 둘러서서 절하더이다"(창 37:6-7)

> "요셉이 다시 꿈을 꾸고 그의 형들에게 말하여 이르되 내가 또 꿈을 꾼즉 해와 달과 열한별이 내게 절하더이다 하니라"(창 37:9)

여기서 해와 달은 부모를, 열한별은 형제들을 뜻한다. 이 꿈은 요셉이 30세에 애굽의 총리가 됨으로 성취되었다.

요셉은 아버지 야곱과 어머니 라헬에게서 태어났으며, 야곱의 열두 아들 중 열한 번째 아들이다. 아버지의 특별한 사랑을 받아 형들과 달리 채색 옷을 입었으며, 형들의 잘못을 아버지에게 고자질하기도 했다. 그러므로 꿈꾸는 자 요셉은 형들의 미움을 받고 살았다.

17세 소년시절 헤브론에서 아버지의 심부름 차, 양을 치고 있는 형들의 안부를 알아보고자 형들에게 갔다. 세겜으로 갔으나 형들이 도단으로 옮겨갔다는 어떤 사람의 말을 듣고 세겜에서 다시 도단을 향해 갔다. 도단에서 형들을 만난 이 날이 자신의 신분이 뒤바뀐 운명의 날이었다.

형들은 요셉이 가까이 오기 전 이 꿈꾸는 자를 죽여 그 꿈이 어떻게 되는가를 보자고 모의했다. 요셉이 가까이 이르자 그의 채색 옷을 벗기고 구덩이에 던져 넣었다. 그래도 장자 르우벤은 나중에 구덩이에서 꺼내어 아버지께 돌려보내려 했었다. 그러나 형들이 앉아 음식을 먹다가 보니 미디안 상인들이 애굽으로 내려가기 위해 오고 있었다. 그들을 보고 유다의 제안에 형제들이 아래와 같이 뜻을 모았다.

"유다가 자기 형제에게 이르되 우리가 우리 동생을 죽이고 그의 피를 덮어둔들 무엇이 유익할까 / 자 그를 이스마엘 사람에게 팔고 그에게 우리 손을 대지 말자 그는 우리의 동생이요 우리의 혈육이니라 하매 그의 형제들이 청종하였더라"(창 37:26-27)

결국 형들은 요셉을 구덩이에서 꺼내어 미디안 상인에게 은 20을 받고 팔아 넘겼다. 이는 은 30에 팔린 예수님과 맥락을 같이 한다. 예수님은 성인이었으므로 은 30에 팔렸지만, 요셉은 17세 소년으로 은 20에 팔렸다. 한편 형들은 숫염소를 죽여 요셉의 채색 옷에 그 피를 묻혀 아버지에게 보이니, 아버지 야곱은 요셉이 악한 짐승에게 잡혀 먹힌 줄로만 알고 아들의 죽음을 매우 슬퍼했다.

형들은 요셉의 꿈을 무산시키기 위해 노예로 팔았으나 이는 오히려 요셉의 꿈을 실현시키는 계기가 되었다. 하나님은 종종 인간의 악한 계획을 당신의 선한 계획으로 섭리하심을 알 수 있다. 야곱의 장자권 축복 또한 그러했다. 요셉은 아버지의 사랑을 가장 많이 받는 귀한 아들의 자리에서 천한 노예로 그 신분이 추락하고 말았다. 예수 그리스도 또한 높고 높은 하늘 보좌를 비우시고 이 땅에 가장 천하고 천한 낮은 자리에 비하하신 것이다.

요셉의 가정 총무와 투옥

형들의 시기와 질투에 의해 노예시장에 팔린 요셉은 애굽 왕 바로의 친위대장 보디발의 집으로 팔려갔다. 하나님께서는 천한 종의 자리에 있는 요셉을 형통하게 하셨다. 요셉으로 인해 보디발의 가정에 하나님께서 복을 부으셨다.

"요셉이 그의 주인에게 은혜를 입어 섬기매 그가 요셉을 가정 총무로 삼고 자기의 소유를 다 그의 손에 위탁하니"(창 39:4)

하나님께서 요셉과 함께 하심으로 보디발이 요셉을 그의 가정 총무로 세우고 모든 것을 하나도 간섭하지 않았다. 그런데 보디발의 아내로 인해 큰 사건이 발생했다. 용모가 빼어난 요셉에게 보디발의 아내가 날이면 날마다 성적 유혹을 해왔다. 그러나 요셉은 자신을 믿고 집안의 모든 업무를 맡겨준 보디발과 하나님께 죄를 범하지 않기 위해 그 유혹을 단호히 뿌리쳤다. 설령 보디발의 눈은 속일 수 있어도 하나님의 눈은 속일 수 없음을 요셉은 잘 알고 있었다. 요셉의 신앙은 살아계신 하나님을 철저히 의식하는 신앙이었다. 죄와 끝까지 타협하지 않았다.

"그런즉 내가 어찌 이 큰 악을 행하여 하나님께 죄를 지으리이까"(창 39:9)

보디발의 아내는 자신의 성적 욕망에 실패하자 요셉에게 누명을 씌웠다. 요셉이 오히려 자신을 유혹해 와, 자신이 그 유혹을 뿌리친 것으로 요셉의 겉옷을 증표 삼아 남편에게 내보였다. 보디발은 아내의 모함을 듣고 요셉을 옥에 가두었다. 그 옥은 왕의 죄수들을 가두는 옥이었다. 요셉은 노예 신분으로 억울하게 감옥에 갇혔다. 그러나 하나님은 모든 사실을 아시고 요셉을 선한 길로 이끄셨다. 종종 우리는 이처럼 앞이 캄캄할 때가 있다. 요셉은 종으로 전락한 것도 부족해 억울한 옥살이를 해야만 했다. 그러나 하나님은 이것까지도 일하신 분이셨다. 감옥에서도 하나님이 요셉과 함께 하시므로 요셉은 또한 형통하였다고 기록하고 있다. 요셉은 어디가든 형통하였다. 형통한다는 것은 좋은 일만이 아니라 나쁜 일에도 하나님께서 함께 하시면 형통한 것임을 깨닫는다. 예수님 또한 고통과 죽음의 십자를 지신 것이 형통한 길이셨다. 그러므로 우리는 고난이 올 때 하나님의 뜻이 어디에 있는가를 잘 파악해야 한다. 하나님이 간수장에게 은혜를 받게 하시므로 간수장이 제반 업무를 요셉에게 맡기었다.

"간수장이 옥중 죄수를 다 요셉의 손에 맡기므로 그 제반 사무를 요셉이 처리하고 / 간수장은 그의 손에 맡긴 것을 무엇이든지 살펴보지 아니하였으니 이는 여호와께서 요셉과 함께 하심이라 여호와께서 그를 범사에 형통하게 하셨더라"(창 39:22-23)

총리가 된 요셉

요셉은 억울하게 감옥에 갇혔지만 이는 바로 왕에게 나아가는 길이 열리는 계기가 되었다. 요셉이 갇힌 감옥에 바로왕의 술 맡은 자와 떡 굽는 자 두 관원장이 왕에게 죄를 범하고 투옥 되었다. 이 두 관원장이 하룻밤에 꿈을 꾸었으나 그 꿈을 해석해 줄자가 없었다. 마침 요셉이 그 꿈을 해석해 주었는데, 꿈은 요셉의 해석대로 이루어졌다. 요셉의 해몽대로 술 맡은 관원장은 복직되고 떡 굽는 관원장은 나무에 매달려 죽어 새들의 먹이가 되었다. 요셉은 술 맡은 관원장에게 전직이 회복되거든 자신의 억울한 사정을 왕에게 알려 감옥에서 건져 주기를 부탁했다. 그러나 술 맡은 관원장은 요셉을 잊어버리고 있었다. 잊어버리는 것까지도 하나님의 때가 차기까지 하나님의 통치하심 속에 있는 것이다(시 105:19).

만 이 년 후에 이제는 바로 왕이 꿈을 꾸었다. 역시 왕의 꿈을 해석할 자가 없으므로 그때서야 술 맡은 관원장이 요셉을 기억하고 바로에게 아뢰었다. 이는 요셉이 바로 왕에게 나아가 총리 자리에까지 오른 계기가 된다. 바로의 꿈은 두 가지를 겹쳐 꾼 꿈이었다. 요셉은 꿈의 해석이 하나님께 있음을 말하고 자신이 믿는 여호와 하나님을 서슴없이 드러내었다.

"그 파리하고 흉한 소가 처음의 일곱 살진 소를 먹었으며 / 먹었으나 먹은 듯 하지 아니하고 여전히 흉하더라 내가 곧 깨었다가 / 다시 꿈에 보니 한 줄기에 무성하고 충실한 일곱 이삭이 나오고 / 그 후에 또 가늘고 동풍에 마른 일곱 이삭이 나더니 / 그 가는 이삭이 좋은 일곱

이삭을 삼키더라"(창 41:20-24)

요셉은 하나님께서 주신 지혜대로 위의 꿈을 해석하였다. 애굽 땅에 7년 풍년이 있은 후 7년 흉년이 올 것을 해몽하고, 이에 따른 대비책으로 풍년 때 곡식 오분의 일을 거두어 들여 후에 올 흉년을 대비하라고 말했다. 이에 바로 왕이 "이와 같이 하나님의 영에 감동된 사람을 우리가 어찌 찾을 수 있으리요" 하고 요셉에게 총리 자리를 내어 주었다(창 41:38). 바로의 인장 반지를 빼어 요셉의 손에 끼우고 세마포 옷을 입히고 금 사슬을 목에 걸고 버금 수레에 요셉을 태우니 무리가 요셉 앞에 모두 엎드렸다.

요셉의 나이 17세에 애굽 어느 가정에 종으로 팔려, 30세가 되어 그 온 나라를 다스리는 총리가 되었다. 일곱 해 풍년에 토지 소출의 오분의 일을 거두어 각 성에 저장하니 쌓아 둔 곡식이 바다 모래 같이 심히 많아 셀 수가 없었다고 한다. 하나님은 요셉에게 지혜를 부어 주심으로 당신의 구속사적 계획을 이루어 가셨다.

형들을 만난 요셉

애굽 땅에 7년 풍년이 지나고 흉년이 왔다. 요셉의 가족이 살고 있는 가나안 땅에도 흉년이 왔다. 열 명의 형들이 곡식을 사러 요셉 앞에 왔다. 요셉은 형들을 알아봤으나 형들은 요셉을 몰라봤다. 요셉이 형들을 시험코자 정탐꾼으로 몰아 세웠다. 당시 정탐꾼은 중범죄로 처벌됐기 때문에 형들은 정탐꾼이 아님을 애써 설득해야 했다. 요셉이 형들에 대하여 꾼 꿈을 생각하고 형들을 더욱 애굽 나라의 틈을 엿보러 온 정탐꾼으로 몰아갔다. 형들은 요셉 앞에서 떨었다. 요셉은 형들이 말한 집안 사정을 듣고 막내아우 베냐민을 데려와서 자신들이 정탐꾼이 아님을 증명하라 하였다.

베냐민은 요셉의 어머니 라헬이 낳은 하나뿐인 친 동생이었다. 아버지 야곱도 라헬을 아내로 무척 사랑했으므로, 자신의 옆에 하나 남은 라헬의 핏줄 베냐민마저 잃을까봐 곡식 사러 보내지 않았던 것이다. 그런 상황에 베냐민을 요셉 앞에 데려와야만 하는 형들의 과제는 참으로 난감했다. 요셉은 일단 시므온을 볼모로 잡아두고 시므온을 제외한 9명의 형들은 곡식을 가지고 가 가족의 굶주림을 해결하라 하였다. 대신 다음에 올 때는 베냐민을 데려와야만 다시 거래를 할 수 있고 시므온도 찾을 수 있음을 주지시켰다.

다시 애굽으로 간 형제들

애굽에서 사온 곡식이 바닥이 났다. 이젠 베냐민을 데려가야 하나 야곱은 베냐민을 도저히 내줄 수 없어 많은 시간이 지체되었다. 마침 유다의 설득으로 야곱이 베냐민을 "잃으면 잃으리라" 내어주게 된다. 가나안 땅에서 난 예물도 챙겼고 곡식 자루에 들어 있었던 의문의 돈도 다시 챙겨 넣었다. 이 돈은 요셉이 형들에게 돈을 받고 곡식을 팔 수 없었던 차에 도로 넣은 것이다. 물론 또 곡식 살 다른 돈도 챙겼다.

드디어 형들과 베냐민이 요셉 앞에 이르렀다. 요셉은 열한 형제들을 집으로 인도하고, 함께 식사하기 위해 청지기에게 짐승을 잡고 식사준비를 하라 하였다. 아직도 영문을 모른 형들은 두려웠다. 자신들을 노예로 삼을지도 모른다고 생각했다. 챙겨온 예물을 드리고 또 땅에 엎드려 절하였다. 요셉은 자기 동생 베냐민을 보고 사랑하는 마음이 복받쳐 급히 안방으로 들어가 울었다. 눈물로 뒤덮인 얼굴을 씻고 나와서 흐르는 정을 간신히 억제 하였다. 요셉이 형제들을 나이순으로 앉히니 형제들은 서로 이상히 여겼다. 함께 식사를 하며 베냐민에게는 음식을 다섯 배나 주고 즐거운 시간을 가졌다.

식사를 마친 후 형제들을 보낸척하면서 2차 시험에 들어갔다. 이번에는 베냐민 인질극을 벌였다. 베냐민의 곡식 자루에 요셉이 쓰던 은잔을 넣었는데, 그 은잔이 발견된 자는 집으로 돌아가지 못하고 종이 되어야만 했다. 나이 많은 자부터 곡식 자루를 검토하니 베냐민의 자루에서 나왔다. 형들은 옷을 찢고 다시 가던 길을 돌이켜 성안으로 들어왔다. 이번에도 유다가 중재를 잘 하였다. 유다가 말하기를 아버지의 생명과 아이 베냐민의 생명이 하나로 묶여 있음을 잘 설명하고 베냐민을 대신해 자신이 종이 되고 베냐민은 아버지께 돌려보내주기를 간청했다. 유다는 22년 전 요셉을 상인들에게 팔아넘기자는 그 때와는 확연히 달라졌음을 느낄 수 있다. 아마 며느리와의 수치스런 관계를 겪은 후 겸손하여 신앙의 성숙을 가져온듯하다. 동생베냐민을 대신하여 자신이 종이 되겠다는 유다의 발언에 요셉도 크게 감동했을 것이다.

두 번의 시험 결과, 요셉은 45장에 와서야 자신이 그만 요셉임을 밝혔다. 요셉은 자신을 노예로 팔았던 형들이 회개할 수 있도록 시간을 벌였고, 2차 시험을 통해 돈독한 형제애를 확인했다. 자신이 요셉임을 밝히자 형들은 놀라서 요셉의 말에 대답조차 하지 못했다.

"당신들이 나를 이곳에 팔았다고 해서 근심하지 마소서 한탄하지 마소서 하나님이 생명을 구원하시려고 나를 당신들보다 먼저 보내셨나이다"(창 45:5)

"그런즉 나를 이리로 보낸 이는 당신들이 아니요 하나님이시라 하나님이 나를 바로에게 아버지로 삼으시고 그 온 집의 주로 삼으시며 애굽 온 땅의 통치자로 삼으셨나이다"(창 45:8)

요셉은 자신에게 일어난 모든 일을 하나님의 섭리하심으로 받아들였다. 시편기자 또한 요셉에게 일어난 모든 고난을 수동적으로 기록하고 있다. 하나님께서 요셉을 애굽 땅에 앞서 보내셨으며, 여호와의 말씀이 응할 때까지 그(요셉)의 발은 차꼬를 차고 그의 몸은 쇠사슬에 매였다고 기록하고 있다(시 105편). 요셉의 그 어떤 의지도 없이 하나님에 의해 요셉의 시간은 흘러갔고, 마침 때가 차매 구원사의 일 또한 하나님에 의해 결정되어진 것이다. 그러므로 하나님의 뜻을 인정하는 요셉은 형들을 용서할 수밖에 없는 참된 신앙인이었다. "나를 애굽으로 보낸 이는 형들이 아니라 하나님이시라"는 신앙고백과 함께 두려워 떠는 형들을 안심시켰다. 모든 일이 하나님께서 이스라엘 백성에게 큰 구원을 베푸시기 위한 섭리하심이라고 말하고 있다. 마침내 이스라엘 열두 공동체가 용서와 화해의 눈물 속에서 온전하게 하나 된 마당이었다. 악을 선으로 인용하시는 하나님의 오묘한 섭리하심 속에 이스라엘 열두 지파가 한자리에 모여 형제애를 돈독하게 하고 있음을 보여주고 있다.

이스라엘의 애굽 이주

요셉의 요청으로 야곱 가족이 애굽으로 내려갔다. 이스라엘의 애굽 이주는 아브라함의 횃불언약에서 예언된 하나님의 뜻이 성취된 일이었다(창 15:13).

"애굽에서 요셉이 낳은 아들은 두 명이니 야곱의 집 사람으로 애굽에 이른 자가 모두 칠십 명이었더라"(창 46:27)

야곱의 며느리들과 종들은 수에 포함되지 않았으므로 70명이 훨씬 넘은 수가 애굽의 고센 땅에 머물게 된다. 고센 땅은 나일 강 하류에 위치해 목초지로 좋고 애굽 본토와도 떨어져 이스라엘 백성들이 살기 적합한 곳이다. 애굽 사람들은 목축을 가증하게 여기는 이유도 있었다.

한편 야곱과 요셉은 22년 만에 애굽 땅에서 극적 재회의 눈물을 흘렸다(창 46:29-30). 야곱은 요셉이 살아있음을 보고 지금 죽어도 족하다고 하며 요셉을 끌어안고 눈물을 흘렸다. 바로 왕 또한 야곱과 요셉의 형제들을 환대하였다. 야곱은 바로 앞에서 자신의 나이 130 세로 험악한 세월을 보내었다고 고백하며 바로에게 축복하였다(창 47:9-10). 형들은 요셉을 노예로 전략시켰지만 하나님께서는 오히려 요셉을 형들의 구원자로 삼으셨다. 요셉의 꿈을 통해 미리 보이시고 이스라엘의 구속사를 이루어 가시는 하나님이시다.

또한 요셉은 애굽의 총리로서 기근정책을 펼쳤다. 곡식을 팔아 모든 돈을 거두어 들였고, 돈이 떨어짐으로 가축을 받고 곡식을 내주었으며, 가축이 떨어지므로 토지를 받고 곡식을 내어 주었다. 애굽의 모든 토지가 바로의 토지가 됨으로, 종자를 내주어 수확의 오분의 일을 바로에게 상납하게 했다. 이와 같이 요셉이 애굽의 새로운 토지법을 세우고 조세제도를 확립했다. 이에 요셉은 하나님의 섭리하심을 좇아 애굽을 부강제국으로 세우고 애굽을 대기근으로부터 구원한 공신이었던 것이다. 그러므로 하나님은 요셉을 통해 이스라엘 민족에게 자긍심을 심어 주셨고 이스라엘 또한 애굽을 좋은 피난처로 삼을 수 있었다.

또한 요셉은 이스라엘 족속을 대기근으로부터 구해낸 생명의 구원자로서 예수 그리스도를 예표 한다. 애굽 왕이 "사브낫바네아"로 요셉의 이름을 고쳐 주었고, 온의 제사장 보디베라의 딸 "아스낫"과 결혼하여 흉년이 들기 전 두 아들을 낳았다. 장남 "므낫세"의 뜻은 "잊어버림"으로 "하나님께서 내 모든 고난과 내 아버지의 온 집 일을 잊어버리게 하셨다"는 뜻이다(창 41:51). 자신을 노예로 팔았던 형들의 미움도 잊어버린 채 살다가 형들을 만나서야 꿈을 생각했던 것이다. 이처럼 고난은 영광 앞에 사라질 수밖에 없음을 깨닫게 된다. 또한 고난을 잘 이겨낸 자만이 영광을 볼 수 있음도 깨닫게 된다. 차남 "에브라임"의 뜻은 "창성함"으로 "하나님께서 나를 내가 수고한 땅에서 번성하게 하셨다"는 뜻이다. 한편 므낫세와 에브라임은 삼촌들과 어깨를 나란히 하여 이스라엘 열두지파에 들었다. 요셉은 장자권의 두 몫을 받은 것이다(대상 5:1).

요셉이 죽을 날에 이르러 언약의 하나님의 뜻을 좇아 유언했다. 이삭과 야곱에게 맹세하신 땅에 반드시 이르게 할 것이라며, 출애굽 할 때 자신의 해골을 애굽에서 메고 나갈 것을 유언하고, 그의 나이 110세에 눈을 감았다. 요셉의 유언은 모세와 여호수아에 의해 이루어졌으며, 약속의 가나안 땅 세겜에 그의 유골이 장사 되었다(출 13:19; 수 24:32).

제2장

수선화 꽃 여정

1. 앞이 캄캄할 때

2004년 4월 12일 부활절에 서울로 상경했다.

어찌 살아야 할지 앞을 도무지 내다볼 수 없었으나 무언가에 떠밀려 온 듯 서울로 왔었다. 사도 바울의 다메섹 도상과 같은 사건을 겪고 전라도 광주에서 무작정 서울로 올라왔던 때가 생생하다. 지금처럼 하나님께 묻고 답하고 할 만큼의 영성은 아니었기에 참으로 캄캄하고 막막했다. 하나님은 내가 알 수 없는 일들을 계획하시고 나를 그 계획하신 무대 위로 이끄셨다.

지금으로부터 19년 전 일이지만 오늘에 와서야 그 때 일을 섭리하신 하나님을 생각해 본다. 내 앞길이 제아무리 암담한 상황일지라도, 또한 하나님은 내게 침묵하실지라도 그분은 나와 함께 하신다.

요셉이 형들에 의해 애굽 이방나라에 노예로 팔렸을 때를 가끔 생각해 본다. 요셉은 자신을 죽이려한 형들을 처절히 겪었기에 다시 아버지께로 돌아갈 수도 없고, 그저 자신이 처한 불행의 사건 속에서 보디발 집의 노예로 하루하루 살아야만 했었다. 어처구니없는 운명의 장난 같은 일을 인정할 수밖에 없이, 요셉은 노예로 살면서 오직 하나님을 의지하는 길밖에 다른 길은 없었을 것이다.

혹자 또한 암담한 처지에 놓였을 때 더욱 하나님을 의지했던 것 같다. 밤낮으로 성경을 읽으며 바이블 스터디(Bible Study)를 하였다. 그러한 중에 영적 성장을 가져왔고, 몰랐던 하나님을 차츰차츰 알아가게 되었다. 꿀 송이처럼 달다는 말씀의 달콤함을 느꼈고, 말씀을 읽는 중 순간적으로 무언가 나의 심장을 쿡 찔러 옴을 느꼈다. 그 말씀은 신명기 6장 10-11절이었다.

"네 하나님 여호와께서 네 조상 아브라함과 이삭과 야곱을 향하여 네게 주리라 맹세하신 땅으로 너를 들어가게 하시고 네가 건축하지 아니한 크고 아름다운 성읍을 얻게 하시며 11 네가 채우지 아니한 아름다운 물건이 가득한 집을 얻게 하시며 네가 파지 아니한 우물을 차지하게 하시며 네가 심지 아니한 포도원과 감람나무를 차지하게 하사 네게 배불리 먹게 하실 때에"

이 말씀은 출애굽 한 이스라엘 백성들이 약속의 땅 가나안에 들어갈 것을 말씀하고 있다. 오늘날 우리 믿는 자들은 하늘 가나안 땅, 천국에 들어갈 것이다.

나는 무언가 이상한 점을 느끼고 이 일에 대해 기도하기 시작했다. 기도하면서 말씀은 계속적으로 읽어갔다.

"레위지파"라는 단어가 나올 때마다 나의 가슴은 뛰었다. 레위지파는 성전에서 하나님의 일을 하는 "하나님의 것"이었다. "레위지파"는 하나님의 일을 하기에 기업을 따로 주시지 않았다. 그러므로 나는 깨달았다. 나도 "레위지파"처럼 세상 일을 할 것이 아니라, 하나님의 일을 하는 자가 되어야함을 깨달았다.

이듬해 가을, 신학교에 들어갔다. TV로 기독교방송을 시청하는 중 신학생 모집광고 자막이 화면 아래에 떠 지나갔다. 그 자막광고를 읽는 중 또 나의 마음에 찔림이 왔다. 전화번호를 따서 전화를 걸고 신학교에 찾아가므로 신학의 길에 접어 들게 되었던 것이다.

이와 같이 하나님은 당신의 종들을 부르시고 가르치시고 세우시는 분이시다. 당신의 때에 당신의 방법으로 역사하시고 일하신다. 그러므로 사방이 가로막힌 암담하기 그지없는 때일지라도 우린 하나님을 바라보고 말씀 위에 서서 기도해야 한다. 무슨 일이든지 우리가 기도하면 우리의 기도를 들으시고 응답하시는 하나님이시다. 응답의 방법은 다양하다. 우리의 영적 주파수를 하나님께 잘 맞춘다면, 말씀을 통해서 또는 환경을 통해서 또는 주위 사람들을 통해서 깨닫게 하시는 하나님을 만날 수 있는 것이다. 그러나 말씀을 멀리하고 기도하지 않는다면, 캄캄한 때를 만났을 때 이 어둠에서 벗어나기 어려울 것이다. 어쩌면 마냥 주저앉아 일어나지 못할 수도 있을 것이다. 그러므로 우린 어렵고 힘든 때일수록 말씀과 기도로 하나님을 찾아야 한다. 하나님을 더욱 의지하고 바라봐야 한다. 하나님 앞에 더욱 나아가야 한다. 더욱 말씀을 붙들고 기도해야 한다. 그리할 때 하나님은 반드시 찾아오셔서 정녕 우리가 처한 광야에 길을 내신다.

"아무 것도 염려하지 말고 다만 모든 일에 기도와 간구로, 너희 구할 것을 감사함으로 하나님께 아뢰라 7 그리하면 모든 지각에 뛰어난 하나님의 평강이 그리스도 예수 안에서 너희 마음과 생각을 지키시리라"(빌 4:6-7)

"환난 날에 나를 부르라 내가 너를 건지리니 네가 나를 영화롭게 하리로다"(시 50:15)

2. 성령을 좇아

　서울은 광주보다 사람들도 많고 지하철도 붐비고 땅도 넓었다.

　광주에서 훤히 지리를 꿰며 살다가 서울에 오니, 어디가 어딘지 낯설고 그저 막막하기만 했다. 서울에 와서 지하철을 처음 타봤다. 지금이야 지하철 노선을 어느 정도 파악하지만 처음에는 시골 촌 댁이 서울에 상경 했구나! 라는 느낌을 강하게 받았다. 1년 2년 5년 10년 이상을 지내다보니 수도권 생활도 익숙해지고 삶의 안정도 잡혔다.

　광진구에 단칸방을 얻어 지내다가, 시흥 오빠 집에 들어가 살다가, 오빠 네가 과천으로 이사하는 바람에 과천에서 살다가, 다시 또 셋방을 얻어 살기도 했다. 이때는 신학생 시절이라 공부를 하는 것이 주목적이었다. 신학생은 공부를 할 수 있는 최소한의 여건만 갖추어지면 신학교를 다닐 수 있는 것 같다. 혹자에게 삶의 질은 미처 생각할 겨를도 없었다. 의식주가 해결되고 공부를 할 수 있다면 최고의 평안이었다. 장래가 어찌될지 아무런 여유도 없이 그저 학생의 역할에 최선을 다하면 되는 것이었다. 이 땅에서 삶의 풍족한 만족을 뒤로한 채 공부에 전념해야만 했던 때가 신학생 시절이 아니었던가 생각해본다.

　어느 권사님이 얼마동안 20만원의 십일조를 내게 보내준 시기가 있었다. 2만원은 십일조를 하고 18만원으로 한 달을 살아냈다. 숙식은 오빠 네에서 해결했으므로 교통비와 최소한의 교재비로 쓰며 집과 학

교만을 오가며 살았다. 몸이 안 좋은 관계로 알바는 생각하지 못했으니 그 안에서도 평안을 누리며 감사하는 삶을 살 수 있었던 기억이 생생하다.

우리는 어떤 환경에 처할지라도 하나님을 신뢰하며 살아가야 한다. 하나님께서 함께하신다고 해서 모든 것이 만족스럽고 좋은 것만은 아니다. 부족함 없고 풍성하고 영화로운 삶은 저 천국에 이르러서 극대화 될 것이다. 그러므로 이 땅에서의 고난과 역경은 장차 있을 영광에 비하면 아무것도 아니다. 물론 고난과 역경까지도 우리에게 허락하시고 이겨내게 하실 하나님이심을 기억해야 한다.

"시험을 참는 자는 복이 있나니 이는 시련을 견디어 낸 자가 주께서 자기를 사랑하는 자들에게 약속하신 생명의 면류관을 얻을 것이기 때문이라"(약 1:12)

"사람이 감당할 시험 밖에는 너희가 당한 것이 없나니 오직 하나님은 미쁘사 너희가 감당하지 못할 시험 당함을 허락하지 아니하시고 시험 당할 즈음에 또한 피할 길을 내사 너희로 능히 감당하게 하시느니라"(고전 10:13)

하나님께서는 우리에게 좋은 것으로 주시기를 원하신다. 그러나 그 좋은 것은 영적인 것에 우선한다. 가장 좋은 것은 "성령의 선물"이다. 내 안에 내주하신 성령께서 나의 죄악 된 연약함으로 인해 일하실수 없으시다면 이는 슬픈 일이 아닐 수 없다.

사도 바울은 에베소에 있는 성도들에게 "방탕하지 말고 성령의 충만함을 받으라"고 말한다(엡 5:18). 또한 데살로니가 교회에는 "성령을 소멸하지 말라"고 말한다(살전 5:19). 성도는 성령의 충만함을 입었을 때 주님 안에 있는 영적 풍성함을 누릴 수 있다. 영적으로 충만할 때 육적인 필요함도 따라 붙기 십상이다.

"육체의 소욕은 성령을 거스르고 성령은 육체를 거스르나니 이 둘이 서로 대적 함으로 너희가 원하는 것을 하지 못하게 하려 함이니라"(갈 5:17)

성도는 성령을 좇아 살아야 한다. 자유를 육체의 소욕을 위해 쓰면 안 된다. 예수 그리스도로 말미암아 우리가 율법에서 해방되었지만, 이 자유를 만홀히 여겨서도 아니 된다. 무시로 성령 안에서 기도하고 성령을 좇아 살아야 한다. 육체의 소욕이 하나님의 일을 이루지 못함은 육체의 소욕이 성령의 일을 거스르기 때문이다. 육체의 소욕에 사로잡힌 자와는 하나님께서 그와 함께 일하지 않으신다.

육체의 소욕과 성령의 열매가 무엇인지 마음에 간직하고 "성령의 열매" 맺기를 힘써야 한다.

육체의 일은 음행과 더러운 것과 호색과 우상 숭배와 주술과 원수 맺는 것과 분쟁과 시기와 분냄과 당 짓는 것과 분열함과 이단과 투기와 술 취함과 방탕함이라고 말하고 있다. 이런 일을 하는 자들은 하나님의 나라를 유업으로 받지 못할 것 또한 덧붙이고 있다(갈 5:19-21). 이런 자들은 속히 가던 길을 돌이키고 성령 안에 충만함을 입어야 한다.

반면 성령의 열매는 사랑과 희락과 화평과 오래 참음과 자비와 양선과 충성과 온유와 절제니 이 같은 것을 금지할 법이 없다고 말씀하신다(갈 5:22-23). 우리는 그리스도인으로서 육체와 함께 정욕과 탐심을 십자가에 이미 못 박았다. 그러므로 성령으로 사는 자들이라면 성령의 열매를 맺기 마련인 것이다.

3. 용서와 때

사랑은 언제나 좋은 관계로 남아 있는 것만은 아니다.

처음에는 불 일듯 뜨거운 사랑도 차차 식어져 간다. 그러나 한결같은 사랑도 있다.

이렇듯 저렇듯 남녀의 사랑은 아픔을 겪기도 한다.

그 아픔을 잘 견뎌내기란 쉽지 않겠지만, 하나님은 우리의 모든 것을 다 아시고 함께 하신다.

내게도 떠나간 사랑이 있었다.

모든 것을 다 내줄 것만 같았는데 내 맘대로 되지 않는 사랑이 있다.

왜 잘 안 되는 것일까? 사람이 온전하지 못하기 때문일 것이다.

그러나 하나님과의 사랑은 다르다.

하나님은 끝까지 택한 백성을 사랑하신다.

성도가 죄를 지어도 버리지 아니하시고 돌아오길 기다리신다.

죄에서 돌이키면 기쁘게 다시 받아 주신다.

"만일 우리가 우리 죄를 자백하면 그는 미쁘시고 의로우사 우리 죄를 사하시며 우리를 모든 불의에서 깨끗하게 하실 것이요"(요일 1:9)

그런데 사람은 상대가 잘못한 일에 대해 쉽게 용서되지 않는다. 예수

닮기를 원한다고 하면서도 좀처럼 닮지를 못한다. 상대의 죄를 용서하지 못한다면 어찌되는 것일까?

> "너희가 사람의 잘못을 용서하면 너희 하늘 아버지께서도 너희 잘못을 용서하시려니와 너희가 사람의 잘못을 용서하지 아니하면 너희 아버지께서도 너희 잘못을 용서하지 아니하시리라"(마 6:14-15)

위의 말씀을 보면 사람의 잘못을 용서하지 않으면 어찌될지를 알 수 있다. 사람이 사람의 잘못을 용서하지 않으면, 용서하지 못한 것이 오히려 죄가 되어 그 사람의 더 큰 죄는 하나님으로부터 용서받지 못하고 그대로 남아있다는 뜻이다.

마태복음 18장에 용서할 줄 모르는 종의 비유가 나온다.

어떤 임금이 만 달란트 빚진 종을 불쌍히 여겨 그 빚을 탕감해 주었는데, 이 종은 자기에게 백 데나리온 빚진 동료에게 빚을 갚도록 옥에 가두었다. 이를 알게 된 임금(주인)은 노를 발하여 만 달란트 탕감해준 자에게 그 빚을 다 갚도록 하였다.

참고로 말하자면 만 달란트는 오늘날로 치면 약 10억 달러에 해당된 엄청난 금액이며, 백 데나리온은 만 달란트에 비하면 새 발의 피와 같은 금액이다. 당시 노동자 하루 품삯이 한 데나리온이었으니 그 금액의 차이는 짐작할 수 있다. 평생 갚아도 갚을 수 없는 빚을 탕감 받았건만, 자기에게 아주 작은 잘못을 한자를 용서하지 못한 자의 결과를 말해 주고 있다.

이와 같이 하나님께서는 우리가 갚을 수 없는 구원의 생명의 빚을 탕감해 주셨다. 그러면 우리는 나에게 잘못한 형제와 이웃을 용서 못할 이유가 없는 것이다. 결과적으로 형제를 용서치 못한 자는 하나님으로부터 자신의 죄를 용서받을 자격이 없는 셈이 된다. 예수님은 일곱 번씩 일흔 번까지라도 용서하라고 하신다. 이는 무한정적으로 용서하라는 뜻이다.

"너희가 각각 마음으로부터 형제를 용서하지 아니하면 나의 하늘 아버지께서도 너희에게 이와 같이 하시리라"(마 18:35)

사람은 죄를 가지고 천국에 들어가지 못한다. 그러므로 죄로 얽힌 모든 문제는 반드시 풀어야 한다. 부부간에 사랑도 서로의 잘못을 용서하지 않으면 관계 유지가 힘들다. 그러므로 사람은 서로 용서하고 용서받고, 사랑하고 사랑받고 사는 존재가 되어야 한다. 가족 간에도, 친구 간에도, 이웃 간에도 모두가 그렇게 살아야 한다. 우리는 그렇게 살지 못할 이유가 없다는 것을 받아들여야 한다.

그러나 또한 하나님은 모든 일에 때를 두고 일하신다.

범사에 기한이 있고 천하만사가 다 때가 있다고 말씀 하신다(전 3:1). 울 때가 있고 웃을 때가 있다(전 3:4). 사랑할 때가 있고 미워할 때가 있다(전 3:8). 사랑할 때는 잘 알겠는데 미워할 때는 잘 이해되지 않는다. 이는 원수까지도 사랑하라(마 5:44)는 예수님의 산상 수훈에 반(反)한다.

왜 사람을 미워해야 하는가? 우리는 미워한다는 의미를 잘 파악해야 한다. 하나님의 예정은 조건 없이 에서는 미워하고 야곱은 사랑했다(

말 1:2-3). 한 가정에 아버지와 아들이 어머니와 딸이 시어머니와 며느리가 서로 분쟁할 때가 있다(눅 12:53). 이는 서로의 신앙이 대립될 때, 하나님의 뜻이 분산될 때 일어나는 현상이다. 사람이 사람을 미워해서는 아니 되지만, 하나님의 뜻 안에서는 미워할 때가 있음을 생각해야 한다. 하나님의 때가 작용하여 사랑했던 사람을 버려야 할 때가 있다. 버린다는 것은 사랑하는 사람을 마음에서 밀어내어 미워한다는 의미를 담고 있다. 그러므로 사람은 사랑의 진통을 겪을 때도 있는 것이다. 안을 때가 있고 안는 일을 멀리할 때가 있으며(전 3:5), 지킬 때가 있고 버릴 때가 있다(전 3:6).

하나님은 내게도 사랑하는 사람을 붙이기도 하시고 떼어 놓기도 하셨다. 목사는 하나님의 뜻에 살고 죽는 것임을 생각한다면 사랑하는 사람을 떠나야 할 때는 떠날 줄도 알아야 한다. 사랑하는 사람을 떠나보냄으로 하나님의 사랑은 깊어간다. 아울러 때가 되면 다시 또 붙이시는 하나님이심도 생각해 본다. 사람의 생각과 하나님의 생각은 다를 때가 참 많다(사 55:8). 우리는 하나님의 생각에 잘 반응해야 한다. 사명 자를 향한 하나님의 생각은 냉철할 때가 많다. 사명 자에게 자녀가 우상이 된다면 그 자녀들마저도 허락하지 않으시고 떼어 놓으신 하나님이시다.

필자는 2004년도 봄, 두 딸을 광주에 두고 혼자서 서울로 상경했다. 혼자서 잘 살아보기 위함도 아니요, 돈을 벌기 위함도 아니었다. 영적 환난을 당하고, 살기 위해 형제들이 있는 서울로 상경했던 것이다. 서울 올라 온지 얼마 후 정신을 차리고 보니, 내가 이러고 있을 때가 아니라 내 아이들을 챙겨야겠다는 생각이 들었다. 짐을 주섬주섬 챙겨 다시 광주로 내려갔다. 그러나 결과는 마음의 상처만 더 얻은 채 다시 서울로 돌아와야 했다. 나를 향한 성령의 음성은 냉혹했다. "뒤돌아보지 말라" 하시며 나를 더욱 서울에 묶으셨다.

　서울에서 10여년 가까이 신학 공부를 했던 것을 생각하면 나를 향한 하나님의 때는 자녀 사랑마저도 매몰찼다. 지금까지도 여전하심은 가끔 딸들을 향한 나의 마음을 돌이키라 하심이 아닌가? 물론 두 딸들을 책임져 주시겠다는 약속도 하셨다. 세월이 흘러도 무탈하게 잘 지내고 있음은 하나님의 은혜이다.

　우리는 범사에 때를 잘 파악해야 한다. 직장도 있던 곳에서 몸담고 열심을 낼 때가 있는가하면 그 직장을 등지고 빠져 나와야 할 때가 있다. 부부 중에도 한사람은 언젠가 사랑하는 사람을 저 세상으로 보내야 할 때가 있다.

"범사에 기한이 있고 천하 만사가 다 때가 있나니
날 때가 있고 죽을 때가 있으며 심을 때가 있고 심은 것을 뽑을 때가 있으며
죽일 때가 있고 치료할 때가 있으며 헐 때가 있고 세울 때가 있으며
울 때가 있고 웃을 때가 있으며 슬퍼할 때가 있고 춤출 때가 있으며
돌을 던져 버릴 때가 있고 돌을 거둘 때가 있으며 안을 때가 있고 안는 일을 멀리 할 때가 있으며
찾을 때가 있고 잃을 때가 있으며 지킬 때가 있고 버릴 때가 있으며
찢을 때가 있고 꿰맬 때가 있으며 잠잠할 때가 있고 말할 때가 있으며
사랑할 때가 있고 미워할 때가 있으며 전쟁할 때가 있고 평화할 때가

있느니라"(전 3:1-8)

4. 마음의 빛

사랑에는 뜨거움이 있다. 그러나 이 뜨거움이 식어질 때도 있다.

사랑의 뜨거움이 식어지므로 남녀 관계는 이별을 하기도 한다. 이별의 아픔을 어떻게 잘 견뎌내느냐는 삶의 중대한 영향을 미친다. 시련으로 인해 넘어진 자가 있는가 하면 그 시련을 발판삼아 더 굳건히 선자가 있다. 우리는 후자를 택해야 한다.

인생에 있어서 고난과 환난이 없는 자는 없을 것이다.

고난과 환난이 올 때 그 고난과 환난을 잠재우게 해야 한다. 인간의 힘이 한계에 부딪히는 단계에서 우리는 늘 하나님의 도우심이 필요하다. 하나님의 도우심을 받아 힘을 얻어야 한다. 하나님은 지식과 지혜의 하나님이시다. 하나님은 모르시는 것이 없으시며, 전능하시고 능치 못함이 없으신 분이시다. 사실 인간이 손 쓸 수 없는 단계에서 하나님은 일하시기를 즐기시고 그에 따른 영광은 더욱 크게 나타난다.

무덤 속에 있는 죽은 나사로를 살리는 것은 하나님의 몫이지만, 무덤 문을 막고 있는 돌을 치우는 것은 사람의 몫 이었다(요 11장). 이와 같이 우리는 환난을 당할 때 손 놓고 주저앉아 낙망할 것이 아니라, 정신을 차리고 마땅히 해야 할 일을 해야 한다. 슬픔 중일지라도 하나님을 의식해야 한다.

사랑하는 사람이 저 세상으로 떠났을 때 그 사랑하는 사람의 장례를 치루지 못하고 마냥 옆에 두고 있다면 어찌 되겠는가? 제아무리 보내기 싫어도 보내야 할 때는 보내야 한다.

필자도 사랑하는 사람을 떠나야 할 때가 있었다. 자식들 옆을 떠나와야 했고, 남편을 떠나야 했고, 가족을 떠나야 했다. 이에 대해 하나님은 가끔 마음의 빚을 갚아 주시겠다고 약속하신다. 설사 그 마음의 빚을 받지 못한다 할지라도 하나님을 의지하며 신뢰할 것뿐이다. 우리는 평생 어떤 환경에 처한다할지라도 하나님을 신뢰하며 나아가야 한다. 하나님을 신뢰하지 못한 마음은 힘들기 마련이다. 그러므로 항상 말씀과 기도로 하나님께 가까이 나아가야 한다.

"하나님께 가까이 함이 내게 복이라 내가 주 여호와를 나의 피난처로 삼아 주의 모든 행적을 전파하리이다"(시 73:28)

은혜는 더 없이 좋은 것이다. 이 은혜는 하나님을 가까이 했을 때 찾아온다. 구원의 선물도 하나님의 은혜요, 삶의 풍요로움과 평안함도 하나님의 은혜요, 모든 것이 주께로부터 말미암아 나온다.

"온갖 좋은 은사와 온전한 선물이 다 위로부터 빛들의 아버지께로부터 내려오나니 그는 변함도 없으시고 회전하는 그림자도 없으시니라"(약 1:17)

하나님의 마음에 감동된 자는 하나님으로부터 은혜를 누리기 마련이다. 최고의 은혜는 구원의 선물이지만, 아비규환의 시대를 살아가는 인생들에게 하나님의 은혜는 필수적이다. 하나님이 없이 자신의 힘으로 잠시 잘 살수도 있을 것이다. 그러나 이들에게 진정한 평화와 참된 복이 있을까?

진정한 평화는 예수 그리스도를 통해 이루어진다. 참된 복 또한 예수 그리스도께 있다. 예수 그리스도를 통해 하늘 천국에 들어갔을 때 완전한 평화를 누리고 영생의 복을 누린다. 천국은 영원한 안식처요, 아픔과 슬픔과 저주가 없는 평화의 나라이다. 그러므로 우리는 예수 그리스도를 통한 천국의 은혜를 누리며, 예수 그리스도의 심장으로 하나님께 영광을 돌리며 살아야가야 한다.

하나님께서 내게 내려줄 마음의 빚이 있는 자는 하나님의 마음을 소유한 자일 것이다. 열손가락 깨물어 안 아픈 손가락 없겠지만, 하나님께는 그 열 손가락 중 더욱 아픈 손가락이 있을 법도 하다. 더욱 아픈 손가락은 마지막까지 이기는 삶을 살았을 때, 영원한 천국에 이르러 큰 영광을 볼 것이다.

"나를 기가 막힐 웅덩이와 수렁에서 끌어올리시고 내 발을 반석 위에 두사 내 걸음을 견고하게 하셨도다"(시 40:2)

5. 사랑은

사랑은 아름답다.

사랑은 허다한 죄를 덮는다(벧전 4:8).

사랑하는 사람들아 서로 사랑하자.

사랑 안에서는 두려움도 없고 은혜만이 넘치도다.

사랑하는 사람을 아프게 할 것이 무엇이냐?

참 사랑에는 아픔이 없는 것이라.

"사랑은 오래 참고 사랑은 온유하며 시기하지 아니하며 사랑은 자랑하지 아니하며 교만하지 아니하며

무례히 행하지 아니하며 자기의 유익을 구하지 아니하며 성내지 아니하며 악한 것을 생각하지 아니하며

불의를 기뻐하지 아니하며 진리와 함께 기뻐하고

모든 것을 참으며 모든 것을 믿으며 모든 것을 바라며 모든 것을 견디느니라"(고전 13:4-7)

첫째, 사랑은 오래 참는다.

오래 참는다는 것은 기다린다는 것이다.

오래 참는다는 것은 상대의 잘못이나 노여움에 대해 오래 견딘다는

것이다.

"그의(하나님의) 인자하심과 용납하심과 길이 참으심이 풍성함을 멸시하느냐"(롬 2:4)

만약 하나님께서 인생들에게 길이 참으심이 없으셨다면 인생들은 진즉이 모두 멸종했을 것이다. 이와 같이 우리도 하나님의 마음으로 상대에 대해 오래 참는 미덕이 필요하다. 오래 참음으로 인해 상대의 마음에 사랑을 심어주게 된다.

둘째, 사랑은 온유하다.
온유는 부드럽고 인자하며 상대에게 유익이 되는 선한 행동이다.
모세는 온유함이 지면의 모든 사람보다 더하다고 기록하고 있다(민 12:3). 만약 모세가 온유하지 못했더라면 250만 명가량의 이스라엘 백성들은 광야에서 모두 죽었을 것이다. 모세는 생명책에서 자기 이름을 지워버릴지언정 이스라엘 백성들을 살려주기를 간곡히 기도했다(출 32:32). 모세의 기도가 있었기에 하나님은 백성들을 진멸하려는 당신의 뜻을 돌이키셨다. 모세의 온유한 지도력이 이스라엘 40년 광야 생활을 이끌었다고 볼 수 있다. 과연 모세는 마음이 온유하신 예수님을 닮은 지도자였다.

"나는 마음이 온유하고 겸손하니 나의 멍에를 메고 내게 배우라 그리하면 너희 마음이 쉼을 얻으리니"(마 11:29)

또한 예수님은 산상 수훈에서 마음이 온유한 자는 땅을 기업으로 받을 것이라고 선포하셨다(마 5:5). 결과적으로 온유하신 예수님을 영접한 자는 하늘 가나안 땅을 기업으로 받을 것이다.

셋째, 사랑은 시기하지 아니한다.

개역 성경에는 '시기'를 '투기'로 기록하고 있다. 이 시기나 투기는 이기심에서 비롯된다. 이기심은 탐심의 일종이다. 탐심은 우상숭배이고 죄이다(골 3:5).

옛 속담에 사촌이 땅을 사면 배가 아프다는 말이 있다. 그러나 우리 그리스도인은 이와 달리 형제나 이웃이 잘되면 시기할 것이 아니라, 오히려 축하해주고 함께 기뻐해야 한다.

누가복음 15장에 "돌아온 탕자" 이야기가 떠오른다.

잃은 작은아들을 되찾은 아버지는 너무나 기뻐서 잔치를 베풀었다. 그런데 형은 이에 대해 시기 질투하며, "나를 위해서는 염소 새끼 한 마리라도 주었느냐"며 아버지의 마음을 전혀 모르고 불평했다. 우리는 하나님 아버지의 마음을 읽을 수 있다면, 다른 사람을 시기하는 마음일랑 있을 수 없을 것도 같다. 하나님의 뜻을 잘 파악한다면, 상대의 시기 대신 사랑으로 채워갈 것이다.

사랑은 율법의 완성이라 말씀하신다(롬 13:10). 남을 사랑하는 자는 율법을 다 이룬 자이다(롬 13:8).

넷째, 사랑은 자랑하지 아니한다.

인간은 누구나 죄 성을 가진 자이다. 누구나 죄인 된 인간은 하나님 앞에서 자랑할 것이 하나도 없다. 사도 바울 통해 "자랑하는 자는 주 안에서 자랑하라"고 말씀하신다(고전 1:31).

우리는 주 예수 그리스도로 인해 의로움과 구원함을 입었다. 구원도 자랑하지 못하도록 "하나님의 선물"이라고 못 박고 있다(엡 2:8-9). 그러므로 우리의 의와 자랑은 하나도 없는 것이 분명하다. 오직 우리의 자랑은 십자가에서 피 흘려 죗값을 치러 주신 예수 그리스도 뿐이시다. 그러므로 사도 바울은 예수 그리스도와 예수 그리스도께서 십자가에 못 박힌 것만 알기로 작정하고(고전 2:2), 오직 복음을 위해 살았던 것이다. 나를 자랑하고 싶은 마음이 전혀 없을 수는 없지만 그래도 우리는 주안에서 자랑하기를 힘쓰며 살아야 한다.

"지혜로운 자는 그의 지혜를 자랑하지 말라 용사는 그의 용맹을 자랑하지 말라 부자는 그의 부함을 자랑하지 말라 자랑하는 자는 이것으로 자랑할지니 곧 명철하여 나를 아는 것과 나 여호와는 사랑과 정의와 공의를 땅에 행하는 자인 줄 깨닫는 것이라"(렘 9:23-24)

다섯째, 사랑은 교만하지 아니한다.
교만은 자기를 높이고자 하는 마음 상태이다.
교만은 패망의 선봉이라고 말씀하신다(잠 16:18).
그러므로 교만한 자는 섰다할지라도 곧 넘어지게 된다.
하나님께서는 교만한 자의 오만을 끊으며 강포한 자의 거만을 낮출 것이라고 말씀 하신다(사 13:11).

타락한 천사는 하나님과 동등해지려는 교만을 부렸다. 그 결과 하늘에서 떨어져 땅에 찍히고 말았다(사 14:12). 이와 같이 사람도 마찬가지로 하나님 앞에서 교만을 부리다가 넘어진 자들이 많다.

유다 왕 '웃시야'는 아론의 자손(레위지파) 제사장만이 행할 수 있는 향단에 분향하다가 하나님께서 치시므로 나병(문둥병)에 걸리고 말았다. 남 유다의 왕은 레위지파가 아닌 유다지파였으므로 제사를 집권할 수 있는 권한은 없었다. 나병이 걸린 웃시야 왕은 죽는 날까지 별궁에 격리되어 살았으며, 죽어서도 왕들의 묘실에 들어가지 못하는 결과를 초래하였다(대하 26:16-23). 베냐민 지파였던 사울 왕 또한 사무엘이 더디 옴으로 제사장이 집도하는 번제 제사를 직접 드림으로 하나님께 버림을 당했다(삼상 13:9,14). 사무엘은 자신의 분수를 넘은 사울 왕을 보고 "왕이 망령되이 행하였다"고 말하고 있다(삼상 13:13). 인간적으로 이해와 타당성이 있어 보일지라도 하나님의 중대한 명령을 지키지 않는 것은 왕으로서 망령된 행위였던 것이다. 웃시야나 사울이나 왕의 위치의 교만에서 나온 월권행위를 저질렀다. 이는 하나님을 업신여긴 행동이라 볼 수 있다. 그러므로 우리는 높은 자리에 올랐을 때 더욱 겸손해야 함을 깨닫게 된다.

제사권에 대해 오늘날은 만인 제사장주의에 이르렀지만, 하나님의 법은 더욱 심화되어 마음의 죄까지도 죄로 취급된다. 교만은 마음에서부터 나오는 것이므로, 성도는 무엇보다 자신의 마음을 잘 지키고(잠 4:23), 늘 예수님의 보혈을 의지해 겸손하게 살아가야 한다. 하나님은 교만한 자를 물리치시고 겸손한 자에게 은혜를 베풀어 주신다(약 4:6).

여섯째, 사랑은 무례히 행하지 아니한다.

우리는 사람을 대할 때 한 인격체로 예의를 갖추어 대해야 한다. 사람 앞에서나 하나님 앞에서 교양 없이 오만 불손 해서는 안 된다는 뜻이다. 사람의 마음속에 진실한 사랑이 있다면, 사람과 하나님을 대하는 태도 또한 올바르게 표현되어 나올 것이라 여겨진다.

일곱째, 사랑은 자기의 유익을 구하지 아니한다.

예수님은 인류의 생명을 구원하기 위해 십자가에서 몸 찢고 피 흘려 주셨다. 만약 예수님께서 자기의 유익을 구하셨다면 인류의 구원은 없었던 것이다. 십자가 사랑에 예수님 자신을 위한 유익은 아무것도 없었다. 십자가의 사랑은 조건 없는 사랑이었다.

결과적으로 자기유익의 이기주의는 사랑과 배치된다. 그러므로 예수님은 나를 따르려거든 자기를 부인하고 자기 십자가를 지고 나를 따르라고 말씀하신다(마 16:24).

여덟째, 사랑은 성내지 아니한다.

성내는 자 마음속에는 사랑이 거할 리가 없을 것이다.

예민한 성격에 성을 자주 내지만 우리는 이 예민한 성격을 온순한 성격으로 돌이키기 위해 힘써야 한다. 성령 안에서 말씀과 기도로 변화를 이루어야 한다. 성냄은 하나님의 의를 이루지 못한다.

"노하는 자는 다툼을 일으키고 성내는 자는 범죄함이 많으니라"(잠 29:22)

아홉째, 사랑은 악한 것을 생각하지 아니한다.

악은 사탄의 속성이며, 사랑은 하나님의 속성이므로, 악한 것과 사랑은 배치된다. 사탄은 거짓의 아비로(요 8:44), 진리를 왜곡하고 배척한다.

사도 바울은 "범사에 헤아려 좋은 것을 취하고, 악은 어떤 모양이라도 버리라"고 말한다(살전 5:21-22).

육신의 정욕, 안목의 정욕, 이생의 자랑은 하나님께로부터 온 것이 아니요 세상으로부터 온 것이니(요일 2:16), 우리는 이것들을 멀리하고 하나님을 가까이 하며 살아야 한다.

"너희는 너희 아비 마귀에게서 났으니 너희 아비의 욕심대로 너희도 행하고자 하느니라 그는 처음부터 살인한 자요 진리가 그 속에 없으므로 진리에 서지 못하고 거짓을 말할 때마다 제 것으로 말하나니 이는 그가 거짓말쟁이요 거짓의 아비가 되었음이라"(요 8:44)

"사랑하지 아니하는 자는 하나님을 알지 못하나니 이는 하나님은 사랑이심이라"(요일 4:8)

열째, 사랑은 불의를 기뻐하지 않고 진리를 기뻐한다.

불의는 위의 악한 것과 한통속이다. 악한 것과 사랑이 배치되듯 불의와 진리 또한 배치된다. 불의는 악이고 진리는 선이다.

하나님은 진리이시고 사랑이시다(요 14:17; 요일 4:8). 아울러 죄도 없으시고 거짓도 없으시고 회전하는 그림자도 없으시다. 그러므로 불의를 행하는 자는 그 속에 하나님도 사랑도 거하지 않는다고 볼 수 있다. 성도는 악의 속성인 불의를 배척하고 하나님의 속성인 의와 진리의 거룩함을 입은 새 사람으로 살아야 한다(엡 4:23). 진리는 하나님의 말씀이므로(요 17:17), 우리는 말씀을 통해 하나님의 거룩함을 입고 진리와 함께 기뻐하는 삶을 살아가야 한다. 아울러 불의와 함께하고 불의로 인해 기뻐해서는 아니 된다.

열한째, 사랑은 모든 것을 참으며 모든 것을 믿어준다.

모든 것을 참는다는 것은 상대의 모든 허물에 대해 덮어준다는 뜻이다. 그러므로 사랑은 모든 허물을 덮는다(잠 10:12).

"무엇보다도 뜨겁게 서로 사랑할지니 사랑은 허다한 죄를 덮느니라"(벧전 4:8)

사실 하나님께서 십자가의 사랑으로 우리의 죄를 가려주시지 않았다면 우리는 우리의 죄로 인해 스스로 살 수 없는 티끌 같은 존재들이었다. 그러므로 우리는 복음을 위해서라도 모든 것을 참아야 하는 것이다(고전 9:12).

또한 모든 것을 믿는다는 것은 상대방을 끝까지 신뢰해준다는 의미이다. 자신에게 해를 입힌 자에게까지 관용을 베풀며, 용서하고 사랑한다는 뜻이다. 사랑은 좋을 때나 나쁠 때나 변함없이 상대를 믿어주는 것이라고 할 수 있다.

열두째, 사랑은 모든 것을 바라며 모든 것을 견뎌내는 것이다.
이는 소망을 잃지 않고 끝까지 바라며 적극적으로 인내하는 것이다. 이런 인내는 상대를 감화시키고 자신에게 유익을 가져다준다.

"소망 중에 즐거워하며 환난 중에 참으며 기도에 항상 힘쓰며"(롬 12:12)

"시험을 참는 자는 복이 있나니 이는 시련을 견디어 낸 자가 주께서 자기를 사랑하는 자들에게 약속하신 생명의 면류관을 얻을 것이기 때문이라"(약 1:12)

마지막으로,

사랑은 그 어떤 것보다도 우월하다.

사랑은 방언과 천사의 말보다도 우월하고

사랑은 예언하는 능력보다도 우월하고

사랑은 산을 옮길 만한 모든 믿음보다도 우월하고

사랑은 모든 것을 내어주는 구제보다도, 내 몸을 불사르게 내어주는 희생보다도 우월하다. 믿음, 소망, 사랑 중에 제일은 사랑이다(고전 13:13).

은사 중 가장 좋은 은사는 사랑의 은사임을 믿고, 사랑을 실천하는 삶을 사는 자는 하나님의 은혜의 기쁨 중에 살아갈 것이다.

"사랑 안에 두려움이 없고 온전한 사랑이 두려움을 내쫓나니 두려움에는 형벌이 있음이라 두려워하는 자는 사랑 안에서 온전히 이루지 못하였느니라 우리가 사랑함은 그가 먼저 우리를 사랑하셨음이라"(요일 4:18-19)

6. 은혜로 살자

은혜가 없으면 어찌 살아갈 수 있겠는가?

내가 이 땅에 육신을 입고 태어난 것도 하나님의 은혜요, 지금까지 살아온 것도 하나님의 은혜이다. 은혜 위에 은혜가 부어지고 또 부어진다. 영적 구원의 은혜가 임하였고, 훗날 육적 구원도 준비되어 기다리고 있음이 모두가 하나님의 은혜이다.

필자는 전라남도 곡성군 어느 산골에서 태어나 자랐다. 지금 생각해 보니 그곳에 나를 태어나게 하신 것도 하나님의 은혜로 다가온다. 드넓은 산과 벌판, 아름다운 자연의 소리, 맑은 공기, 위 마당 아래 마당을 갖춘 큰 집, 자연에서 얻은 풍성한 먹을거리들, 곧 봄이면 산딸기, 오디, 찔레, 칡뿌리와 가을이면 많은 양의 호두, 감, 밤, 머루, 다래 등, 산에 들에 먹을 것이 많았다. 호두가 마당에 지천으로 떨어져 발에 밟히어 나뒹굴었다.

먹고 살기 힘든 시대였지만 배 골지 않았고, 밭에서 나는 감자, 고구마, 옥수수, 오이 등은 훌륭한 간식거리였다. 포도, 앵두, 개 복숭아도 좋았다. 개 복숭아는 잘 익으면 지금의 복숭아보다도 더 깊은 맛이었던 것 같다. 이 모두가 내게 주어진 하나님의 적절하신 은혜로 감사만이 넘친다. 나를 이 땅에 보내신 분이 하나님이시라면 내가 믿음을 갖지 않았던 어린 시절도 하나님의 은혜로 볼 수 있는 것이다. 어린 시절 당시 창조주 하나님을 몰랐지만 하나님이 주신 자연 속에서 일반 은총을 맘껏 누릴 수 있었다. 고등학교 때 광주로 나와 교회에 발을 딛었지만 구원의 은총을 내게도 허락하신 하나님은 참으로 은혜로우신 분이시다.

"여호와께 감사하라 그는 선하시며 그 인자하심이 영원함이로다"(시 136:1)

내 의지로 어찌 하나님께 나아갈 수 있겠는가? 다른 종교와 달리 하나님께서 찾아와 주시지 않는다면 우린 하나님을 만날 수 없는 것이다. 인간은 선을 행할 의지가 전혀 없이 전적으로 부패 되었기에, 위대하신 하나님께서 나 같은 자에게 찾아와 주심이 크신 은혜이다. 성경을 통해 구원을 얻지만, 시간의 흐름에 따라 나로 하여금 어느 정도 성경에 능통한 자가 되게 하신 하나님은 내게 더욱 고맙고 크신 하나님이시다. 뿐만 아니라 나를 목사로 세워 주시고, 나를 사명자로 살게 하신 하나님이시다. CCM을 짓게 하시고, 시와 글을 쓰게 하시고, 말씀을 전하는 자로 살게 하신 하나님은 참 은혜의 하나님이시다. 주님이 주신 은혜가 아니면 아무것도 할 수 없으나, 일을 허락하시면 일할 수 있고, 또 쉼을 허락 하시면 쉴 수 있음도 하나님의 은혜이다.

"우리가 하나님과 함께 일하는 자로서 너희를 권하노니 하나님의 은혜를 헛되이 받지 말라 이르시되 내가 은혜 베풀 때에 너에게 듣고 구원의 날에 너를 도왔다 하셨으니 보라 지금은 은혜 받을 만한 때요 보

라 지금은 구원의 날이로다"(고후 6:1-2)

우리는 하나님의 은혜를 헛되이 받아서는 안 된다. 은혜로 말미암아 구원을 받았다. 구원의 은혜에 감격하며, 주신 은혜에 대해 감사와 찬양을 하나님께 돌려야 한다. 구원에 대한 감사는 내가 받은 은혜를 이웃에게도 전하는 것이다. 이웃 중에 믿지 않는 자들이 나와 함께 구원의 은혜를 누리도록 해야 한다. 은혜가 떨어지면 다시 또 은혜를 채워야 한다. 때를 따라 돕는 은혜를 얻기 위하여 은혜의 보좌 앞에 담대히 나아가야 한다(히 4:16). 하나님은 교만한 자를 물리치시고 겸손한 자에게 은혜를 주신다(약 4:6).

겸손한 마음으로 하나님 앞에 나와 무릎을 꿇자.
하나님께 받은 은혜를 이웃에게 끼칠 수 있도록 힘쓰자.
서로 서로 은혜를 나누며 살자.
이웃과 함께 은혜를 받기도 하며 끼치기도 하면서 사는 복된 삶이 되길 원한다.

"주를 기쁘시게 할 것이 무엇인가 시험하여 보라"(엡 5:10)

우리는 어찌하면 하나님을 기쁘시게 할 것인지 고민해야 한다. 시험해 보라 하셨으니 하나님을 기쁘시게 하기 위해 시험해 보는 것도 좋은 일이다. 에녹은 300년을 하나님과 동행하며 하나님을 기쁘시게 한 믿음의 선진이었다(창 5:22; 히 11:5) 나는 과연 얼마나 하나님을 기쁘시게 했을까를 생각해 본다. 내가 하나님을 기쁘시게 하면 하나님은 내게 많은 은혜를 부어 주신다. 은혜는 그저 가만히 기다리는 것만이 아니다. 하나님에 대해 갈급해하며, 은혜 받기 위해 열심히 찾고 구하고 더 나아가서는 하나님을 즐겨야 한다. 또한 우리가 행한 대로 갚으시는 하나님이심을 기억하고 행해야 한다.

"주라 그리하면 너희에게 줄 것이니 곧 후히 되어 누르고 흔들어 넘치도록 하여 너희에게 안겨 주리라 너희가 헤아리는 그 헤아림으로 너희도 헤아림을 도로 받을 것이니라"(눅 6:38)

"너희 몸을 하나님이 기뻐하시는 거룩한 산 제물로 드리라 이는 너희가 드릴 영적 예배니라"(롬 12:1)

여기서 산 제물은 생명 있는 거룩한 제물이다. 그러므로 우리는 하나님이 거룩하신 것처럼 우리도 거룩한 삶을 살아내야 한다. 거룩한 삶을 살아갈 때 하나님 앞에 제물 되는 영적 예배의 삶이 될 것이다.

7. 곤고 중의 은혜

사도 바울은 육체의 가시(질병)를 위해 세 번 기도 하였다(고후 12:7-8). 육체의 가시가 구체적으로 무엇인지 언급하고 있지 않지만 아마 간절히 기도했을 것이다.

그러나 하나님은 "내 은혜가 네게 족하도다"라며 육체의 가시를 제거해 주시지 않았다. 이는 능력이 약한 데서 온전하여지기 때문이다(고후 12:9). 내가 약함으로써 그리스도의 능력은 오히려 강하게 나타나는 것이다. 약함이 강함이 되는 원리가 주안에서 이루어진다.

필자 또한 어려서부터 몸이 약한 편이었다. 다른 친구들에 비해 일도 잘 못했고 나무나 소꼴 같은 짐도 많이 이기지 못했다. 지금도 몸이 썩 좋은 편은 아니나 하나님께서 건강을 신경 써 주시는 편이다. 어쩌면 하나님께서는 내게 능력을 부어 주시려 육체의 가시를 두고 계신지도 모른다. 만약 내 몸이 튼튼했다면 나는 밖으로 자주 돌아다니고 싶었을 것이다. 그러나 하나님은 남들에 비해 허약한 나를 교회 안에 묶어만 두고 계심이 아닌가?

사도 바울은 육체의 가시에 대해 도리어 크게 기뻐하고 자신의 여러 약한 것들에 대하여 자랑한다고 말하고 있다. 또한 하나님으로부터 여러 계시를 받았기에 자만하지 않기 위한 수단으로 육체의 가시 곧 사탄의 가시를 허락하심을 말하고 있다(고후 12:7). 우리는 진정 사도 바울처럼 생각하는가? 몸의 약한 것에 대해 불평을 하며 끊임없이 나를 강하게 하라고 주님께 명령만 하고 있지는 않는가? 우리 몸이 약하면 약한 대로, 강하면 강한대로 하나님은 나와 함께 하신다. 그러므로 도리어 범사에 감사하며 하나님의 은혜를 누려야 한다. 우리는 사나 죽으나 주의 것이요(롬 14:8), 연약한 몸도 강한 육체도 주를 위해 살고, 주를 위해 쓰임 받는다.

열왕기하 7장에 네 명의 나병환자가 떠오른다.

네 명의 나병환자를 통해서도 매우 큰일을 행하시는 하나님이시다.

이 네 명의 나병환자들은 사마리아를 진치고 있던 아람군대를 물리치는 큰 역할을 했다. 아람군대가 자신들로 인해 겁을 먹고 도망갔지만, 어찌된 영문인지도 모른 채 아람군대 진영에 군사들이 없음을 확인하고, "이 아름다운 소식"을 왕궁에 알려 굶주린 백성들을 살릴 선한 양심을 갖게 된다. 이 선한 양심은 하나님으로부터 나왔고, 하나님의 뜻으로 말미암았다. 결국 이스라엘 백성들을 적국의 손에서 건져내 배불리 먹게 하는 등, 나라를 살린 막중한 사역의 나병환자들이었다.

우리도 이 땅에서 연약함에 좌절하지 않고, 오히려 하나님의 능력을 옷 입어 기쁨으로 살아갈 의무를 지녀야 한다. 인생은 속히 지나고 저 천국에 이르러서는 말할 수 없이 좋은 것을 누리게 될 것이다. 그러므로 하늘의 소망을 품고 약한 몸으로도 이 땅의 사명을 잘 감당해야만 한다.

혹자의 언니는 50대의 나이에 8년 동안을 식물인간으로 누워만 있다가 세상을 하직했다. 코 줄을 통해 음식을 섭취하면서까지 8년을 살아야 할 이유가 뭐 있겠나 싶지만, 하나님은 그 인생까지도 귀히 여기시는 분이시다. 이 땅에서 목숨이 붙어 있는 한 하나님을 알게 되고, 육체의 연약함을 통해 나는 죽고 내 안에 하나님만 온전히 살 수 있는 계기가 된다. 그러므로 우리는 어떤 힘없는 약한 인생이라 할지라도 존중해야 하며, 누구든 천하보다 귀한 한 생명으로 하나님께 인도하기를 힘써야 한다.

하나님은 어린 아이를 통해서도 일하시고, 100세의 힘없는 한 사람을 통해서도 일하신다. 아브라함은 75세에 하란에서 부르심을 받아 가나안 땅에 들어왔다. 가나안 땅에 들어와서 25년이나 지난 후에 아들을 얻었다. 몸의 기능이 죽어버린 100세가 되어서야 약속의 자녀를 얻은 것이다. 사라 또한 여성의 생리가 끊어진 90세가 되어서야 아들을 얻었다. 이처럼 하나님은 인간의 힘이 한계에 부딪쳤을 때 일하시기를 즐기신다. 약함이 강함 되는 하나님의 은혜가 아닐 수 없다.

"그러나 하나님께서 세상의 미련한 것들을 택하사 지혜 있는 자들을 부끄럽게 하려 하시고 세상의 약한 것들을 택하사 강한 것들을 부끄럽게 하려 하시며 28 하나님께서 세상의 천한 것들과 멸시 받는 것들과 없는 것들을 택하사 있는 것들을 폐하려 하시나니"(고전 1:27-28)

하나님은 미련한 자, 약한 자, 천한 자, 멸시받는 자들을 택하여 귀히 쓰시는 분이시다. 다윗은 왕이 되기 전 환난 당한 자, 빚진 자, 마음이 원통한 자들 400명의 우두머리였다(삼상 22:2). 이런 약한 자들은 낙망할 것이 아니요, 슬퍼할 것도 아니요, 오히려 하나님을 기회로 삼아 나를 향한 하나님의 은혜를 깨닫고, 합력하여 선을 이루시는 주 뜻 안에 살기를 원한다.

8. 성령의 은사

"각 사람에게 성령을 나타내심은 유익하게 하려 하심이라"(고전 12:7)

은사는 한 성령 안에서 각 사람에게 선물로 내려 주신다. 여러 가지 은사가 있으나 은혜의 분량에 따라 개인의 유익과 교회의 유익을 위해 성령을 통해 내려 주신다. 통상적으로 고린도전서 12장을 "은사장"이라 부른다. 이에 9가지 은사에 대해 간단히 기록하고자 한다.

① **"지혜의 말씀"의 은사이다.**

지혜와 지식은 같은 것 같으나 따져보면 다르다. 지혜는 사물의 영원성과 본질을 꿰뚫어 보는 하나님의 속성이며, 지식은 단순히 사물이나 어떤 일에 대해 아는 것이라 할 수 있다.

하나님은 지혜의 하나님이시다. 그러므로 지혜의 원천 또한 하나님이시다.

솔로몬은 일천번제를 드리고 하나님께 큰 지혜를 받았다. 백성들의 송사를 듣고 분별하는 지혜를 선물로 받았다(왕상 3장). 뿐만 아니라 솔로몬은 모든 사물을 밝히 아는 지혜에 흠뻑 젖은 왕이었다.

3,000 잠언과 1,005편의 노래와 초목에 대하여 말하고, 짐승과 새

와 기어 다니는 것과 물고기에 대하여 말하였다고 기록하고 있다(왕상 4:32-33). 먼 나라 높은 지위에 있는 자들이 솔로몬의 지혜를 듣기 위해 왔으며, 특히 아라비아 남단, 오늘의 "예멘"으로 추측되는 "스바" 여왕도 솔로몬을 찾아 왔다가 그 지혜에 놀라고 돌아갔다(왕상 10장). 솔로몬의 재판 중 두 여자의 산 아이 어머니를 가리는 재판은 오늘날 불신자들에게도 지혜로운 재판으로 널리 알려져 있다.

"솔로몬의 지혜가 동쪽 모든 사람의 지혜와 애굽의 모든 지혜보다 뛰어난지라"(왕상 4:30)

또한 지혜에 대하여 성막을 제조할 때 하나님께서 '브살렐'과 '오홀리압'을 일꾼으로 지명하셨다(출 31:2,6). 브살렐과 오홀리압은 하나님의 지혜를 받은 지혜로운 사람이었다. 하나님은 당신이 쓰시고자 한 자에게 지혜도 주시고, 지식도 주시고, 그 외에 필요한 모든 것을 더해 주신다.

하나님의 지혜는 세상의 통치자들이 알지 못하며, 하나님은 미련한 자들을 택하사 지혜 있는 자들을 부끄럽게도 하신다(고전 1:27). 예수님은 불의의 재물로 친구를 사귄 청지기 비유를 통해, 세상 사람들이 빛의 아들들보다 더 지혜롭다고 말씀 하신 경우가 있다(눅 16:8). 불신자들도 자신의 미래를 대비해 일처리를 그처럼 지혜롭게 하는데, 신자들 또한 자신이 맡은 직분에 더 지혜로워야 함을 깨닫게 하는 내용이다. 우리는 하나님의 지혜를 풍성히 받아 세상 사람들보다 더욱 지혜로운 삶을 살아갈 수 있어야 한다.

하나님은 성령의 은사로 "지혜의 말씀"을 내려 주신다. 지혜의 말씀을 받은 자는 하나님의 메시지를 전하는 하나님의 사람으로 살아간다. 신약시대의 지혜는 예수 그리스도와 연관되지만, 이 지혜는 구원을 이루는 하나님의 능력이 된다.

"그리스도는 하나님의 능력이요 하나님의 지혜니라"(고전 1:24)

사도 바울은 복음을 전할 때 자신의 말과 지혜로 하지 않고, 오직 예수 그리스도 곧 십자가에 못 박히신 예수 그리스도만 전하기로 작정하였다. 이는 믿음이 사람의 지혜에 있지 않고 하나님의 능력에 있게 하기 위함이었다. 사람의 지혜도 좋을 수 있지만 사람의 지혜는 하나님의 지혜에 미치지 못한다. 우리도 사람의 지혜보다 비교할 수 없이 월등한 하나님의 지혜를 얻어, 하나님을 기쁘시게 하는 믿음을 갖고 하늘의 시민권자로 살아야 한다. 예수 그리스도를 닮아 살아가는 자는 지혜로운 삶을 살 것이다. 십자가의 도가 세상 지혜를 초월한다.

② "지식의 말씀"의 은사이다.

지식은 단순히 사물을 아는 것으로 유한성을 띤다. 지혜가 모든 것의 통합적인 반면 지식은 부분적, 단편적이라 할 수 있다. 일반적인 지식은 각 사람이 개별적으로 습득하여 얻는다. 일반인들도 교육의 습득을 통해 많든 적든 각자의 지식을 얻어 살아가고 있다. 그러나 하나님으로부터 계시적으로 받은 지식은 일반 지식에 더하여 사람이 습득하지 않는 것까지도 포함하고 있다. 결국 지식의 소유자도 하나님이시며, 하나님은 지식의 하나님이시다(삼상 2:3). 모든 만물이 예수님이 없이는 하나도 지은바 된 것이 없다(요 1:3). 그러므로 지혜와 지식 모두가 하나님께로부터 나온 것이다. 성경에는 많은 지식이 기록되어 있다. 우리는 성경을 통해 하나님의 지식을 습득해야 한다. 특별히 하나님의 영에 감동되면 말씀을 깨달아 많은 지식을 얻게 될 것이다.

"지식의 말씀"의 은사를 받은 자는 성경을 통해 많은 지식을 깨달은 자이다. 이런 사람들은 많은 사람에게 지식의 말씀을 전파하며 사명을 감당한다. 또한 이 땅에서 부분적으로 아는 지식은 저 천국에 이르러 모든 것을 밝히 알게 될 것이다(고전 13:12). 하나님이 우리 각 사람을 세밀히 알듯이 우리도 그 때는 모든 것을 자세히 알게 될 것이다.

"깊도다 하나님의 지혜와 지식의 풍성함이여, 그의 판단은 헤아리지 못할 것이며 그의 길은 찾지 못할 것이로다"(롬 11:33)

열왕기하 6장에 아람 왕이 이스라엘과 싸우기 위해 어디 어디에 진을 치겠다고 신복들과 의논하면, 이 일에 대해 엘리사 선지자는 은사적으로 모두 알게 된다. 그러므로 이스라엘 왕에게 오늘 어디 어디에는 지나가지 말라고 일러준다. 이에 이스라엘 왕은 엘리사가 경계한 곳에 사람을 보내 여러 번 방비하기도 했다.

아람왕은 자기 신복 중에 누가 이스라엘 왕과 내통하는 자가 있는지 오해 하지만, 신복 중의 한사람이 말하기를, 이스라엘 선지자 엘리사가 왕의 침실에서 하신 말까지 이스라엘 왕에게 모두 고한다고 말한다. 이렇듯 하나님은 엘리사 선지자에게 나라의 유익을 위해 필요한 지식의 말씀을 내려 주셨던 것이다.

또한 엘리사는 자기 사환 게하시가 자신을 속이고, 나병을 치료해 준

나아만 장군에게 은 두 달란트와 옷 두벌을 몰래 받은 것까지도 훤히 꿰뚫고 있었다. 결국 엘리사의 책망으로 재물에 눈이 먼 게하시는 나아만의 나병이 자신에게 들어와 나병에 걸리게 되지만, 우리는 하나님의 참 은사 자를 속일 수 없음을 깨달아야 한다. 엘리사처럼 성령의 은사를 받은 자는 하나님의 계시를 받아 스스로 알게 되는 것이다. 육안으로 보이지 않는 상황을 영안으로는 볼 수 있다. 캄캄한 밤에 말 탄자가 백마를 탔는지 홍마를 탔는지 육안으로는 알 수 없으나 하나님께서 알게 하시면 백마인지 홍마인지 스스로 알게 된다.

사도행전 5장의 아나니아와 삽비라 사건도 마찬가지이다. 아나니아와 삽비라 부부는 서로 짜고 땅 판돈 얼마를 감추고 가져온 것이 전부라고 거짓말을 하였다. 그러나 성령께서 베드로 사도에게 알게 하셨다. 결국 아나니아와 삽비라는 성령을 속인 죄로 베드로가 말한즉 즉시 엎드려져 혼이 떠나 죽게 된다. 베드로와 같은 은사 자를 속이는 것은 사람을 속이는 것이 아니요 하나님을 속이는 것이다(행 5:4).

③ 믿음의 은사이다.
믿음은 예수를 믿음으로서 구원 받기 위한 믿음이 있고, 은사로 받는 믿음이 있다. 이 은사로 받는 믿음은 차츰차츰 성장하여 큰 믿음이 되고, 이 믿음으로 능력을 행했을 때 상급으로 이어진다. 그러므로 은사로서의 이 믿음은 곧 능력과 이적을 일으키는 믿음이다. 구원의 믿음 위에 은사로 더 주어지는 것이다(마 17:20; 21:21)

"이르시되 너희 믿음이 작은 까닭이니라 진실로 너희에게 이르노니

만일 너희에게 믿음이 겨자씨 한 알 만큼만 있어도 이 산을 명하여 여기서 저기로 옮겨지라 하면 옮겨질 것이요 또 너희가 못할 것이 없으리라"(마 17:20)

"믿음이 있고 의심하지 아니하면 ····· 이 산더러 들려 바다에 던져지라 하여도 될 것이요"(마 21:21)

예수님은 마태복음 8장 백부장의 믿음을 극찬하셨다. 백부장의 하인이 중풍 병에 걸렸는데, 이 백부장이 예수께 나아와 하인을 고쳐 주기를 간구했다. 예수께서 "내가 가서 고쳐 주리라"하셨건만 백부장은 "아니요", "다만 말씀으로만 하옵소서, 그러면 내 하인이 낫겠나이다"라며 믿음을 보였던 것이다. 성도들 중에도 백부장처럼 "이만한 믿음"의 소유자가 많이 나타났으면 좋겠다.

"예수께서 들으시고 놀랍게 여겨 따르는 자들에게 이르시되 내가 진실로 너희에게 이르노니 이스라엘 중 아무에게서도 이만한 믿음을 보지 못하였노라"(마 8:10)

④ 병 고치는 은사이다.

이는 각종 병을 고치는 은사, 즉 치유(신유)의 은사이다. 예수님은 모든 질병을 고치셨다. 이와 같이 그리스도의 영, 성령으로부터 치유의 은사를 받은 자 또한 육체적 정신적 병자들을 기도하여 치료 할 수 있다.

구약시대 엘리사는 아람의 나아만 장군의 나병을 치유하였고(왕하 5장), 유다 왕 히스기야도 죽을병이 들었으나 이사야 선지자에 의해 치유되었다.

"이사야가 이르기를 한 뭉치 무화과를 가져다가 종처에 붙이면 왕이 나으리라 하였고"(사 38:21)

무화과를 종기에 붙인다고 해서 누구나 치료되는 것은 아닐 것이다. 히스기야의 치명적인 상처가 치료된 것은 하나님의 초자연적인 힘이 작용했기 때문이다. 그러나 하나님은 이사야 선지자를 통해 일하셨다. 다시 말하자면 하나님께서는 히스기야의 기도를 들으시고, 이사야 선지자를 통해 처방전을 내리시고, 서로 합력하여 치유의 역사를 나타내신 것이다. 히스기야의 생명을 15년 연장해 주시고, 그 증표로 해시계의 해 그림자가 10도 뒤로 물러나게 되었다. 시간이 거꾸로 물러난 것이다(왕하 20:11).

신약시대에 예수님은 말할 것도 없이 많은 병자들을 치료하셨고, 베드로와 바울도 많은 치유 사역을 하였다. 베드로는 성전 미문에 앉아 구걸하는 앉은뱅이를 일어나 걷게 했고(행 3:1-10), '룻다'에 8년 동안 중풍 병으로 누워있는 '애니아'를 낫게 했다. 심지어는 베드로의 그림자라도 덮여 치료받고자 하는 영적, 육적 병자들이 몰려들었다(행 5:15-16).

사도 바울 또한 그의 손수건이나 앞치마를 가져다가 병든 사람에게 얹으면 그 병이 떠나고 악귀도 떠나갔다(행 19:12). '루스드라'에 나면

서부터 걸어본 적이 없는 자를 일어나 서서 걷게 했다.

> "(바울이) 큰 소리로 이르되 네 발로 바로 일어서라 하니 그 사람이 일
> 어나 걷는지라(행 14:10)

많은 사람들이 사도 시대에만 이런 능력이 나타났다 하나, 하나님께서는 필요하시면 언제든지 당신의 종들을 통해 치유의 역사를 나타내신다. 예수 그리스도는 어제나 오늘이나 영원토록 동일하시다(히 13:8). 그러므로 우리는 하나님의 능력을 우리 생각에 제한시키려 해서는 아니 된다.

⑤ **능력 행함의 은사이다.**

이 은사는 이적을 행하는 능력으로, 앞의 믿음의 은사와 연관이 있다. 나실인 사사 삼손은 성령의 감동을 입어 큰 능력을 나타내었다. 맨손으로 사자를 찢어 죽였고(삿 14:6), 나귀의 새 턱뼈로 블레셋 사람 천 명을 쳐 죽였고, 단단히 결박한 두 겹의 새 밧줄도 쉽게 끊어뜨렸다(삿 15:14-15).

또한 삼손은 마지막에 하나님께 부르짖어 간구하기를 "이번만 나를 강하게 하사 나의 두 눈을 뺀 블레셋 사람에게 원수를 단번에 갚게 하옵소서" 하였더니(삿 16:28) 죄로 인해 사라졌던 능력의 힘이 다시 임했다. 다곤 신전에 두 기둥을 왼손과 오른손으로 각각 붙잡고 힘을 써 다곤 신전을 무너뜨렸다. 신전에 있던 3천 명 이상(지붕 위에만 3천명)의 블레셋 적들도 삼손과 함께 죽었으니 삼손이 살았을 때 죽인 자보다 더 많은 사람이 죽었다(삿 16:23-31).

신약에 와서 아나니아와 삽비라가 베드로 앞에서 급사한 사건이나 (행 5:1-10)), 바울이 박수 엘루마를 눈멀게 한 사건(행 13:8-12)은 능력 행함의 은사에서 비롯된 것이다.

⑥ **예언의 은사이다.**

예언은 하나님께로부터 메시지를 받아 사람들에게 전달하는 것이다. 그 메시지는 과거, 현재, 미래의 내용을 모두 포함한다.

구약시대는 선지자들을 통하여 예언이 주어졌다. 성경이 기록된 지금은 주로 성경 말씀을 담은 메시지를 전한다. 또한 장차 일어날 일들을 하나님께 받아 전하기도 한다.

가이사랴에 전도자 빌립 집사에게 딸 넷이 있었는데, 모두가 처녀로 예언하는 자였다(행 21:8-9). 예언의 은사를 받은 네 딸들은 아마 시집도 안간 채 처녀로써 교회를 위해 봉사한 것으로 보인다. 빌립 집사의 뜨거운 신앙도 네 딸들의 신앙도 과연 추앙할만한 신앙이다.

또한 예루살렘 출신인 선지자 '아가보'는 안디옥에서 예언하기를 " 천하에 큰 흉년이 들리라"고 예언하니, 로마 황제 '글라우디오'(A.D. 41-45년) 때에 이루어졌다. 이 흉년은 A.D. 41년부터 47년까지 계속되었다고 한다. 이에 바울의 제자들이 부조금을 모아 예루살렘 교회에 보내기도 했던 것이다(행 11:29-30).

예언자 아가보는 가이사랴 빌립 집사 집에 머무른 사도 바울을 찾아와 바울이 예루살렘에 들어가면 결박될 것을 예언하였다. 이에 사도 바울은 예수의 이름을 위하여 결박당할 뿐만 아니라 예루살렘에서 죽을 각오도 하였기에, 예언자의 만류에도 불구하고 예루살렘에 스스로 들어가 아가보의 예언대로 결박되고 말았다(행 21장).

"그러나 예언하는 자는 사람에게 말하여 덕을 세우며 권면하며 위로하는 것이요"(고전 14:3)

"예언하는 자는 교회의 덕을 세우나니"(고전 14:4)

"예언을 멸시하지 말고"(살전 5:20)

⑦ **영들 분별함의 은사이다.**

이 은사는 영의 활동이 성령으로부터 온 것인지 사탄으로부터 온 것인지를 분별할 수 있는 은사이다.

"사랑하는 자들아 영을 다 믿지 말고 오직 영들이 하나님께 속하였나 분별하라 많은 거짓 선지자가 세상에 나왔음이라"(요일 4:1)

"그러나 성령이 밝히 말씀하시기를 후일에 어떤 사람들이 믿음에서 떠나 미혹하는 영과 귀신의 가르침을 따르리라 하셨으니"(딤전 4:1)

베드로는 아나니아와 삽비라를 보고 그들의 마음에 "거짓말 하는 영"이 들어 있음을 알았다(행 5장). 아나니아와 삽비라는 베드로 앞에서 거짓말을 했으나 이 거짓말은 사람에게 한 것이 아니요 하나님께 한 것이다. 그러므로 이들은 스스로 죽음을 자초 하였던 것이다. 누구나 은사 자 앞에서 거짓말을 한다고 죽음에 이른 것은 아니지만, 이 땐 초대교회가 막 발동하는 시기였기에 성령의 강한 역사가 나타난 듯하다. 그러나 지금도 필요하다면 하나님께서는 사람을 죽이기도 하시고 살리기도 하심을 알아야 한다.

사도 바울은 마술사 시몬의 마음에 악독이 가득하며 "불의한 영"에

사로잡혀 있음을 간파했다(행 8:23). 이와 같이 영분별의 은사는 개인적인 신앙으로나 교회의 거룩함을 위해서도 꼭 필요한 은사이다. 오늘날 목사들은 맡겨주신 양들을 위해 특별히 필요한 은사라고 할 수 있다.

⑧ 방언과 ⑨ 방언 통역의 은사이다.

방언의 은사는 개인에게 유익을 준다(고전 14:4). 오순절 성령 강림 사건으로 인해 방언의 은사가 시작되었다(행 2장). 이 방언은 오순절 날 절기를 지키기 위해 먼 나라에서 모여든 사람들의 각 나라 말이었다.

"그들이 다 성령의 충만함을 받고 성령이 말하게 하심을 따라 다른 언어들로 말하기를 시작하니라"(행 2:4)

여기서 "다른 언어들"은 12 나라쯤의 언어(방언)들이었다. 그러나 고린도전서 14장의 방언은 이와 달리 사람이 알아들을 수 없는 신비 방언이었다. 통역함이 없으면 무슨 뜻인지 알 수 없고 하나님만이 알 수 있는 방언이다. 그러므로 방언하는 자는 방언 통역의 은사를 구해야 한다.

"방언을 말하는 자는 사람에게 하지 아니하고 하나님께 하나니 이는 알아듣는 자가 없고 영으로 비밀을 말함이라"(고전 14:2)

이 외에도 사도행전 10장 고넬료의 가정에서 베드로의 설교를 듣고 방언의 은사가 임했다. 또한 사도행전 19장 에베소에서도 방언의 은사가 임했다. 에베소에서는 바울이 사람들에게 안수하매 성령이 임하여 방언뿐 아니라 예언까지도 임했던 것이다(행 19:6). 고넬료 가정과 에베소에서의 방언은 어떤 방언인지 알 수 없으나 하나님은 그 때에 필요한 방언의 은사를 내려 주셨을 것이다. 하여튼 우리는 예나 지금이나 사역에 있어서 필요한 은사는 어떤 은사든지 합당한 자에게 내려주시어 일하시는 하나님이심을 믿어야 할 것이다.

성령의 일하심을 시대에 국한시키거나 제한시켜서는 아니 된다. 모든 은사가 성령을 통해 주어지지만 방언의 은사 또한 성령의 충만한 중에 임하게 된다. 방언의 은사는 성령을 받은 확실한 증표이다. 다만 고린도 교회처럼 무질서함으로 하지 않고 잘하면 좋은 은사이다. 성령께서 주신 은사는 모두 좋은 것이다. 사도 바울은 누구보다도 자신이 방언을 더 많이 말함을 하나님께 감사하였다(고전 14:18). 우리는 자신이 방언을 못한다고 하여 성령의 은사를 무시해서는 아니 된다. 방언은 사람의 의지로 될 수 있는 것이 아니라, 성령이 충만한 사람은 기도 중 내 힘이 아닌 성령의 능력으로 방언을 말하게 되는 것이다.

"그런즉 내 형제들아 예언하기를 사모하며 방언 말하기를 금하지 말라"(고전 14:39)

방언의 은사를 받은 자는 방언 통역함을 구해야 한다. 방언기도를 잘 하다보면 통역의 은사도 따르기 마련이다. 방언이 내 의지와 다르게 성령에 의해 스스로 되는 것처럼, 통역 또한 기도 중에 내가 알 수 있는 언어로, 스스로 내 입에서 튀어 나오게 된다. 우리는 방언의 은사도, 방언 통역함의 은사도 사모하는 마음으로 하나님께 구해야 한다.

※ 대표적 성령의 은사들

* 로마서 12장의 은사

① 예언 ② 섬기는 자 ③ 가르치는 자 ④ 위로하는 자 ⑤ 구제하는 자 ⑥ 다스리는 자 ⑦ 긍휼을 베푸는 자

* 고린도전서 12장의 은사

① 지혜의 말씀 ② 지식의 말씀 ③ 믿음 ④ 병 고침(신유) ⑤ 능력 행함 ⑥ 예언함 ⑦ 영들 분별함 ⑧ 각종 방언 말함 ⑨ 방언들 통역함 ⑩ 사도 ⑪ 선지자 ⑫ 교사 ⑬ 서로 돕는 것 ⑭ 다스리는 것

* 에베소서 4장의 은사

① 사도 ② 선지자 ③ 복음 전하는 자 ④ 목사 ⑤ 교사

사도 바울이 소개한 가장 크고 좋은 은사는 사랑이다(고전 12:31-13장).

사랑은 모든 은사의 기본이 되는 은사로서 모든 성도에게 필수적이며 절대적인 은사라고 할 수 있다. 그러나 또한 모든 은사는 한 성령 안에서 상대적인 우월성이 없이 골고루 중요한 것임도 알아야 한다(고전 12:12-30). 방언을 가장 낮은 은사로 쉽게 생각해서는 아니 된다.

"만일 온 몸이 눈이면 듣는 곳은 어디며 온 몸이 듣는 곳이면 냄새 맡

은 곳은 어디냐"

"그 뿐 아니라 더 약하게 보이는 몸의 지체가 도리어 요긴하고"(고전 12:17,22)

9. 십자가의 사랑

십자가는 구원의 은혜이다.

십자가는 하나님의 사랑이다.

예수 그리스도께서 십자가에 피 흘려 죽으심으로 인류의 죄 값이 지불 되었다.

그러므로 십자가에 피 흘려 죽으신 예수를 통하여 죄 사함의 은혜를 누려야 한다.

그저 주는 은혜를 받지 못하면 어이할꼬?

생명이 끊어지면 천국과 지옥 두 갈래길, 어느 길로 가려는가?

인간은 제아무리 선하게 살아도 죄인인걸…,

사람들아 죄인의 탈을 벗고 예수 그리스도의 의를 덧입자.

"하나님이 세상을 이처럼 사랑하사 독생자를 주셨으니 이는 그를 믿는 자마다 멸망하지 않고 영생을 얻게 하려 하심이라"(요 3:16)

하나님의 독생자 예수그리스도는 아버지의 뜻을 따라 이 땅에 성육신하여, 때가 이르매 십자가에서 피 흘려 죽으셨다. 죽으신지 사흘 만에 다시 살아나 사망권세를 이기셨다. 십자가에서 우리의 죄가 죽고 우리의 의가 살아난 것이다. 뿐만 아니라 우리도 이처럼 부활할 것을 보여 주고 있다.

우리의 나그네 인생이 끝나면 저 천국에 이르러 영원한 삶을 살 것을 보여주고 있다. 마지막 날에는 썩어진 육신이 신령한 몸을 입고 부활하게 된다.

그러므로 십자가는 영생의 삶이요, 십자가는 구원의 능력이다. 예수 그리스도의 십자가는 허물과 죄로 죽은 우리를 살리셨고(엡 2:1), 우리는 오직 하나님의 은혜와 사랑으로 구원을 받았다.

"너희는 그 은혜에 의하여 믿음으로 말미암아 구원을 받았으니 이것은 너희에게서 난 것이 아니요 하나님의 선물이라"(엡 2:8)

십자가를 통한 구원이 사람의 행위에서 난 것이 아니므로 누구든 자랑할 것이 아니요, 오직 자랑할 것은 예수 그리스도의 십자가이다. 믿음으로 구원을 받았지만, 그 믿음을 주신분도 하나님이시다. 성령께서 우리의 마음에 찾아오셔서 믿음을 심어 주시므로 우리는 그 믿음을 소유할 수 있는 것이다. 성령이 아니고는 누구든지 예수를 '주'시라 할 수도 없다(고전 12:3). 우리는 성령의 감동으로 깨달음을 받고 은혜의 길로 나아가게 된다.

은혜가 아니면 어이할꼬? 또한 은혜를 거부하면 어이할꼬?
죄 값은 반드시 치러야 하거든 죄 값을 치루지 못하면 어이할꼬?
죄로 물든 인생들은 하나님의 은혜로 십자가 앞에 나아가 죄를 털어내야 한다. 예수님이 오시기 전 구약시대는 죄를 지으면 그때그때마다 짐승을 잡아 죄를 털어냈다. 짐승에게 안수하여 내 죄를 전가 시켰다.

내 죄를 전가 받은 짐승이 내 대신 피 흘려 처참하게 죽어야 했다. 그런데 예수그리스도께서 친히 어린양이 되시어 십자가에서 단번에 영원한 속죄제를 치러 주셨다.

"이제 자기를 단번에 제물로 드려 죄를 없이 하시려고 세상 끝에 나타나셨느니라"
"그리스도도 많은 사람의 죄를 담당하시려고 단번에 드리신 바 되셨고"(히 9:26, 28)

사람들아!
하나님의 십자가의 사랑을 입으라.
하나님은 모든 사람이 구원 받기를 원하노라(딤전 2:4).
하나님 앞에 나오는 자는 하나님의 은총을 입으리라.
교회는 하나님의 임재 장소니 누구든 교회로 나와 하나님을 알고, 하나님의 관심과 사랑을 받으라.

나 여호와는 나를 찾는 자에게 은혜를 부어 주리라.
은혜로 인하여 구원을 받고 예수 안에 참 생명을 누리라.
십자가의 사랑이 인생들의 삶을 풍요롭게 하리라.
십자가의 사랑으로 몸도 마음도 즐거움을 얻으리라.
(하나님의 음성을 받아 씀.)

"십자가의 도가 멸망하는 자들에게는 미련한 것이요 구원을 받는 우리에게는 하나님의 능력이라"(고전 1:18)

10. 죄와 의

사람은 동물과 다르게 신을 섬기며 살게 되어 있다. 사람은 그 속에 영이 있기 때문이다. 저마다 자신의 신을 섬기면서 살기도 하지만, 더러는 무신론자들도 있다. 무신론자들도 자신의 삶에 위기가 올 때는 신을 찾기 마련이다. 또한 죽음에 임박했을 때 신을 찾는 사람들이 많다.

생명이 없는 우상을 섬기는 자가 많으나, 기독교의 하나님은 모든 만물을 창조하신 참 생명의 참 신이시다. 태초에 하나님이 천지를 창조하셨다(창 1:1). 이 말씀을 거역할 자 누구인가? 천지 창조에 대해 기록하고 있는 책은 오직 성경뿐이다.

하늘과 땅과 바다, 낮의 해와 밤의 달과 별, 새와 물고기, 각종 풀과 나무들을 각기 종류별로 질서 있게 창조하시고, 마지막에 남자와 여자를 창조 하셨다. 아담과 하와를 각각 흙과 갈비뼈로 창조하시고, 하나님의 생기를 이들에게 불어 넣어 주셨다.

"하나님이 이르시되 우리(삼위 하나님)의 형상을 따라 우리의 모양대로 우리가 사람을 만들고 그들로 바다의 물고기와 하늘의 새와 가축과 온 땅과 땅에 기는 모든 것을 다스리게 하자 하시고 27 하나님이 자기 형상 곧 하나님의 형상대로 사람을 창조하시되 남자와 여자를 창조하시고"(창 1:26-27)

첫 사람 아담과 하와는 하나님이 보시기에 심히 아름답게 창조된 에덴동산에서 살았다. 하나님과 교제하며 노동도 없이 동산에 있는 각종 나무의 열매들을 먹으며 평안히 살았다. 다만 동산 중앙에 있는 선악을 알게 하는 나무의 열매는 먹지 말라 하셨다. 먹는 날에는 "반드시 죽으리라"고 말씀하셨다(창 2:17).

그런데 아뿔싸, 하와가 간교한 뱀의 꾐에 넘어가 선악과를 먼저 따먹고, 함께한 아담에게도 주니 아담도 그 선악과를 먹고 말았다. 뱀은 마귀요 사탄이었다(계 20:2). 사탄으로 말미암아 인간에게 죄가 들어왔고 이로 인해 아담과 하와는 죄로 물들어 하나님의 형상이 깨지고 말았다. 벌거벗고 살면서 부끄러움을 몰랐건만, 죄를 지은 후 부끄러워 무화과나무 잎을 엮어 치마를 삼아 수치를 가리었다. 죄로 인해 하나님의 음성이 두려웠고, 아담과 하와는 하나님의 낯을 피해 나무 사이에 숨게 되었다.

"이르되 내가 동산에서 하나님의 소리를 듣고 내가 벗었으므로 두려워하여 숨었나이다"(창 3:10)

죄로 물든 인간은 더 이상 거룩하신 하나님과 함께 할 수 없었고, 하나님과 단절된 인간은 죽음에 이르렀다. 흙에서 왔으니 다시 흙으로 돌아가게 되었다. 에덴동산 중앙에는 선악을 알게 하는 나무뿐만 아니라 생명나무도 있었으므로, 생명과를 따먹고 영생할까봐 하나님께서 아담과 하와를 에덴동산에서 추방시키셨다. 동산 동쪽에 그룹들과 두루 도는 불 칼을 두어 생명나무 길을 지키셨다(창 3:24). 아담과 하와는 에덴의 동쪽으로 쫓겨난 것이다. 이제는 인간의 근원인 땅을 갈아 일해야만 먹을 것을 얻을 수 있었고, 땅은 저주를 받아 가시덤불과 엉겅퀴를 내게 되었다. 밭의 채소를 먹을거리로 삼게 하셨다. 고기는 노아 홍수 후에 하나님의 허락하심으로 먹게 된 것이다. 아마 홍수 후 어떤 변화로 인해 고기를 먹어야 힘을 지탱할 수 있는 몸이 된듯하다.

> "네가 흙으로 돌아갈 때까지 얼굴에 땀을 흘려야 먹을 것을 먹으리니 네가 그것에서 취함을 입었음이라 너는 흙이니 흙으로 돌아갈 것이니라 하시니라"(창 3:19)

죄로 인한 심판은 무서운 결과를 초래했다. 아담과 하와의 후손들은 모두 죄 성을 지니고 태어나게 된다. 한사람이 죄를 지으매 모든 사람이 죄인이 되었다. 그럼에도 희망적인 것은 하나님께서 아담과 하와를 위하여 가죽옷을 지어 입히셨던 것이다(창 3:21). 가죽옷을 짓기 위해 짐승을 잡았는데, 이는 피 흘림의 죄 사함을 암시해 주고 있다. 피 흘림의 죄 사함은 수천 년 후 예수그리스도를 통해 이루셨다. 예수 그리스도께서 오시기 전에는 짐승의 피로 속죄제를 드렸다. 이제는 더 이상 짐승의 피가 필요 없이, 예수 그리스도의 십자가의 보혈을 통해 하나님 앞에 담대히 나아갈 수 있는 길이 열렸다. 그러므로 예수 그리스도는 하나님과 인간 사이에 죄로 막힌 담을 허시고 우리를 죄의 종에서 해방시키신 것이다. 누구든 예수 그리스도를 믿음으로 죄 사함을 받고, 죄인의 탈을 벗어 던지고 의인이라 칭함을 받게 되는 것이다(이신칭의).

> "곧 예수 그리스도를 믿음으로 말미암아 모든 믿는 자에게 미치는 하나님의 의니 차별이 없느니라"(롬 3:22)

11. 존귀한 자

사람 중에 존귀한 자가 있다.

'야베스'는 그의 형제보다 존귀한 자였다(대상 4:9).

'야베스'의 이름 뜻은 "고통"이란 뜻이지만, 야베스는 하나님께 기도하므로 자신이 처한 고통에서 벗어나게 되었다.

> "야베스가 이스라엘 하나님께 아뢰어 이르되 주께서 내게 복을 주시려거든 나의 지역을 넓히시고 주의 손으로 나를 도우사 나로 환난을 벗어나 내게 근심이 없게 하옵소서 하였더니 하나님이 그가 구하는 것을 허락하셨더라"(대상 4:10)

'야베스'는 하나님께서 복 주시는 자이심을 알았다. 고통스런 자신의 처지를 변화시켜줄 자도 하나님뿐이심을 알았다. 어떤 이유인지 확실히는 모르지만 '야베스'는 좁고 답답한 공간에서 고통을 호소하는 자였다. 자신의 지역을 넓혀 주시길 기도했으며, 하나님의 도우심으로 고통스런 현실에서 벗어나길 갈망했다.

오늘날도 '야베스'와 같은 사람이 많이 있다. 사람은 절박하거나 처한 처지가 고통스러울 때 하나님을 더욱 의지하게 된다. 반면 등 따시고 배부르고 평안할 때면 하나님을 외면하는 경우가 많다.

그래서 이스라엘 백성에게 하나님은 말씀하시기를 가나안 땅에 들어가 풍요롭고 평안할 때 "나 여호와를 잊지 말라"고 신신당부 하셨다 (신 8:11-20). 그럼에도 이스라엘 백성들은 약속의 땅에 들어가 하나님을 잊어버리고 우상숭배를 강행했다. 하나님께 멀어질수록 하나님께서는 백성들의 삶을 곤고하게 하셨다. 이웃국가들의 공격을 받아 환난을 당하게 하셨고, 때론 기근을 통해 심판하기도 하셨다. 그러나 곤고한 중에 부르짖는 백성들의 소리를 듣고 구원하시는 하나님이시다. 때마다 사사를 세워 택하신 백성들을 구원하셨다. 왕정시대 또한 마찬가지였다. 왕이 하나님을 찾지 않으면 백성들 또한 하나님을 멀리하므로 심판이 따랐고, 히스기야처럼 위기가 닥쳤을 때 하나님 앞에 나아와 기도하거든 위기에서 건져주시는 하나님이셨다. 사실 남 유다 히스기야 왕은, 앗수르 군대가 예루살렘을 포위하자 이사야 선지자와 더불어 성전에 올라가, 사신이 보내온 편지를 펼쳐놓고 하나님께 기도했던 것이다. 하나님께서는 히스기야의 기도를 들으시고 천사를 보내어 앗수르 군사 18만 5천명을 하룻밤에 송장이 되게 하셨다.

"이 밤에 여호와의 사자가 나와서 앗수르 진영에서 군사 십팔만 오천 명을 친지라 아침에 일찍이 일어나 보니 다 송장이 되었더라"(왕하 19:35)

이 일로 인해 히스기야 왕은 모든 나라의 눈에 존귀한 자가 되었다(대하 32:23). "여호와"의 이름이 높아지고 여러 사람들이 예루살렘에 와 예물을 드리고, 히스기야에게도 보물을 가지고 왔다. 성전에 올라가 기도한 것뿐인데 하나님은 히스기야 왕을 열방에 존귀한 자로 세워 주셨다.

야베스 또한 좁은 영역의 고통스러움과 환난과 근심에서 벗어날 수 있기를 기도했는데, 하나님은 야베스의 지경을 넓혀 주시고 그가 구하는 모든 것을 허락해 주셨다. 결국 이스라엘의 존귀한 자로 세워 주셨다. 계속적인 족보를 기록하는 중 딱딱한 족보속의 마블링처럼 두절에 걸친 야베스에 대한 기록은 그가 확연히 존귀한 존재라는 것을 증명해 주고 있다.

필자 또한 야베스와 같은 "존귀한 자" 되기를 갈망하고 있다. 야베스의 고통이 존귀가 되었듯이, 필자의 아픔 또한 존귀로 드러나기를 갈망한다. 하나님을 잘 몰랐을 때는, 내게 있는 고난의 삶이 그저 원망스럽기도 하였다. 이제와 깨달음을 갖고 보니 고난의 삶이 존귀로 나아가는 길목이었다. 사방을 둘러봐도 나의 쓰디쓴 인생을 벗게 할 자는 아무도 없었다. 오직 유일하신 하나님 뿐이셨다. 사방이 막혔어도 위는 트여 있었다. 젖 먹던 힘까지 내어 살만한 힘을 얻을라치면 또 다시 추락하기를 반복했던 눈물의 여정이, 이제는 존귀로 드러나고 있음을 느끼고 있다. 야베스의 기도를 허락하신 하나님께서 나의 기도를 허락하시고, 영육간의 아픔도, 모든 눈물도 씻겨 주시길 간구하는 바이다.

"그러나 내가 가는 길을 그가 아시나니 그가 나를 단련하신 후에는 내가 순금 같이 되어 나오리라"(욥 23:10)

12. 40년의 형벌

하나님의 은혜가 아니면 하늘 천국에 들어갈 자는 아무도 없다. 사람은 의로운 자가 하나도 없음으로(롬 3:10), 하늘 천국에 들어갈 의는 오직 예수 그리스도의 의를 덧입는 것뿐이다.

이스라엘 백성들은 목이 곧은 백성들이었으나, 하나님의 언약백성이라는 은혜를 입었다. 자신들의 의는 없었지만 아브라함과 이삭과 야곱에게 하신 언약으로 인해 약속의 땅 가나안에 들어갈 수 있었다. 가나안 원주민들은 워낙 부패하였으므로 하나님의 심판을 면치 못했다. 이들은 하나님의 택함을 입지 못해 자신들의 죄로 인해 진멸의 대상이었고, 하나님의 의는 아브라함과 이삭과 야곱에게 하신 언약에 있었다. 아브라함과 이삭과 야곱(이스라엘) 3대에 걸쳐 가나안 땅을 네 후손에게 주시겠다고 언약하신 것이다.

"여호와께서 오직 네 조상들을 기뻐하시고 그들을 사랑하사 그들의 후손인 너희를 만민 중에서 택하셨음이 오늘과 같으니라 16 그러므로 너희는 마음에 할례를 행하고 다시는 목을 곧게 하지 말라"(신 10:15-16)

모세는 40년간 광야에서 이스라엘 백성들을 이끌었다. 이스라엘 남쪽 접경 지역 가데스바네아에서 각 지파별로 한사람씩 택하여 12명의 정탐꾼을 가나안 땅에 들여보냈다. 40일 후 이들이 돌아와 여호수아와 갈렙을 제외한 10명이 거대한 아낙 자손들에게 졸아 그 땅 차지하기를 거부했다. 네피림 후손인 거인들 앞에 스스로 "메뚜기" 같다며 정탐한 땅을 악평하였다. 온 백성들은 악평한 10명의 정탐꾼들에게 동화되어 밤새도록 소리 높여 통곡하였다(민 14:1). 그러나 여호수아와 갈렙은 자기들의 옷을 찢고 의분하였다. 하나님께서 우리에게 그 땅을 주시리라는 언약의 말씀을 붙들었다. "여호와를 거역하지 말라, 그 주민들을 두려워 하지 말라, 그들은 우리의 먹이라"라며 하나님의 뜻에 자신감이 넘쳐 있었다. 그 땅은 심히 아름다운 "젖과 꿀이 흐르는 땅"이라며 제대로 평가했다.

그러나 비율은 2:10이었다. 하나님 편이 2이고 반대편이 10이다. 다수가 이기는 것이 통상적이지만 하나님의 뜻은 지극히 소수였다. 다수가 원한다고 다 옳은 것은 아님을 깨닫게 된다. 그러나 하나님의 작정된 뜻은 반드시 이루어진다. 또한 이런 상황에서는 하나님의 뜻이 즉시 이루지 못함도 알게 된다. 하나님은 당신이 일하고자 하시는 자들과 한맘 되었을 때 그 일을 이루어 가신다. 만약 하나님을 신뢰하지 못하는 이런 백성들을 가나안 땅에 억지로 들여보내면 어찌될까? 이는 불 보듯 빤한 일이다. 땅을 점령하기는커녕, 악평 자들의 말대로 그들에게 삼킨바 되고 말 것이다. 또한 당신의 뜻이라고 억지로 들여보낼 하나님도 아니시다. 하나님의 뜻을 순적이 따르기까지 훈련된 기간이 필요하다.

하나님은 당장이 이루시려는 가나안 땅 점령의 뜻을 접으셨다. 백성들은 다시 가나안 땅을 등지고 홍해 길을 따라 광야로 들어가야만 했다(민 14:25). 정탐기간 40일, 하루 1년으로 40년을 광야에서 방황하는 자가 되어야 했다. 뿐만 아니라 20세 이상의 하나님을 원망한 자 전부가 가나안 땅에 들어가지 못하고 40년이란 기간 안에 모두 진멸 되어야만 했다. 남자 장정만 60만 가량(603,550명)의 수가 40년 안에 진멸 되려면, 하루에도 수십 명, 많을 때는 100여명 이상도 광야에 매장되어야 했다. "너희 말이 내 귀에 들린 대로 시행하리라"(민 14:28)하신 하나님은 그대로 갚아 주시는가 보다. 틈만 나면 애굽에 매장지가 없어 우리를 이곳으로 끌어내어 죽이려 하느냐며 불평하던 백성들이 아니었던가?

"너희의 자녀들은 너희 반역한 죄를 지고 너희의 시체가 광야에서 소멸되기까지 사십 년을 광야에서 방황하는 자가 되리라"(민 14:33)

38년간의 광야 방황 생활을 기록하고 있지는 않지만, 출애굽 2세대들의 형벌은 하나님의 심판을 매일처럼 두 눈으로 똑똑히 지켜보고, 몸소 감당해야만 했다. 그럼에도 불구하고 2세대들은 1세대와 똑같이 광야에 먹을 것이 없음을 불평하기도 했다. 당시 첫 세대들은 생선, 오이, 참외, 부추, 파 마늘, 주로 자극적인 음식을 찾았지만(민 11:5), 그 후손들은 무화과, 포도, 석류 마실 물까지 주로 달콤한 음식들이 없음을 불평하였다(민 20:5). 하늘에서 만나를 내려 먹이셨건만, 이들은 예를 들면 마치 대한민국 땅에서 나지 않는 열대과일들을 찾는 것과 같았다. 대한민국은 하나님의 은혜로 급성장하여 겨울에도 딸기, 포도 등 여름 과일들을 얻을 수 있지만, 꼭 60,70년대 겨울에 재배되지 않는 과일들이 없다고 불평하는 것과 다름이 없는 불평의 고수들이었다. 사실 광야는 채소를 파종할 곳도 없고, 식물이 자랄 수 없는 곳이다. 광야는 주로 사막지대이다. 그래도 애굽의 노예로 사는 것 보다는 자유의 광야 생활이 낫지 않는가? 그렇다면 불평대신 노예에서 해방시켜 주신 하나님께 감사해야 하는 것이 아닌가? 오늘날도 우리는 삶의 고난이 클지라도 예수 그리스도의 십자가로 인하여 죄의 종에서 의의 종으로 옮겨 주심에 대한 감사하는 삶을 살아야 할 것이다.

우리는 왜 이스라엘 백성들이 광야를 방황해야만 했는지를 간과해서는 아니 된다. 민수기 14장 33절에 의하면 이들의 광야 생활은 반역한 죄를 짊어지기 위한 기간이었다. 다시 말하면 남녀 120만이 넘는 사람들 즉 부모 형제 이웃들의 가데스 반역자들이 모두 처리되기까지 기다려야 하는 기간이었다. 형벌의 기간이었다.

방황 끝자락에 모세의 누나 미리암도 가데스에서 죽었고(민 20:1), 모세의 형 아론까지도 출애굽 40년째 5월 1일 호르산에서 죽었다(민 20:28; 33:38). 아론의 대제사장직은 아들 엘르아살에게 넘겨졌다. 엘르아살은 아버지의 대제사장 직분을 인수받은 즉시 아버지의 장례를 치러야 했다. 누구든 장례를 치루는 일에 있어서 태연한 광야의 방황 생활이었다.

"모세가 아론의 옷을 벗겨 그의 아들 엘르아살에게 입히매 아론이 그 산 꼭대기에서 죽으니라 모세와 엘르아살이 산에서 내려오니"(민 20:28)

율법의 구약시대와 지금의 은혜시대의 차이점은 있지만, 우리는 기록된 성경을 통해 교훈을 받고 하나님이 기뻐하시는 삶을 애써 살아내야 한다. 에덴동산에서부터 하나님의 말씀에 불순종하는 죄는 인간에게 불행을 가져다 줄 뿐이었음을 잊어서는 아니 된다.

모세 또한 므리바 물 사건으로 인해 백성들 앞에서 하나님의 거룩함을 나타내지 아니한 고로 가나안 땅에 들어가지 못했다(민 20장). 모세는 마지막으로 원수 미디안을 치고, 두 지파 반(르우벤, 갓, 므낫세 반 지파)에게 요단 동쪽 땅을 분배하고, 신명기 3편의 설교를 유언처럼 남기고, 모압 땅 느보산에서 가나안 땅을 바라만 본 후 광야의 긴 여정을 마쳤다(신 34:1).

모세와 같은 자는 모세 전에도 후에도 없지만은, 모세의 훌륭한 사명은 여기까지였다. 어쩌면 가나안 땅의 지도자는 젊고 싸움 잘하는 여호수아가 더 어울릴 것도 같다. 하나님은 시대 시대마다 제격인 지도자들을 예비하시고 세우신다. 오늘도 당신의 뜻에 합당한 사명 자를 길러내시는 하나님을 생각해 본다. 누구든 하나님의 손에 붙들리면 그 시대에 쓰임 받고, 반면 누구든 제 사명을 다하면 물러나게 된다.

"너희 말이 내 귀에 들린 대로 내가 너희에게 행하리니 29 너희의 시체가 이 광야에서 엎드러질 것이라 너희 중에서 이십 세 이상으로서 계수된 자 곧 나를 원망한 자 전부가 30 여분네의 아들 갈렙과 눈의 아들 여호수아 외에는 내가 맹세하여 너희에게 살게 하리라 한 땅에 결단코 들어가지 못하리라"(민 14:28-30)

이스라엘 백성들은 당시 제국이라 할 수 있는 애굽(이집트)의 노예 생활에서 기적같이 하나님의 구출을 받아, 홍해를 마른땅 같이 건너고, 3개월 만에 시내광야 시내 산에 이르렀다. 시내 산에서 하나님과 언약을 맺고, 하나님께로부터 제사법 등 율법을 받고, 둘째 해 2월 20일 시내 산을 출발하였다. 열 하룻길 거리를 행진하여 가데스바네아에 이르렀던 것이다. 이곳에서 가나안 땅을 정탐하기까지 하나님을 열 번이나 시험하였다고 말하고 있다(민 14:22). 10은 충만 수로 그만큼 원없이 하나님을 믿지 못하고 시험했다는 뜻이다. 이토록 목이 곧은 백성들을 자기 백성 삼고자 하신 하나님의 인내와 자비를 느끼게 된다.

"너희 말이 내 귀에 들린 대로 행하리라"하신 하나님은 에브라임 지파 여호수아와 유다지파 갈렙을 제외하고는 자신들이 내뱉는 말대로 모두 광야에서 죽음을 맞이했다. 결단코 약속의 땅에 들어가지 못했다. 오늘날에도 하나님을 거역하고 하늘 가나안 땅에 들어가기를 거부하는 자는 결단코 하늘 가나안 천국에 들어가지 못할 것이다.

13. 찾아와 주시는 하나님

하나님의 사랑은 사람이 측량할 수 없이 크다.

내가 하나님을 알기도전, 먼저 나에게 찾아오셔서 내 마음 문을 두드리신 하나님이시다.

"사랑은 여기 있으니 우리가 하나님을 사랑한 것이 아니요 하나님이 우리를 사랑하사 우리 죄를 속하기 위하여 화목 제물로 그 아들을 보내셨음이라"(요일 4:10)

하나님은 자신의 일방적인 은혜로 독생자 예수 그리스도를 이 땅에 보내 주셨다. 예수를 믿는 자마다 영생을 얻게 하기 위해서였다(요 3:16). 예수를 믿는 자들은 하나님의 자녀 되는 권세를 받아(요 1:12) 하나님과 영원토록 함께 살아가게 된다.

최초의 인간 아담이 죄를 짓고 두려워 나무 사이에 숨었을 때, 하나님은 죄로 물들어 버린 아담을 끝까지 사랑하셨다. 인간은 죄로 인해 하나님의 낯을 피해 숨었으나 하나님은 아담아! 아담아! 부르시며 찾아 오셨다. 공의에 따라 영이 죽고 육체 또한 반드시 죽게 될 아담에게 일방적인 사랑을 베풀어 주셨다. 무화과나무 잎으로 부끄러움을 가린 아담과 하와에게 손수 가죽옷을 지어 입히셨다. 가죽옷에는 피 흘린 십자가 사랑의 의미가 담겨있다. 죄로 죽어버린 인간을 하나님의 일방적인 사랑으로 다시 살리시겠다는 약속이 담겨 있다(은혜 언약).

하나님의 사랑은 마침내 때가 되어 이 땅에 독생자 예수 그리스도를 보내 주셨다. 예수 그리스도를 통해 하나님은 사람들에게 스스로 찾아와 주신 것이다. 사도 요한은 요한복음을 통해 예수님의 신성을 잘 나타내고 있다. 예수님의 성육신은 어떤 의미인가? 죄인 된 인간이 하나님을 가까이 할 수 없으므로, 하나님께서는 스스로 인간의 육체를 입고 이 땅에 오신 것이다.

이스라엘 백성들은 시내 산(호렙산)에서 하나님의 현현을 체험했다. 사실 사람이 하나님의 현현 앞에 선다는 것은 매우 두려운 일이다. 죽음을 각오한 일이다. 이는 마치 사람이 태양 가까이 접근하거나 불속에 뛰어들면 그 뜨거움으로 인해 죽는 것과 마찬가지이다. 하나님의 빛은 태양빛에 비유할 수 없을 만큼 강한 빛이시기 때문이다. 하여튼 이스라엘 백성들은 시내 산에서 총회로 모인 이날 우레와 번개와 나팔소리와 불과 연기와 흑암 속에서 위엄하신 음성으로 십계명을 받게 되는데 백성들은 두려워 떨며 이 음성을 직접 들을 수가 없었다. 그래서 직접 듣지 않고 그들의 지도자 모세로부터 듣겠다고 하였던 것이다. 그후 하나님은 모세에게 말씀하시고 모세는 하나님께 받은 말씀들을 백성들에게 그대로 전했다.

"모세에게 이르되 당신이 우리에게 말씀 하소서 우리가 들으리이다 하나님이 우리에게 말씀하시지 말게 하소서 우리가 죽을까 하나이

다"(출 20:19)

"총회의 날에 호렙 산에서 …… 내가 다시는 내 하나님 여호와의 음성을 듣지 않게 하시고 다시는 이 큰 불을 보지 않게 하소서 두렵건대 내가 죽을까 하나이다 하매"(신 18:16)

그러므로 모세는 자신이 떠날 때가 되어 하나님의 음성을 백성들이 직접 듣지 않도록 "나와 같은 선지자" 곧 육신을 가지신 하나님을 일으키실 것을 예언 하였다(신 18:15). 여기서 모세와 같은 선지자는 예수님을 가리키고 있다. 결국 예수님은 수천 년이 지난 후 이 땅에 오신 하나님이셨다. 하나님이 육체의 필터를 쓰고 사람들에게 접근할 수 있도록 나타나신 것이다.

성령으로 잉태된 예수님은 처녀 마리아의 몸을 통해 태어나셨다. 여느 사람들과는 달리 남자의 염색체가 없이 성령으로 잉태되어 이 땅에 태어나신 것이다. 다만 사람으로 나려면 족보가 필요하므로 하나님의 언약을 따라 마리아와 정혼한, 아브라함과 다윗의 자손 요셉의 족보를 타고 오신 것이다. 33세 되어 십자가에 죽으심으로 인류의 죄 값을 대속하사 하나님의 큰 사랑을 나타내 주셨다.

하여튼 예수님은 "임마누엘"의 하나님이 사람과 함께하신 증표이다.

"보라 처녀가 잉태하여 아들을 낳을 것이요 그의 이름은 임마누엘이라 하리라"(마 1:23)

요한복음 14장에서 빌립은 예수님께 하나님 아버지를 우리에게 보여 주실 것을 요청하였다. 그러자 예수님은 나를 본 자는 아버지를 보았거늘 어찌하여 아버지를 보이라 하느냐며 빌립의 요청에 반문하였다. 이 말씀은 예수님 자신이 바로 그 하나님이심을 깨닫게 해주신다. "내가 아버지 안에 아버지께서 내 안에" 결국 아버지와 아들 예수님은 하나이심을 밝히신다(요 14:10-11).

1위 성부하나님, 2위 성자하나님(예수님), 3위 성령하나님은 한분 하나님이시다(삼위일체). 예수님께서 부활 승천하신 후 오순절 날 성령을 보내 주셨지만, 성령은 그리스도의 영으로서 예수 그리스도를 믿는 자들에게 주시는 최고의 선물이다. 성령으로 인해 굳센 믿음도 갖게 되고, 궁극적으로는 성령에 의해 천국으로 인도된다.

성도들 안에 성령이 각각 내주하심으로 하나님의 큰 사랑이 임마누엘 하신 것이다. 예수님은 육신을 가진 분으로서 임재의 한계성을 띠지만 성령은 어디든 임재하시는 초월성을 갖는다. 또한 성령을 받은 성도들 간에는 성령의 교통하심이 있다. 예를 들면 사도행전 9장에 앞을 볼 수 없는 사울(바울)과 사울에게 안수하여 눈을 뜨게 하라는 아나니아와 같은 경우이다. 성령님은 사울과 아나니아에게 같은 시간에 같은 사건을 알리셨다. 당시 사울은 그리스도인들을 잡아들이기 위해 다메섹으로 가는 중 부활하신 예수님의 강한 빛을 받아 눈이 멀어 아무것도 볼 수 없었다. 사람의 손에 이끌려 다메섹으로 들어가 사흘 동안 금식 기도를 했었다. 그때 성령께서는 아나니아를 환상 중에 불러 직가 거리 유다의 집에서 다소 사람 사울을 찾아 안수하라 하신 것이다. 사울 또한 기도하는 중에 아나니아라 하는 사람이 자기에게 안수하여 다시 보게 하는 장면을 본 것이다.

이렇듯 성령은 초월성을 갖고 각 사람에게 직접적으로 역사하신다. 성도들 간에 서로 교제하게 하신다. 그러므로 예수님은 내가 떠나는 것이 너희들(제자들)에게 유익이라고 말씀하셨던 것이다(요 16:7).

많은 종교들이 있지만 기독교의 하나님은 성령으로 신자들에게 먼저 찾아오시는 하나님이시다. 그러므로 성령시대를 살고 있는 우리는 성령님과 잘 소통하며 살아가야 한다.

"오직 성령이 너희에게 임하시면 너희가 권능을 받고 예루살렘과 온 유대와 사마리아와 땅 끝까지 이르러 내 증인이 되리라 하시니라"(행 1:8)

14. 사람의 다양성

사람은 성격과 취향이 다양하다.

베드로와 같은 다혈질인 사람도 있고, 바나바와 같이 사람을 잘 품고 위로 자 역할을 잘하는 착한 사람도 있다. 냉철한 사람도 있고 따뜻한 사람도 있다. 그러나 이들 모두에게도 장점이 있고 단점이 있다. 도저히 이해할 수 없는 사람에게도 장점이 있다. 그러면 우리는 사람들의 다양성을 인정해야 한다.

바나바와 바울은 1차 선교 시 함께 하였다. 그리스도인들의 박해자였던 바울을 품은 사람은 바나바였다. "위로의 아들" 바나바(요셉, 행 4:36)는 회심한 바울을 예루살렘 사도들 앞에 데려가 소개했으며(행 9:26-27), 그 후 또 바울의 고향 다소에 찾아가 바울을 최초의 이방교회 안디옥 교회로 데려와 함께 사역하였다. 그러므로 바울과 바나바는 안디옥교회에서 1년간을 함께 사역하였는데, 이처럼 바나바는 "복음의 대가" 바울을 품어 사역자로 세우는 역할을 잘한 사람이었다. 그 후 안디옥교회는 성령의 말씀하심 따라 금식하고 기도하여, 바나바와 바울에게 안수하고 이 둘을 선교사로 세웠다(행 13:1-3). 1차 선교 시 바나바와 바울은 함께 선교여행을 떠났다. 바나바의 조카 마가(요한)도 수행원으로 함께 나섰다. 그런데 마가는 선교여행이 힘들었는지 밤빌리아 버가에서 그만 포기하고 예루살렘으로 돌아가 버렸다(행 13:13).

선교사로 안수 받은 바나바와 바울은 여전히 흔들림 없이 1차 선교여 행을 잘 마치고 돌아왔다. 두 선교사는 마가가 돌아간 후에도 비시디 아 안디옥 – 이고니온 – 루스드라 – 더베까지 나아가 선교했으며, 더베 에서 다시 왔던 길을 거쳐서 잇달리아에 이르러 이번에는 갈 때와 달 리 구브로 섬을 거치지 않고 배타고 바로 파송교회인 안디옥교회로 돌 아와 1차 선교여행을 마쳤다.

마가가 돌아간 밤빌리아 버가는 아무래도 힘든 지역이었는지 돌아 올 때는 버가를 거치지 않고 비시디아 안디옥에서 잇달리아로 바로 거 쳐 배타고 돌아오게 된다. 때에 따라 힘든 지역을 피해가는 것도 지혜 인 듯하다.

그러므로 2차 선교 시는 마가를 데려가느냐 마느냐의 문제로 바나바 와 바울은 심히 다투었다. 이는 바나바와 바울이 선교여정에 헤어지는 계기가 된다. 결국 바나바는 마가를 데리고 1차 때와 마찬가지로 배타 고 구브로 섬으로 내려갔고, 바울은 예수살렘 총회 시에 만난 예루살 렘 교회의 '실라'를 택하여 수리아와 길리기아의 육로로 나갔다. 구브 로 섬은 바나바의 고향이고, 길리기아 다소는 바울의 고향인데 각자의 고향 쪽을 향해 선교에 나서게 된다. 1차 선교지역들을 위 아래로 바울 팀과 바나바 팀이 나뉘어서 돌다보면 보다 효과적인 선교를 마칠 수 있 을 것이다. 그러나 하나님은 바울 선교에 중점을 두고 바울 팀을 "에게 해(海)"건너 "마게도냐" 지방 곧 오늘의 유럽지역으로 이끄셨다. 소아 시아에서 유럽으로 선교지역을 확장해 나가셨다.

바울을 품어 이끌어낸 자는 바나바이지만, 바나바처럼 마가를 데려 가는 것이 옳은가? 아님 바울처럼 데려가지 않는 것이 옳은가? 이는 문제 삼을 일이 아니다. 우리는 문제를 통해서도 얼마든지 하나님의 뜻을 찾아 갈수 있는 것이다. 누구와 함께 선교 길에 오르는가가 중요한 것이 아니요, 선교를 하느냐 못하느냐의 문제이다. 어쩌면 바나바와 바울의 갈등을 통해서 하나님은 더 좋은 길로 이끄시는 분이심을 바울 선교를 통해 알 수 있다. 덕분에 바울은 실라와 함께 나갈 수 있었고, 얼마안가 '루스드라'에서 믿음의 아들 '디모데'를 얻었다. 또한 사도행전과 누가복음의 기록자이자 의사인 '누가'도 '마게도냐'로 건너가기 전 합류하였다. 누가는 이방인(헬라인)으로서 바울과의 만남 장소는 정확히 알 수 없지만, 의사의 직업을 가진 꼼꼼하고 세심한 사람이었다. 누가복음과 사도행전 기록을 보면 상당한 문학적 지식을 가진 사람이다. 수준급인 가말리엘 문화 출신인 바울과도 잘 어울리는 사람이다. 바울과 선교 팀의 주치의 역할도 필요했을 것이다. 바울은 바나바와 헤어지고 아시아에서 디모데와 누가를 만났는데, 이는 참으로 귀한 만남이 아닐 수 없다. 바나바의 사역은 기록되지 않아 알 수 없지만, 바울 선교는 누가를 통해 잘 기록하고 있지 않는가? 바울과 누가는 사역에 있어서 끝까지 함께 했다. 심지어 선교 끝자락인 로마 감옥 시에도 누가는 바울 곁을 떠나지 않고 남아 있었다.

그러면 마가는 바울에게서 영영 떠난 사람인가?

그것도 전혀 아니다. 후에 마가도 "바울의 동역 자"였으며(몬 1:24), "베드로의 아들"로 성장해 있었다(벧전 5:13). 최초의 복음서 "마가복음"의 기록자이다. 마가의 집은 초대 예루살렘 교회의 예배당이었으며, 예수님과 최후의 만찬 장소였으며, 예수님 승천 후 120문도가 함께 모여 기도하다 성령강림 사건을 맞이했던 역사적인 장소이다. 하나님은 바나바와 베드로를 통해 마가 요한을 잘 훈련시킨 듯하다. 마가는 로마식 이름이고, 요한은 유대식 이름이다.

> "누가만 나와 함께 있느니라 네가 올 때에 마가를 데리고 오라 그가 나의 일에 유익하니라"(딤후 4:1)

디모데 후서는 사도 바울의 최후 서신이다. 로마 감옥에서 순교를 눈앞에 두고 에베소 교회의 목회자인 디모데에게 보낸 서신이다. 많은 사람들이 바울을 버리고 떠났으나 누가만은 바울과 함께 했다. 디모데에게 겨울 전에 속히 오라 하면서 올 때 마가도 데려오라고 한다. 이를 볼 때 바울과 마가는 이미 동역 자가 되어 있었던 것이다. 바울이 빌레몬에게 보낸 서신에 마가를 "나의 동역 자"라고 말할 때는, 바울이 로마 감옥에 있을 때이다. 바나바와 심히 다툰 후 10년 정도 지난 때이다. 아마 바울과 마가는 로마 선교 시 동역한 것으로 보인다. 베드로가 마가를 "나의 아들"이라 부를 정도면 마가는 베드로를 따라 사역했을 것을 생각해 본다.

마가는 2차 선교부터 외삼촌 바나바에 의해 잘 훈련된 선교사였으며, 아울러 베드로 사도에게도 훈련받은 훌륭한 선교사였다. 사람은 누구나 초창기 마가처럼 나약한 존재일 때가 있다. 성격과 추구하는 것도 저마다 다양하다. 그러나 하나님의 손에 훈련되면 누구에게든 유익한 존재가 된다. 젊었을 때는 짧은 경륜으로 인해 많이 부족하다가도 세월의 흐름 따라 점차 풍성한 지혜와 경륜으로 서게 된다. 겉 사람은 낡아지나 속사람은 날로 새로워진다(고후 4:16).

바나바와 바울, 마가와 실라, 누가, 베드로 등 모두가 다양한 성격들을 지니고 있다. 서로 공유적 성격도 지니고 있으나, 반면 비공유적 성격도 지니고 있다. 하지만 이들은 모두 복음 안에서 끝내 한 마음 한 뜻을 이루게 됨을 알 수 있다. 그러므로 우리는 나와 생각이 다르다고 하여 배척하기보다는 주안에서 한 몸을 이루어가는 입장이 되어야 할 것을 생각해 본다.

한 빛

떠밀려 온 인생이 아니요
떠오르는 인생이라

여정의 한 빛에 의해
날아오른 여정

한 빛이 있었는데
늘 나를 비추었고

그 한 빛이 나와 한 몸 이뤄
신비스런 영광되었네.

15. 지키시는 하나님

이 글은 하나님의 음성을 대필한 글이다.

대한민국은 아주 특별한 나라이다.

신의 손에 붙들린바 되어 쓰러지지 않는 나라이다.

누구든 대한민국을 엎으려는 자는 신의 형벌을 면치 못할 것이다. 대한민국을 대적한 나라 또한 이기지 못할 것이다.

북한이 미사일을 쏘며 깐죽깐죽 거리지만 어림없는 짓이라.

나 여호와는 수많은 세월동안 대한민국을 지켜 왔으므로 성장할 수 있었다. 이스라엘을 흩어버린 신이지만, 대한민국은 이스라엘처럼 흩어질 나라가 아니다. 오히려 세계만방에 우뚝 설 나라이다. 다만 내 뜻에 합당할 때만이 가능하다.

내 뜻은 온 국민이 자유주의 사상으로 하나 되는 것이다. 김일성 사상과 공산주의 사상은 내 뜻에 반하여 나를 이기지 못할 것이다. 그러나 자칫 잘못하여 이 나라가 김일성 사상과 하나 된다면 큰 혼란을 가져올 것이다. 경제는 곤두박질치고 국민들의 삶은 피폐해질 것이다.

그러면 남북한은 영영 하나 될 수 없는 것인가?

우선 남한 내 백성들이 한마음이 된다면 나 여호와는 자유주의 흡수통일을 강행할 것이다. 그러나 남한 내에 하나 된 힘이 없다면 남북한 통일은 힘들 것이다.

사람들아!

사람의 힘으로 될 수 없는 일이 있느니라.

인류는 반만년 역사상 신의 지배를 받고 살았느니라. 신의 뜻에 합당한 대로 이루어 가느니라. 그런데 갈수록 좌우로 분열된 대한민국 국민들은 어찌하랴?

나 여호와는 지금부터 내 뜻에 반하는 세력들을 엎어나갈 것이라. 그러니 자유주의에 반하는 김일성 사상의 세력들은 속히 그 뜻을 돌이키길 바라노라.

나 여호와는 예수와 함께 대한민국을 사랑하노라. 대한민국 위에 좋은 것으로 채우기 위해 일하는 신이라. 붉은 사상에 물든 사람들은 좋은 것을 받지 못할 것이라. 그러나 그 누구라도 내 뜻에 합당하여 일하고자 하는 자는 복을 내려 주리라. 나는 이 백성을 사랑하는 기독교의 신이라, 이 땅에서 기독교의 신을 배척하고 부강한 나라가 될 수 없음을 기억하길 원하노라.

먹고 살기 힘든 시대를 생각해보라.

그 때에 비해 지금은 얼마나 살기 좋은 나라인지를 생각해 보라.

나 여호와는 대한민국을 사랑하여 큰 발전을 이루게 하였노라.

사람들에게 지혜와 지식을 더하게 하였고 외교를 통해 많은 수출과 많은 발전을 일으켰느니라. 밤낮으로 뛰는 백성들은 참으로 성실한 백성들이었다. 참으로 부지런한 백성들이었다. 등 따시고 배부르니 마음은 헤이 해졌고, 죄악 또한 성행하여 안타까운 점도 있지만, 다시 또 일어서길 바라노라.

교회들은 큰 교회가 많아졌다.

대형화된 교회는 점점 빛을 잃어가고 있구나.

끼리끼리 모여 예배드리는 것 좋지만 교회는 사회에 빛을 내야 할 것이라.

교회가 좋은 일에 힘을 합하면 못할 일이 무엇이겠느냐?

교회는 서로서로 유기적 연합을 갖고 국내는 물론 세계를 향해 빛을 발하라. 재물을 쌓기만 하는 교회는 이제부터 내가 그것들을 헐리라. 헌금으로 부를 축적한 교회는 속히 돌이킬지어다. 재물을 가지고 사회에 좋은 일을 하거든 내가 더 좋은 것으로 채우리라. 사회에 빛을 발하여 예수의 향기를 품어내라! 아멘!

16. 언약의 나라

하나님은 택하신 백성을 사랑하신다.

이스라엘이 의로워서 사랑하신 것이 아니다.

이스라엘은 아브라함과 이삭과 야곱에게 언약하신 나라이다.

야곱의 이름을 "이스라엘"로 바꿔주시고 이스라엘에게서 12지파가 형성되었다. 12지파의 이름은 ① 르우벤 ② 시므온 ③ 레위 ④ 유다 ⑤ 단 ⑥ 납달리 ⑦ 갓 ⑧ 아셀 ⑨ 잇사갈 ⑩ 스블론 ⑪ 요셉(므낫세, 에브라임) ⑫ 베냐민이다.

요셉은 장자권의 두 몫을 받아 그 아들 므낫세와 에브라임이 지파 수에 들었다.

레위지파는 성막에서 하나님의 일을 하므로 12지파 수에서 제외되고 기업 또한 받지 못했다. 대신 레위지파는 하나님을 기업으로 12지파가 하나님께 드리는 십일조와 헌물로 생계를 삼았다.

시내 산에서 하나님과 언약을 맺고, 율법을 받았으니 이 율법을 잘 지키며 살아야 언약관계가 유지되는 이스라엘이었다.

"세계가 다 내게 속하였나니 너희가 내 말을 잘 듣고 내 언약을 지키면 너희는 모든 민족 중에서 내 소유가 되겠고 6 너희가 내게 대하여 그런데 이스라엘 백성들은 하나님과의 언약을 지키지 못했다. 하나님을 떠나 우상을 섬겼으며 의도 공의도 없었다. 레위지파는 제 역할을 못했고 왕들 또한 선한 왕이 별로 없었다.

B.C. 930년 남북으로 분열되어 서로 다투었으며, 북쪽 10지파 첫 왕 '여로보암'은 예루살렘 성전으로 예배(제사)하러 가지 못하도록 막기 위해 벧엘과 단에 금송아지를 세워 그곳에서 예배하게 했다. 절기 날짜를 바꾸고, 레위지파가 아닌 일반인으로 제사장을 삼았다. 거의 모든 왕들이 여로보암의 길로 행했다. 결국 북이스라엘은 B.C. 721년 앗수르에 의해 멸망을 당했다. 하나님께서는 이들을 지켜줄 명분이 없었다. 수없이 선지자들을 보내 하나님께 돌아오라 외쳤건만 북이스라엘은 끝내 멸망의 길을 초래하고 말았다.

그러면 남 유다는 어떠했는가?

남 유다는 다윗을 통해 왕위가 이어질 것을 약속했지만, 이 약속과 상관없이 이들도 하나님을 떠나갔다. 예루살렘 성에 의인 1명이 없어 바벨론에 의해 성은 불탔고, 백성들은 포로로 끌려갔다. 18개월간 바벨론 군의 포위에 버티다가 끝내 함락되고 말았다. B.C. 586년에 모든 것이 무너지고 말았다. 마지막 왕 '시드기야'는 바벨론에 항복하라는 예레미야 선지자의 말을 듣지 않아 더 큰 재앙과 죽음을 초래했다. 하나님은 죄로 얼룩진 백성들을 바벨론 포로생활이라는 고난을 통해 다시 회복시키고자 하신 것이다. 결국 쓰라린 마음을 움켜쥐고 적국 바벨론에게 넘기셨을 것을 생각해 본다.

B.C. 612년, 북이스라엘을 삼킨 앗수르가 바벨론에 몰락되었으므로, 통일된 이스라엘은 결국 바벨론에서 한민족 포로로 만나게 된다. 남 유다 포로생활 70년이 되자 하나님의 예언 따라 '고레스' 칙령에 의해 본국으로 돌아왔지만, 70년의 세월이 어디 짧은 세월이었던가? 적국에 그대로 자리 잡고 눌러앉은 채 돌아오지 못한 자들이 많았으니 이스라엘은 포로 생활에 한을 품은 나라가 되고 말았다. 포로에서 돌아와 자리 잡고 살던 사람들도 또다시 죄를 범하기를 반복하고, 이에 하나님의 외면을 받은 이스라엘은 신구약 중간사 암흑기 400년을 지나면서 로마제국의 속국으로 살아가게 된다. 바벨론의 속국이었던 이스라엘이었지만, 그 후 바벨론은 메대와 바사제국으로 넘어갔고, 바사 곧 페르시아 제국은 그리스 헬라 제국으로, 헬라 제국은 로마제국으로 이어졌다. 그러므로 이스라엘은 거듭거듭 소속된 제국의 지배하에 살아갔다.

주후 33년 예수님을 십자가에 못 박고 "그 피 값을 우리와 우리 후손들에게 돌리라"(마 27:25)는 자신들의 말에 따라, A.D. 70년 로마 디투스(디도) 황제에 의해 완전히 멸망당한 이스라엘이 되고 말았다. 성전을 향해 "돌 하나도 돌 위에 남지 않고 다 무너뜨려지리라"(막 13:2)는 예수님의 예언이 성취되었다.

자기 땅에 자기들이 그토록 기다리던 메시야(그리스도)가 왔건만, 지도자들의 어리석음으로 메시야를 그만 십자가에 매달아 사형처리시켰다. 예수님은 인류의 죄를 짊어지고 아버지의 뜻을 따라 십자가에서 죽으셨지만, 예수님을 십자가의 사형수로 내어준 이스라엘은 그 죄 값을 감당해야 했다. 당시 사형 제도는 십자가 처형이었다. 예수님은 "유대인의 왕"이라는 죄목으로 사형되었던 것이다. 그러나 예수님은 십자가에 죽으면서까지 "저들의 죄를 용서 하옵소서", "저들은 자기들이 하는 것을 알지 못함이니이다"(눅 23:34) 라며 아버지께 기도하였던 것이다.

> "백부장이 그 된 일을 보고 하나님께 영광을 돌려 이르되 이 사람은 정녕 의인이었도다 하고"(눅 23:47)

백부장은 예수님의 십자가형을 집행한 로마군 장교이다. 사실 예수님이 십자가에서 숨지시기 전 3시간동안 해가 빛을 잃고 온 땅이 어두웠다. 성소의 휘장 한가운데가 위에서 아래로 찢어졌다((눅 23:44-45). 이 일로 인해 백부장이 예수님을 알아본 것이다.

성소의 휘장이 찢어진 사건의 의미는 지성소 법궤 위 "속죄소(시은좌)"에 임재하신 하나님께로 나아가는 길이 열림을 뜻한다. 정확히 말하면 예수 그리스도를 통해 죄로 막힌 담이 허물어지고 하나님의 보좌 앞에 담대히 나아갈 수 있는 길이 열린 것이다.

그러므로 이젠 예수님의 이름으로 무엇이든지 하나님의 뜻에 따라 기도할 수 있고, 기도한 것들을 응답 받게 된다. 이제는 더 이상 제사장이 필요 없는 시대에 살고 있는 것이다. 우리의 대제사장은 오직 예수 그리스도시다. 예수 그리스도의 영이신 진리의 성령과 함께하는 자는 그도 제사장이 되는 것이다. 우리는 "만인제사장 주의" 시대에 살고 있는 셈이다(벧전 2:9).

이스라엘은 예수님을 거부하므로 촛대가 이방인에게로 옮겨졌다.

세월이 흘러 대한민국도 하나님의 택함 받은 나라가 되었다. 우리는 하나님의 뜻을 따라 하나님을 의지하고 살 때 제사장 국가로서 더 많은 복을 받게 될 것이다. 복의 근원은 하나님이시다.

17. 부활체로 나타나신 예수님

부활하신 예수님은 고기 잡는 일곱 제자들에게 찾아오셨다. 그곳은 갈릴리 지방의 "디베랴 호수"였다. 디베랴 호수는 "게네사렛 호수", "갈릴리 바다"라고도 부른 곳이다(눅 5:1; 요 6:1). 제자들에게 부활하신 예수님의 출현이 이번이 세 번째인데, 두 번째까지는 예루살렘에서 출현하셨다. 어느새 제자들은 예루살렘에서 갈릴리로 와 고기잡이를 하고 있다.

"그러나 내가 살아난 후에 너희보다 먼저 갈릴리로 가리라"(마 26:32)
"가서 그의 제자들과 베드로에게 이르기를 예수께서 너희보다 먼저 갈릴리로 가시나니 전에 너희에게 말씀하신 대로 너희가 거기서 뵈오리라 하라 하는지라"(막 16:7)

예수님은 부활 후 제자들보다 먼저 갈릴리로 가시겠다고 하셨다. 갈릴리에서 만나자고 하셨다. 예수님의 죽음과 부활로 두려워 떨고 있는 제자들을 추억의 장소인 갈릴리에서 만나 뵙고 부활의 기쁨을 함께 나누고 싶으셨다. 베드로가 "나는 물고기 잡으러 가노라" 하니 다른 여섯 제자들도 따라 나섰다. 제자들은 부활하신 예수님을 두 번씩이나 뵙고도 아무렇지 않게 물고기를 잡으러 갈수 있었을까? 라는 생각을 해본다. 그러나 예수님은 어디든지 찾아오시는 분이시다.

"얘들아 고기가 있느냐?", "없나이다.", "그물을 배 오른편에 던지라."

예수님의 말씀에 순종하여 그물을 배 오른편에 던졌더니 그물 가득 153마리가 잡혔다. 밤새내 그물질을 했으나 아무것도 잡지 못했는데 어떻게 그리 많이 잡힐 수 있는 것일까? 믿음이 없이는 믿기지 않는 일이다. 그러나 이는 현실이었다.

하나님은 모든 만물의 창조자이시다. 창조하신 모든 만물을 다스리신다. 참새 한 마리도 하나님의 허락 없이 땅에 떨어지지 않는다(마 10:29). 뿐만 아니라 하나님은 우리의 머리털까지도 다 세신다(마 10:30). 예수님 또한 성자 하나님으로서 예수님이 없이는 만물 중 그 무엇도 지은바 된 것이 없다(요 1:3). 하나님은 자신이 의도만 하시면 물고기를 하나도 그물에 걸리지 않게도 하시고, 또 의도만 하시면 153마리를 몰아넣을 수도 있으신 분이시다. 요나를 물고기 뱃속에 사흘 동안 가두기도 하시고, 또 물고기에게 명령하여 요나를 육지에 토해 내게도 하셨다(욘 2:10).

하나님은 제자들의 밤새내 무익한 그물질과 헛된 수고를 알고 계시고, 부활체의 몸을 입고 제자들 앞에 나타나실 일도 계획하시고 이루시는 분이셨다. 이번 세 번째 출현은 특별히 의미 있는 출현이다. 십자가를 지시기 위해 예수께서 잡히셨을 때 모두 도망간 실패한 제자들에게 권능을 보이셨다. 사망을 이기신 분이심을 세 번째 확인시키셨다. 예수님을 떠나서는 밤새내 물고기 한 마리도 잡을 수 없음을 교훈해 주셨다. 특별히 저주 맹세까지 하며 예수님을 모른다고 세 번 부인한 베드로에게 용서의 손을 내미시고, "내 양을 치라" 하시며 사명감을 심어 주셨다. 양팔을 벌리고 죽음마저도 자신의 뜻대로 되지 않을 것을 예언하셨다. 전승에 의하면 베드로는 로마의 네로 황제 때 십자가에서 거꾸로 매달려 순교하였다고 한다.

주님은 베드로의 모든 것을 다 아시고 주장하시는 분이셨다. 사탄이 밀 까부르듯 하려고 요구하였으나 믿음에서 떨어지지 않기를 기도하셨고, 돌이킨 후에 네 형제를 굳게 하라고 미리 일러 주셨던 것이 아닌가?(눅 22:31-32).

주님은 수제자 베드로에게 "네가 나를 사랑하느냐", 세 번 물으시고 세 번 답변을 받으셨다. "내가 주님을 사랑하는지 주님께서 아시나이다"라고 예수님의 세 번 물음에 세 번 대답한 베드로는 주님을 세 번씩이나 부인한 죄가 떠올랐는지 세 번째는 근심하여 대답하였다. 그러나 주님은 죄 용서를 초월해서 주님의 양떼를 세 번씩이나 부탁하셨다. 아마 베드로에게 숫자를 붙인다면 3이라는 숫자가 제격일 것이다.

"주님이시라."

반응에 빠른 요한이 주님을 먼저 알아보았던 것인데, 행동이 빠른 베드로는 벗어둔 겉옷을 두르고 배에서 신속히 뛰어 내려 주님께 나아갔다.

예수님은 숯불 위에 떡을 굽고 생선을 구워 "와서 조반을 먹으라" 하신다.

갓 잡은 생선을 가져오라 하여 숯불에 구웠으니, 참으로 의미 있고 즐거운 아침 식사이다.

제자들은 밤새내 헛수고한 실망감도 떨쳐내고, 말씀에 순종한 믿음으로 물질의 풍요로움도 채웠다. 예수님의 신적 권능을 체험했다. 모든 두려움과 근심을 떨쳐내고 다시 주님을 따르게 된다.

부활하신 예수님은 40일간 이 땅에 계시면서 제자들에게 여러 번 나타나셨다. 안식 후 첫날 저녁때에 제자들이 유대인들을 두려워하여 모인 곳의 문들을 닫고 있었건만, 예수께서는 닫힌 문을 통과하여 첫 부활의 모습을 나타내셨다. 부활체는 시공간을 초월한다. 제자들에게 나타나신 예수님의 첫마디는 "너희에게 평강이 있을지어다" 이었다. 두려워 떨고 있는 제자들에게 평강을 선포하셨다. 손과 옆구리를 보이시며 예수님 자신의 부활을 확증시켜 주셨다. 제자들은 주님이심을 확인하고 모두 기뻐하였다. 또 다시 "평강이 있을지어다" 선포하시고 제자들을 향해 숨을 내쉬며 "성령을 받으라"고 이르셨다. 부활에 대한 확증과 곧 나타날 오순절 성령강림을 보증해 주셨다.

디두모라 하는 도마는 예수께서 첫 번째 출현하셨을 때 제자들과 함께 있지 않았다. 다른 제자들이 부활하신 "주를 보았다" 하였으나 믿지 않았다.

> "도마가 이르되 내가 그의 손의 못 자국을 보며 내 손가락을 그 못 자국에 넣으며 내 손을 그 옆구리에 넣어보지 않고는 믿지 아니하겠노라 하니라"(요 20:25)

예수님의 부활을 믿지 않는 도마를 위해 예수님은 여드레가 지나 도마가 함께 있을 때 두 번째 출현 하셨다. 그때도 역시 문은 닫혀 있었으나 이에 제한 받지 않고 신령한 몸으로 나타나셨다. 첫 번째와 마찬가지로 평강을 선포하시고, 도마에게 못자국난 손을 보이시고 도마의 손을 내밀어 내 옆구리에 넣어 보라 하시며 부활을 확증시키셨다. 이토록 의심 많은 도마도 성령을 받고 권능을 받아 인도에서 선교하다 순교했다고 전해지고 있다. 오늘날 믿음의 후손은 예수님 한사람으로 인한 열매이다. 한 알의 밀이 땅에 떨어져 죽으므로 많은 열매를 거둔 것이다(요 12:24).

"믿음 없는 자가 되지 말고 믿는 자가 되라"(요 20:27)
"너는 나를 본 고로 믿느냐 보지 못하고 믿는 자들은 복 되도다"(요 20:29)
"도마가 대답하여 이르되 나의 주님이시요 나의 하나님이시니이다"(요 20:28)

예수님은 분명히 죽으시고, 장사 된지 사흘 만에 분명히 부활하셨다. 예수님의 부활이 없이는 우리 기독교도 없는 것이다. "영은 살과 뼈가 없으되 너희 보는 바와 같이 나는 있느니라"(눅 24:39) 하시며 십자가에 못 박힌 손과 발을 확인시켜 보이셨다. "여기 먹을 것이 있느냐?" 물으셔서 생선 한 토막을 드리니 제자들 앞에서 잡수셨다(눅 24:43).

"막달라 마리아"등 여인들에게 먼저 나타나시고, 제자들에게 보이시고 부활을 확인시키셨다. 오백여 형제에게 일시에 보이시고, 모든 사도에게와 주의 형제 야고보와 만삭되지 못하여 난 자 같은 사도 바울에게도 보이셨다고 기록하고 있다(고전 15장). 우리도 마지막 날 하나님으로부터 살림을 받아 예수님과 같은 부활체로 부활할 것을 믿고 확신하게 하신다. 주 안에 있어 무덤에서 잠자던 자들이 먼저 일어나고, 그 다음 주 안에 살아있는 자들도 변화를 받아 신령한 몸으로 부활할 것이다(살전 4:16-17). 그러므로 부활의 소망이 없이는 믿음도 헛된 것임을 알아야 한다.

예수님은 안식 후 첫날 부활 하시고, 안식 후 첫날 제자들에게 나타나셨다. 안식 후 첫날은 오늘날의 주일이다. 예수님의 부활이 그만큼 중요함으로, 기독교는 예수님의 부활하신 날을 기념하여 주일로 성수하고 있다.

18. 해방 자 모세

모세의 출생

야곱(이스라엘) 가족 70인이 요셉의 초청으로 애굽으로 이주했다. 기근으로 인한 이주로 볼 수 있으며, 고센 땅에 살게 되었다. 고센 땅은 애굽 중심지와는 동떨어진 곳으로 이스라엘 백성들이 목축하기 좋은 땅이었다.

많은 세월이 흘러 당시 애굽의 총리였던 요셉도 죽고, 요셉을 알지 못하는 새 왕이 일어나 애굽을 다스리게 되었다. 이 애굽의 바로왕은 이스라엘 백성이 많고 강하게 되자 자신의 나라를 지키기 위해 이스라엘 백성을 노예로 삼아 고된 노역을 시켰다. 국고성 비돔과 라암셋을 건축하게 하고, 흙 이기기와 벽돌 굽기, 농사일의 엄한 일들을 시켰다. 그러나 학대를 받을수록 이스라엘은 더욱 번성하였다. 하나님의 섭리하심이었다.

애굽 왕이 히브리 산파 '십브라'와 '부아'에게 명하기를 히브리 여인들이 해산할 때 아들이거든 죽이고 딸이거든 살려두라 하였다. 그러나 산파들이 하나님을 두려워하여 애굽 왕의 명령을 어기고 남자아이를 죽이지 못했다. 그러했기에 바로왕은 정책을 바꾸어 남아가 태어나면 무조건 나일 강에 던지고 여아만 살려두라 하였다(출 1:22).

그러는 와중에 레위지파 후손인 '아므람'과 '요게벳' 사이에서 모세가 태어났다. 아이가 잘 생긴 것을 보고 석 달 동안 숨겨 키웠으나, 더 이상 숨길 수 없게 되어 갈대상자에 역청과 나무진을 칠하고, 여기에 아기를 담아 나일 강 가 갈대사이에 띄워 두었다. 때마침 바로의 딸(공주)이 목욕하러 나왔다가 갈대상자를 열어보고 울고 있는 아이를 불쌍히 여겨 양자를 삼는다. "내가 물에서 건져내었다" 하여 '모세'라 이름 하였다. 모세의 누이 '미리암'이 갈대상자를 지켜보고 있다가 바로의 딸에게 말하기를 "내가 가서 당신을 위하여 히브리 여인 중에서 유모를 불러다가 이 아기에게 젖을 먹이게 하리이까?"(출 2:7) 하니, 공주가 이를 허락하였다. 소녀 미리암은 어머니에게 모세를 키우도록 역할을 잘 하였다. 어머니 요게벳은 공주에게 삯을 받고 젖을 먹여 모세를 키웠으며, 아기 모세가 자라매 공주에게로 데려가니 모세가 공주의 아들이 되었다.

왕궁에서 자란 모세는 그 나이 40세 어느 날, 애굽 사람이 자기 형제 히브리 사람을 치는 것을 보고 그 애굽 사람을 쳐 죽여 모래 속에 묻어버렸다. 이튿날 또 히브리 사람끼리 싸우는 것을 보고 그 잘못한 사람에게 "네가 어찌하여 동포를 치느냐"(출 2:13) 하므로, "네가 애굽 사람을 죽인 것처럼 나도 죽이려느냐"라고 말하였으니 모세가 애굽인을 죽인일이 탄로나 버렸다. 바로가 이일 곧 모세가 애굽 인을 쳐 죽인 일을 알고 모세를 죽이고자 찾았다. 그러므로 모세는 바로왕의 낯을 피하여 미디안으로 망명해 도망자 신세가 된 것이다.

모세의 부르심

미디안 땅으로 도망간 모세는 '이드로(르우엘)'의 집에 들어가 그 집 딸 '십보라'와 결혼하여 살게 된다. '게르솜'과 '엘리에셀' 두 아들을 '

십보라'에게서 얻었다. 게르솜은 "내가 이방에서 나그네가 되었다"함으로 지은 이름이요, 엘리에셀은 "내 아버지의 하나님이 나를 도우사 바로의 칼에서 구원하셨다"하여 지은 이름이다(출 18:3-4). 두 아들의 이름에서 모세의 도피자 신세를 느낄 수 있다.

출애굽기 3장은 모세의 부르심 장이다.

모세가 장인 이드로의 양떼를 칠 때, 하나님께서는 모세를 광야 서쪽으로 인도하여 하나님의 산 호렙산에 이르게 하였다. 그런데 떨기나무에 불이 붙어 사라지지 않는 것을 발견했다. 어쩐 일 인고? 이 큰 광경을 보기 위해 불붙은 떨기나무 가까이에 접근하니 하나님께서 모세야! 모세야! 부르신 것이 아닌가?

"하나님이 이르시되 이리로 가까이 오지 말라 네가 선 곳은 거룩한 땅이니 네 발에서 신을 벗으라"(출 3:5)

"거룩한 땅"이라는 것은 그곳이 하나님의 임재하신 장소였기 때문이다.

하나님은 아브라함의 하나님, 이삭의 하나님, 야곱의 하나님 되심을 밝히시고, 애굽에서 노역으로 신음하는 내 백성을 이끌어 내라 하신다. 애굽에서 히브리 백성들을 인도하여 아름답고 광대한 땅, 젖과 꿀이 흐르는 땅, 곧 가나안 족속, 헷 족속, 아모리 족속, 브리스 족속, 히위 족속, 여부스 족속의 지방에 데려가라 하신다. 통상적으로 가나안 족속은 7족을 말하는데(신 7:1), 여기서는 기르가스 족속이 빠진 6족이었다. 여호수아 가나안 점령 당시도 7족(수 24:11), 아브라함 때는 10족이었다(창 15:19-21). 아마 세월의 흐름 따라 없어지고 생겨나고 하는 탓 인듯하다.

모세와 하나님과의 대화

하나님:

"이제 가라 이스라엘 자손의 부르짖음이 내게 달하고 애굽 사람이 그들을 괴롭히는 학대도 내가 보았으니 이제 내가 너를 바로에게 보내어 너에게 내 백성 이스라엘 자손을 애굽에서 인도하여 내게 하리라"

모세:

"내가 누구이기에 바로에게 가며 이스라엘 자손을 애굽에서 인도하여 내리이까"

하나님:

"내가 반드시 너와 함께 있으리라 네가 그 백성을 애굽에서 인도하여 낸 후에 너희가 이 산에서 하나님을 섬기리니 이것이 내가 너를 보낸 증거니라"

모세:

"그들이 내게 묻기를 그의 이름이 무엇이냐 하면 내가 무엇이라고 말하리이까?"

하나님:

"나는 스스로 있는 자이니라, 너희 조상의 하나님 여호와 곧 아브라함의 하나님, 이삭의 하나님, 야곱의 하나님께서 나를 너희에게 보내셨다 하라. 이는 나의 영원한 이름이요 대대로 기억할 나의 칭호니라"

"그들이 네 말을 들으리니 너는 그들의 장로들과 함께 애굽 왕에게 이르기를 히브리 사람의 하나님 여호와께서 우리에게 임하셨은즉 우리가 우리 하나님 여호와께 제사를 드리려 하오니 사흘 길 쯤 광야로 가도록 허락하소서 하라"(출 3:18)

모세:
"그러나 그들이 나를 믿지 아니하며 내 말을 듣지 아니하고 이르기를 여호와께서 네게 나타나지 아니하셨다 하리이다"(출 4:1)

하나님:
지팡이를 땅에 던지니 뱀이 되고 다시 뱀의 꼬리를 잡으니 지팡이가 되었다. 손을 품에 넣었다 내었다하니 나병이 생겼다 깨끗해졌다 한다. 이처럼 하나님께서 기적을 보여주시며 가서 그대로 하라고 말씀하신다. 나일 강 물을 조금 떠다가 땅에 부으면 피가 될 것이라고 하시면서 애굽으로 가라 하신다(출 4:2-9).

모세:
"나는 본래 말을 잘 하지 못하는 자니이다. 나는 입이 뻣뻣하고 혀가 둔한 자니이다

하나님:
"누가 사람의 입을 지었느냐 누가 말 못하는 자나 못 듣는 자나 눈 밝

은 자나 맹인이 되게 하였느냐 나 여호와가 아니냐"

이제 가라 내가 네 입과 함께 있어서 할 말을 가르치리라

모세:
"오 주여 보낼만한 자를 보내소서"

하나님:
모세를 향하여 노하여 이르시되 네 형 아론이 있지 아니하냐 그가 말 잘 하는 것을 내가 아노라"

그가 너를 대신하여 백성에게 말할 것이니 그는 네 입을 대신할 것이 요 너는 그에게 하나님 같이 되리라(출 4:16)

하나님은 이적을 보이시고, 말 잘하는 동역 자를 붙이시며 애굽으로 가라 하신다. 모세는 끝까지 가지 않겠다고 고집하므로 하나님께서 노를 발하셨다. 하는 수 없이 모세는 하나님의 지팡이를 손에 잡고 이스라엘 백성들을 애굽 노예생활에서 해방시키기 위해 애굽으로 들어간다.

애굽으로 들어간 모세

여호와 하나님이 아론에게 광야에 가서 모세를 맞으라 하시므로 모세와 아론이 하나님의 산(시내산)에서 만났다. 이 만남은 서로 헤어진 후 40년만의 만남이니 형제간의 큰 기쁨이었다. 서로 만남의 기쁨을 누린 후 이스라엘 장로들과 백성들 앞에서 이적과 하나님의 뜻을 전하고, 애굽 왕 바로 앞에 나섰다. 모세가 하나님께 받은 말씀을 아론에게

말하고 아론은 모세의 말을 받아 바로에게 선포한다.

하나님의 말씀은 "내 백성 이스라엘을 애굽에서 내보내라"는 것이고, 바로는 약 250만 정도의 이스라엘 백성을 내줄 수 없다고 고집한다. 당시 이스라엘 백성들은 노역을 하는 노예였으므로, 애굽은 이 엄청난 노동력 손실을 야기할 수 없었다. 그러나 하나님은 당신의 뜻을 기필코 이루실 분이시다. 출애굽은 아브라함과 야곱에게 약속하시고 계획하신 일이다(창 15:13-14). 이스라엘 백성은 다시 가나안 땅으로 돌아가야 한다. 하나님은 그동안 제국이라 불리는 일국의 보호아래서 택한 백성을 확장시키셨을 뿐이지 애굽은 계속 거주할 땅이 아니다. 이제는 가나안 땅을 차지할 수 있을 만큼 튼튼한 나라가 되었다. 430년이란 세월에(출 12:40) 70명이었던 인구수가 전쟁에 나갈 20세 이상의 남자 장정만 60만이 넘었다. 모두 합하면 250만 명 정도로 추정된다. 모세는 이 많은 백성들을 이끌고 애굽을 빠져 나가야 했다.

그러므로 하나님은 애굽 온 땅에 10가지 재앙으로 이적을 일으켜 하나님 자신이 "여호와"이심을 드러내셨다. 10가지 재앙을 내리신 후 이스라엘 백성을 해방시키신다. 재앙의 농도는 점점 강해지는데, 이때 모세의 나이는 80세, 아론의 나이는 83세이다.

애굽의 10가지 재앙

첫 번째 재앙은 "피" 재앙이다(출 7:14-25).

나일 강을 지팡이로 치니 물이 다 피로 변하여 고기가 죽고 물에서 악취가 나 강물을 마실 수 없게 된다. 애굽의 요술사들도 똑같이 이적을 행하므로 바로의 마음이 완악하다. 이제 시작인데 이 정도는 별것 아니다. 하나님께서 바로의 마음을 강팍하게 하실 것을 알고 있기 때문에 보내주지 않는다 하여도 모세와 아론은 차분히 일을 진행해 나간다. 강물을 마실 수 없으므로 나일 강가를 두루 파서 마실 물을 구했다. 나일 강은 애굽의 생명이자 숭배의 대상이었는데, 하나님은 자연 만물을 주장하시는 만유의 주인이심을 보여주고 있다(롬 11:36).

두 번째 재앙은 "개구리" 재앙이다(출 8:1-15).

나일 강을 치신 7일 후 하나님의 지팡이를 강들과 운하들과 못 위에 펴니 개구리들이 올라와 애굽 땅을 덮었다. 바로는 개구리 고통으로 인해 이스라엘을 보내겠다고 최초의 긍정적인 약속을 한다. 그러나 이 약속은 진실이 아니라 눈앞의 고통에서 벗어나기 위한 임기응변이었다. 바로는 재앙으로 인해 고통스러운 나머지 백성들을 보낼 터니 재앙을 거두어 달라고 모세에게 간구한다. 재앙을 거두니 바로의 마음이 강퍅해져 보내지 않게 된다.

성경에서 개구리는 "타락한 귀신"의 상징물이다(계 16:13-14). 그러나 애굽인들은 개구리마저도 생산과 풍요를 관장하는 신으로 받들었다. 하나님께서는 그들이 숭상하는 개구리들로 고통의 도구가 되게 하셨다.

세 번째 재앙은 "이" 재앙이다(출 8:16-19).

하나님의 지팡이로 땅의 티끌을 치니 그것이 애굽 온 땅에 이가 되어 사람과 가축에게 기어올랐다. 요술사가 따라 했으나 이적을 일으키지 못하고 "이는 하나님의 권능이라"고 말한다. 모든 생명의 창조자는 하나님이시므로 하나님만이 가능한 일임을 알 수 있다. 바로의 마음이 역시 완악하여 이스라엘 백성을 내보내지 않는다. 아직도 일곱 가지 재앙이 남아 있다.

네 번째 재앙은 "파리" 재앙이다(출 8:20-32).

하나님께서 애굽 사람의 집집마다 파리 떼를 보내셨다. 그러나 고센 땅은 구별하시어 파리가 없게 하셨다. 하나님은 택자와 불택자들을 분명히 구별하시는 분이시다. 인류 최후의 심판 날에도 믿음을 가진 하나님의 자녀와 불신앙적인 마귀의 자식으로 구별하신다. 선인과 악인으로 구별하시고, 천국백성과 지옥 자식으로 구분하신다. 영생할 자와 영벌에 처할 자로 구분하신다. 영생은 예수 그리스도 안에서 하나님의 백성으로 영원히 사는 것이다.

파리 떼로 말미암아 애굽 땅이 황폐하였다. 바로가 모세와 아론을 불러 광야에서 제사 드릴 것을 일시적으로 혀용 한다. 너무 멀리가지는 말라고 한다. 그러나 또 여호와께서 파리를 하나도 남지 않게 쫓아 주시니, 바로의 마음이 변하여 백성들을 내보내지 않는다.

다섯 번째 재앙은 "가축 죽음"이다(출 9:1-7).

가축, 곧 말, 나귀, 낙타, 소, 양들이 심한 돌림병으로 죽게 된다. 애굽의 가축들은 죽었으나 이스라엘 자손의 가축은 하나도 죽지 않았다. 바로가 고센 땅에 사람을 보내어 확인했지만 이는 사실이었다. 그러나 여전히 이스라엘 백성들을 내보내지 않는다.

이번 재앙은 애굽에서 성행하고 있는 황소숭배가 허구임을 드러내 준다. 그럼에도 불구하고 이스라엘 백성들은 출애굽 후, 모세가 40일 금식 기도 중 산에서 더디 내려옴으로 금송아지를 만들어 우상 숭배를 하는 것을 보면 참 어리석은 백성들이다. 물론 하나님을 형상화 한 금송아지이지만, 이는 십계명 중 제 2계명을 어긴 것이다. 모든 가축은 하나님의 피조물에 불과하기 때문에 그 어떤 이유에서도 숭배의 대상이 될 수 없다.

여섯 번째 재앙은 "독종" 재앙이다(출 9:8-12).

이제부터는 인간의 생명을 직접 위협하는 재앙에 들어간다. 화덕의
재 두 움큼을 가지고 모세가 바로의 목전에서 하늘을 향하여 날리니,
애굽 온 땅의 티끌이 사람과 짐승에게 붙어 "악성 종기"가 생겼다. 악
성 종기는 피부병으로 고열을 동반하므로 생명을 위협하는 질병이라
할 수 있다. 애굽 사람들에게만 독종이 생기고 이스라엘 사람에게는 생
기지 않았다. 그러나 또 역시 하나님께서 바로의 마음을 완악하게 하셨
으므로 바로가 모세의 말을 듣지 않는다.

일곱 번째 재앙은 "우박" 재앙이다(출 9:13-35)

이 우박은 대한민국에서 보았던 평범한 우박이 아니다. 불덩이가 섞
여 날리는 중후한 우박이다.

"모세가 하늘을 향하여 지팡이를 들매 여호와께서 우렛소리와 우박
을 보내시고 불을 내려 땅에 달리게 하시니라 여호와께서 우박을 애
굽 땅에 내리시매 24 우박이 내림과 불덩이가 우박에 섞여 내림이 심
히 맹렬하니 나라가 생긴 그 때로부터 애굽 온 땅에는 그와 같은 일이
없었더라"(출 9:23-24)

그래도 인간을 사랑하신 하나님은 대비책을 미리 일러주셨다. 사람
들과 가축을 집으로 피하게 하여 생명을 보존할 수 있도록 말씀하셨다.
하나님의 말씀을 믿고 순종하는 자들은 살았지만 그렇지 않은 자들은

그대로 화를 당했다. 중후한 우박이 애굽 땅의 사람과 짐승과 밭의 채소와 나무들을 꺾었다. 그러나 고센 땅에는 우박이 없었으니 하나님은 지속적으로 자기 백성을 구별하시어 보호하셨다.

계 8:17에서 우박 재앙은 땅의 3분의 1을 파괴했다. 또한 일곱 대접 재앙 중 마지막 재앙인 우박은 무게가 한 달란트나 되는 큰 우박이라고 말하고 있다(계 16:21). 한 달란트는 보통 34kg이라 하는데, 하늘에서 떨어지는 중량으로는 사람이 맞으면 충분히 생명을 잃을 수 있는 무게이다.

이 우박 재앙은 이제까지 내린 재앙 중 가장 큰 재앙이었다. 바로는 "너희를 보낼 테니 하나님께 간구하여 우렛소리와 우박을 그치게 하라"고 한다. 그러나 또 역시 우박이 그치니 바로의 마음이 다시 완악해진다. 이는 하나님께서 모세에게 말씀하심과 같다.

여덟 번째 재앙은 "메뚜기" 재앙이다(출 10:1-20)

하나님께서 바로의 마음을 완강하게 하심은 애굽에 표징을 보이기 위함이다. 또한 이 표징들을 이스라엘 자손에게 전하여 여호와 하나님을 알도록 하기 위함이다.

"모세가 애굽 땅 위에 그 지팡이를 들매 여호와께서 동풍을 일으켜 온 낮과 온 밤에 불게 하시니 아침이 되매 동풍이 메뚜기를 불어들인지라"(출 10:13)

메뚜기가 땅을 덮고 모든 애굽 사람의 집들에 가득했다. 앞의 재앙 우박에 상하지 않은 밭의 채소와 나무 열매를 메뚜기가 다 먹어 치워

푸른 것은 남지 아니할 정도였다. 이런 메뚜기는 전에도 없었고 후에도 없을 것이라고 말한다(출 10:14).

메뚜기 재앙을 내리기전 바로의 신하들이 말하기를 "왕은 아직도 애굽이 망한 줄을 알지 못하시나이까?" "그 사람들을 내보내 그들의 하나님 여호와를 섬기게 하소서"(출 10:7) 라고 말하였으나 바로는 여전히 고집을 부리고, 이번에는 아이들은 두고 장정만 가서 여호와를 섬기라고 교만을 부렸다. 이는 가지 말라는 뜻이나 다름없기에 하나님은 메뚜기 이적으로 재앙을 내리셨다.

메뚜기 떼로 인해 생존할 수 없는 지경에 이르므로 이 죽음만은 내게서 떠나게 하라고 바로는 요청한다. 모세는 일곱 차례에 걸쳐 바로에게 속임을 당했음에도 불구하고 한마디 원망도 없이 하나님께 메뚜기 떼를 없애주시기를 다시금 간청한다. 우리는 모세를 통해 하나님의 무한한 인내를 배우게 된다. 하나님께서는 모세의 간청을 들으시고 이번에는 서풍을 불게하사 메뚜기 떼를 홍해에 몰아 넣으셨다.

아홉째 재앙은 "흑암" 재앙이다(출 10:21-29).

모세가 하늘을 향하여 손을 내밀매 캄캄한 흑암이 삼일 밤낮으로 애굽 온 땅에 있었다. 사람들이 서로 볼 수 없으므로 처소에서 일어나는 자가 없었다. 그러나 이스라엘 백성들이 거주하는 곳에는 빛이 있었다. 바로가 모세를 불러 양과 소는 두고 어린아이들은 함께 가라 한다. 앞에서 어린아이들은 두고 가라 하였기 때문에 이제는 어린 아이들은 데려가되 양과 소는 두고 가라 한 것이다. 그러나 가축도 함께 가야 한다. 뿐만 아니라 많은 재물을 챙겨 나갈 것이라고 아브라함 때부터 약속하셨다. 그러므로 바로는 역시 보내기를 기뻐하지 아니한다.

흑암 재앙은 태양신을 숭배하던 애굽인들의 그릇된 종교관을 지적하고 있다. 자신들이 그토록 숭배했던 태양이 빛을 잃고 나니 일상생활과 삶 자체가 중지되어 버렸다. 그러나 이스라엘 고센 땅에는 여전히 광명이 있었으니 하나님은 참 빛이시다(요 1:9). 하나님은 당신 안에 거하는 자에게는 광명의 축복을(요 1:12), 당신을 거부하는 자에게는 공의로 인한 흑암의 저주를 내리신다(마 22:13). 흑암 재앙은 요한계시록의 일곱 대접 재앙 중 다섯 번째 재앙이다(계 16:10). 예수 복음을 거부하는 자는 어둠의 자식이요, 예수 안에 거하는 자는 빛의 자녀이다(엡 5:8).

열 번째 재앙은 "초 태생의 죽음"이다(출 11장-12:29-33).
이 재앙은 마지막 재앙으로 출애굽기 11장에서 경고를 하고 12장에서 실행을 한다.

"애굽 땅에 있는 모든 처음 난 것은 왕위에 앉아 있는 바로의 장자로부터 맷돌 뒤에 있는 몸종의 장자와 모든 가축의 처음 난 것까지 죽으리니 6 애굽 온 땅에 전무후무한 큰 부르짖음이 있으리라"(출 11:5-6)

애굽 사람들의 장자와 모든 가축의 초 태생들이 죽었다. 그러나 이스라엘 자손에게는 아무 죽음도 없었다. 다만 유월절을 지내야 했다. 이 달을 달의 시작이 되게 하고, 1월 10일에 가족단위로 어린양을 취하였다가 1월 14일 해질 때 양을 잡고, 그 피를 양을 먹을 집 좌우 문설주와 인방에 발라야 한다(출 12:7). 이 피가 있는 집에 죽음의 재앙이 넘어가는 것이다. 고기는 불에 구워 무교병과 쓴 나물과 아울러 먹는다.

아침까지 남은 것은 불사른다.

출애굽을 위해 허리에 띠를 띠고, 발에 신을 신고, 손에 지팡이를 잡고 급히 먹어야 한다. 이 유월절을 여호와의 절기로 삼아 영원한 규례로 대대로 지킬 것을 명하셨다(출 12:14). 유월절 어린양은 흠 없고 1년 된 수컷으로 예수그리스도를 예표 한다. 문설주와 문 인방에 바른 피는 예수 그리스도께서 갈보리 십자가에서 흘린 피를 의미한다. 예수 그리스도의 보혈을 보유한 자는 생명의 구원을 받는다.

> "내가 그 밤에 애굽 땅에 두루 다니며 사람이나 짐승을 막론하고 애굽 땅에 있는 모든 처음 난 것을 다 치고 애굽의 모든 신을 내가 심판하리라 나는 여호와라 13 내가 애굽 땅을 칠 때에 그 피가 너희가 사는 집에 있어서 너희를 위하여 표적이 될지라 내가 피를 볼 때에 너희를 넘어가리니 재앙이 너희에게 내려 멸하지 아니하리라"(출 12:12-13)

밤중에 장자들이 죽음으로 애굽 온 나라가 울부짖고 슬픔에 잠겼다. 바로왕의 장자도 죽었다. 이제야 바로는 밤에 모세와 아론을 불러서 "너희들은 애굽에서 속히 떠나 너희 말대로 여호와를 섬기라"고 내보낸다. 지독하고 끈질긴 싸움이 끝났다. 이스라엘 백성들은 애굽 사람들에게 은금 패물과 의복을 구하여 취하고, 발교 되지 못한 반죽 담은 그릇을 옷에 싸서 어깨에 메고 속히 애굽을 빠져나온다. 하나님께서 은혜를 주시므로 애굽 사람들에게 구하는 대로 그들이 재물을 내어 주었다.

이스라엘 자손들이 애굽에 거주한지 430년이 끝나는 날에 애굽 땅에서 하나님의 인도하심을 받아 나왔다. 홍해를 갈라 주시므로 마른땅 같이 건넜고, 출애굽 3개월 만에 시내광야 시내 산에 이르렀다. 시내

산에서 하나님과 언약을 맺고 십계명 등 율법을 받았다. 하나님의 지시하심을 따라 성막을 제조하고, 제사법과 정결법 등 하나님께 나아가는 방법과 사회질서와 절기 등 하나님과 교제하는 방법들을 전수 받았다.

시내 산에서 1년 정도 거주하면서, 출애굽 2년 1월 1일 성막을 제조하여 세웠으며(출 40:17), 2년 2월 20일 약속의 땅을 향해 시내 산을 출발하였다(민 10:11-12). 가데스바네아에 이르러 백성들의 불순종으로 38년간을 광야에서 형벌의 방황을 하였지만, 결국 출애굽 40년의 세월을 걸쳐 모세의 후계자 여호수아를 앞세우고 가나안 땅에 들어갔다. 위대하신 하나님은 홍해를 가르듯 요단강을 갈라 주셨고, 가데스바네아의 남부가 아닌 중부를 치고 들어가도록 이끄셨다. 약속의 가나안 땅 원주민들을 몰아내고 그 땅을 차지했으며, 지파별로 땅을 분배받고 젖과 꿀이 흐르는 땅을 싸워 차지했다. 첫 성 여리고 성은 하나님의 말씀에 순종하여 성 주위를 7일 동안 돌고 돌기만 했는데, 백성들의 함성과 함께 성이 무너져 통쾌한 승리를 거두었다. 여리고성이 지진을 당한 듯 허망하게 무너졌으니 이는 하나님께서 베푸신 기적이었다.

그러나 안타깝게도 모세는 요단강을 건너지 못하고 느보산에 올라 그 땅을 바라만보고 120세에 생을 마감했다. 이때까지도 모세는 눈이 흐리지 아니하였고 기력이 쇠하지 아니하였다"(신 34:7).

"그 후에는 이스라엘에 모세와 같은 선지자가 일어나지 못하였나니 모세는 여호와께서 대면하여 아시던 자요 11 여호와께서 그를 애굽 땅에 보내사 바로와 그의 모든 신하와 그의 온 땅에 모든 이적과 기사와 12 모든 큰 권능과 위엄을 행하게 하시매 온 이스라엘의 목전에서 그것을 행한 자이더라"(신 34:10-12)

19. 악의 뿌리

돈을 사랑함이 일만 악의 뿌리라고 말한다(딤전 6:10).

돈사랑, 악의 뿌리, 사람들은 왜 악의 뿌리를 좇아 사는 것일까?

돈을 지키기 위해 생명까지도 내놓는다.

돈 때문에 도덕성도 가치관도 무너진다.

벌고 번 돈은 어디로 가는 것일까?

의식주를 해결하고 즐거운 삶을 위해 쓰고 남음이 있어도 돈은 어디론가 흘러간다.

심지어는 사기를 당하기도 하고, 모았던 돈을 몽땅 털어 투자했다가 잃기도 하고, 잃고 나면 좌절하고 삶의 의욕조차 잃어버린다.

악의 뿌리란 무엇인가? 일만 악의 뿌리란 무엇인가?

일만 악이라 함은 악의 모든 것을 의미한다고 볼 수 있다.

돈 사랑으로 인해 하나님을 잃어버린다. '발람'을 생각해 보라!

재물에 눈이 어두워 하나님의 백성 이스라엘을 저주하기 위해 모압 왕 '발락'의 요청을 따라 나서지 않는가? 재물 없이 맨입으로 이스라엘을 저주하라 했다면 발람이 발락에게 갔겠는가?

돈이 되면 하나님을 대적하는 일도 서슴지 않는다.

그러면 이 발람은 이스라엘을 저주했는가?

하나님의 백성을 감히 발람 따위가 저주할 수 있는가?

주술을 써 보기도 하지만 저주는커녕 오히려 보란 듯이 축복만을 하지 않는가?

행여나 저주가 나올까하여 자리를 이리저리 옮겨 다니면서 해보지만 그럴수록 저주 대신 더 강한 축복만이 나왔다. 발람은 4회에 걸쳐 이스라엘을 저주하려 했지만 모두 축복을 하도록 하나님께서는 역사하셨다. 오히려 이스라엘에게서 한별, 한규가 나와 모압을 칠 것이라 예언한다(민 24:17). 한별은 궁극적으로 예수 그리스도를 뜻한다.

그러면 이 발람은 어찌되는가?

돈을 받았으니 그 값을 해야 하지 않겠는가?

결국 발람은 민수기 25장의 "브올의 사건"을 일으킨다.

신약에서는 흔히 "발람의 교훈"이라고 말한다(계 2:14).

"그러나 네게 두어 가지 책망할 것이 있나니 거기 네게 발람의 교훈을 지키는 자들이 있도다 발람이 발락을 가르쳐 이스라엘 자손 앞에 걸림돌을 놓아 우상의 제물을 먹게 하였고 또 행음하게 하였느니라"(계 2:14)

예수님은 사도 요한을 통해 '버가모' 교회에 편지하기를 이 발람의 교훈, 니골라 당의 교훈을 지키는 자가 있다고 책망하셨다. 회개하지 않으면 "내가 속히 가서 내 입의 검으로 그들과 싸우시겠다고 말씀 하신다." 이는 그냥 두지 않고 심판하시겠다는 뜻이다. 하나님의 공의의 심판은 무서운 것임을 깨달아야 한다.

발람은 이스라엘 백성들이 가나안 입성을 코앞에 두고 있는 막중한 때, 모압과 미디안의 연합국에 꾀를 내어 줌으로써 이스라엘 백성들을 그들의 제사에 초청하여 우상숭배하고, 우상의 재물을 먹게 하고, 그들의 여자들과 음행하게 하였던 것이다.

이때 여호와 하나님의 질투심은 하늘을 찌른다.

사탄은 꼭 중요한 시점을 노린다는 것을 명심해야 한다. 불순종으로 인해 40년 광야 방황을 마치는 시점이 아닌가? 이제 곧 그토록 기다려 왔던 약속의 땅, 가나안 땅에 들어 갈 때다. 어떤 일을 성취함에 있어서 임계점을 넘지 못하고 끝나버리는 경우가 있을 것이다. 이는 달리기 선수가 끝점에 다다라 넘어지는 것과 같은 것이다. 그러나 하나님은 "브올의 사건"의 죄를 척결 하시고 당신의 뜻을 이루신다.

하여튼 하나님의 진노가 맹렬했음을 보여주고 있다. 백성의 수령들을 잡아 태양을 향하여 여호와 앞에 목매어 달라고 하셨다(민 25:4). 아마 태양숭배와 연관 있는 우상숭배인 듯하다. 뿐만 아니라 염병을 내려 염병으로 죽은 자가 24,000명이었다. 다행이도 아론의 손자 제사장 '비느하스'가 '시므리'와 미디안 여인 '고스비'가 막사에서 음행한 것을 보고 두 사람의 배를 꿰뚫어서 죽이니 염병이 그쳤던 것이다. 시므리는 시므온 지파의 지도자였다. 아마 시므온 지파 사람들은 지도자를 따라 함께 우상숭배에 빠졌을 것이 자명하다. 이는 후에 결과가 말해주고 있는데, 시므온 지파의 인구수가 대폭 줄었던 것이다. 가나안 땅 분배시도 유다지파에 흡입되어 버렸다. 반면 하나님의 질투심을 해결한 비느하스는 "평화의 언약" 곧 영원한 제사장 직분의 언약을 약속 받았다.

그럼 이스라엘을 우상숭배와 음행에 빠지게 한 미디안과 모압은 어떤가?

하나님은 모세의 사역 말기에 이스라엘 자손의 원수를 이들에게 갚으라고 말씀 하신다(민 31:2). 미디안과 모압은 동맹국이었다. 이스라엘은 하나님의 공의의 심판을 따라 미디안 다섯 왕을 죽이고 대승을 거두었다. 재물을 탈취하고, 남자는 어린 아이부터 모두 죽이고, 여자는 남자와 동침하지 아니한 여자들만 취하고 남자와 관계가 있는 여자는 모두 죽임을 당했다.

"보라 이들이(여자들이) 발람의 꾀를 따라 이스라엘 자손을 브올의 사건에서 여호와 앞에 범죄하게 하여 여호와의 회중 가운데에 염병이 일어나게 하였느니라"(민 31:16)

그러므로 살려서 끌고 온 여자들 중 남자를 아는 자들은 모두 처단하라는 것이다. 이는 악의 뿌리를 뽑아내라는 것이다. 발람 또한 살지 못했다. 발람 또한 악의 뿌리이다. 악의 뿌리는 뽑아내지 않으면 다시 또 자라나 악의 열매를 맺힌다.

발람은 발락 왕에게 받은 재물이 악의 뿌리가 되어 하나님을 대적하고 마침내는 자신의 생명마저도 잃게 된 것이다.

"또 브올의 아들 발람을 칼로 죽였더라"(민 31:8)

20. 두 가지 길

세상에는 많은 길이 있다.

그 중에는 가지 말아야 할 길도 있고, 꼭 가야할 길이 있다.

가지 말아야 할 길을 가는 자는 낭패를 당할 것이고, 꼭 가야할 길을 가지 않는 자는 훗날 후회를 할 것이다. 예수님은 나를 따라오려거든 자기를 부인하고 자기 십자가를 지고 나를 따르라고 말씀 하신다(마 16:24).

또한 예수님은 십자가를 앞에 두고 기도하시기를 "이 잔을 내게서 옮겨 주소서"라고 기도했지만, 그러나 "내 원대로 마옵시고 아버지의 원대로 하옵소서"라고 또 기도하셨다(마 26:39).

예수님의 십자가 길은 꼭 가야할 길이었다. 가지 않는다면 나와 인류의 구원은 없었을 것이다. 그러나 예수님도 인간의 고통을 아시는 분이시라 십자가의 죽으심이 심히 괴로우셨다. 할 수만 있으면 십자가의 잔을 피하고 싶으셨다. 그럼에도 불구하고 인류 구원의 아버지의 뜻이 워낙 크신 뜻인지라 아버지의 뜻에 맡길 수밖에 없었다.

"자기 부인"과 "자기 십자가"는 꼭 필요하다.

그런데 많은 사람들이 "자기 부인"보다 "자기 사랑"에 도취되어 살아간다. 그러면 하나님의 뜻은 언제나 완성되는 것일까? 예수님처럼 사도들처럼 복음을 위해 죽고자 하는 자들이 얼마나 있을까? 인류는 급증하여 허다한 무리들이 많건만 이 허다한 무리들을 위해 누가 나설까? 이 길은 꼭 가야할 길이건만 나서지 못하고 하나님의 뜻만 이루어지길 바라는가? 발람과 같이 가서는 아니 될 길을 따라가는 자들이 더 많은 이 시대에 이사야 선지자처럼 "나를 보내소서!"라고 요청할 자 누구인가?

오늘 나 여호와는 그 한사람을 부르노라.
자녀보다 주를 더 사랑할 자 있는가?
남편보다 아내보다 주를 더 사랑할 자 있는가?
많은 재물보다 주를 더 사랑할 자 있는가?
모두가 이것들 앞에 사명은 힘없이 빛을 잃고 그저 그렇게 자신의 안위만 위하는구나.

보아라, 백성들아!
저 천국에 이르러 후회함 없는 인생을 살기를 원하노라. 인생은 화살같이 빠르게 지나 결산할 때가 이르리니 그때를 잊지 말라. 마지막 목숨을 다해 자기 사명을 이룬 '삼손'은 살아서 한 일보다 죽을 때 한 일이 더 컸느니라. 한 목숨 바쳐 우상 숭배의 신전인 '다곤' 신전을 무너뜨렸으며, 한 목숨 바쳐 원수 블레셋 사람 3천명을 죽였느니라(삿 16:23-31). 이처럼 죽기를 각오하고 하나님의 뜻을 이룬다면 하나님은 그와 함께 큰일을 이룰 것이라.

"화 있을진저 이 사람들이여, 가인의 길에 행하였으며 삯을 위하여 발람의 어그러진 길로 몰려 갔으며 고라의 패역을 따라 멸망을 받았도다"(유 1:11)

가인, 발람, 고라의 길을 가는 자들은 화가 따른다. 가인은 의로운 아우 아벨을 쳐 죽였으니, 가인은 악에 속하여 그릇된 제사(예배)를 드린 자이다. 발람은 재물의 탐욕에 이끌려 하나님을 대적하여 이스라엘 형제들에게 우상숭배와 음행을 하도록 일을 꾸며내고, 모압(+미디안)왕 발락에게 속한 자이다. 고라는 다단과 아비람과 온이 당을 짓고 지휘관 250명과 함께 모세를 거스르고, 하나님의 주권에 반하여 스스로 높아지려다 땅이 입을 벌려 생매장 당하는 벌을 받았으니, 이들은 모두가 패역한 자들이라. 가지 말아야 할 길을 걷는 자들이라.

사람들아!
하나님의 지혜를 구하라. 탐심과 정욕에 끌려 패망하지 않으려거든 하나님의 지혜를 구하라. 지혜가 없으면 그 길이 어떤 길인지 어찌 알겠느냐? 보기에는 달콤해 보여도 결과는 쓰디쓴 경험을 하는 엉터리 길도 있도다. 그러니 성경을 보고 하나님의 지혜를 구하라. 의로운 죽음은 하나님께서 갚아 주시리라.

- 하나님의 음성을 받아 씀 -

제3장

함박꽃 여정

1. 기도의 힘

"예수께서 이르시되 할 수 있거든이 무슨 말이냐 믿는 자에게는 능히 하지 못할 일이 없느니라 하시니"(막 9:23)

베드로, 요한, 야고보를 제외한 예수님의 9제자들은 변화산 아래에서 귀신 들린 아이 하나를 고치지 못하고 쩔쩔매고 있었다(막 9장). 예수께서 변화 산에서 내려와 이 장면을 목격하고 하신 말씀 중 한 구절이 위의 말씀이다. 아이 아버지는 제자들이 못한 것을 알고, 예수께 말하기를 "무엇을 하실 수 있거든 우리를 불쌍히 여기사 도와 주옵소서"라고 간청을 했다. 그러므로 예수님은 "할 수 있거든이 무슨 말이냐?" "믿는 자에게 능치 못함이 없으리라"고 말씀 하셨던 것이다. 곧 그 아이의 아버지가 소리를 질러 말하기를 "내가 믿나이다" "나의 믿음 없는 것을 도와 주소서"라고 또 간청했다. 간청하는 자의 마음을 아시고 불쌍히 여기신 예수님은 더러운 귀신을 꾸짖어 그 아이에게서 내쫓아 주셨다. 다시 들어가지 말라고까지 귀신에게 명령해 주셨다. 귀신도 예수 앞에 두려워 떤다. 그러므로 귀신이 그 아이로 심히 경련을 일으키게 하고 나갔다. 예수께서 아이의 손을 잡아 일으키시니 고침을 받고 일어섰다.

제자들은 왜 9명이서 귀신을 쫓아내지 못하고 쩔쩔매었는가?

"이르시되 기도 외에 다른 것으로는 이런 종류가 나갈 수 없느니라 하시니라"(막 9:29)

기도 외에는 이 귀신을 즉 말 못하고 못 듣는 귀신을 쫓아낼 수 없다는 것이다. 마태복음 17장 20절에서는 "믿음이 작은 까닭"이라고 말씀 하셨다. 그럼 기도와 믿음은 한 맥을 이룸을 알 수 있다. 기도 없이 믿음이 없고, 믿음이 없는 자는 기도를 하지 않는 자이다. 제자들은 예수님처럼 수시로 기도하지 않았다는 것이다. 기도하지 않으므로 귀신을 쫓아낼 믿음도 없었다는 것이다. 그러므로 기도는 능력이다. 기도하므로 능력이 생기고 믿음이 생기는 것이다. 겨자씨 한 알만한 믿음이 있어도 산을 옮길 만큼 큰일을 할 수 있다고 말씀 하신다(마 17:20).

성경에는 기도하여 큰일을 한 자들이 많이 있다.
사무엘은 이스라엘의 사사로서 백성들을 위하여 기도하기를 쉬는 죄를 범치 않았다(삼상 12:23). 블레셋 적군이 싸움을 걸어올 때 '미스바' 광장에 온 백성을 모으고 금식하고 부르짖어 기도하고 여호와께 제사를 지내며 성회를 열었다. 그 결과 하나님께서 큰 우레를 발하여 블레셋 군을 칠 수 있도록 도우셨다. 그러므로 사무엘이 사는 날 동안에는 블레셋이 이스라엘을 넘보지 못하였다(삼상 7:13).

"사무엘이 젖 먹는 어린양 하나를 가져다가 온전한 번제를 여호와께 드리고 이스라엘을 위하여 여호와께 부르짖으매 여호와께서 응답하

셨더라"(삼상 7:9)

모세는 아말렉과의 전투에서 산꼭대기에 올라가 손을 들고 기도했
다. 싸움터에는 여호수아가 군사들을 이끌고 나갔다(출 17장). 그런데
모세가 손을 들면 이스라엘이 이기고 손을 내리면 아말렉이 이겼다.
그러므로 아론과 훌이 모세의 손이 내려오지 않도록 각각 한쪽 손을
붙들어 올렸더니 해가 지도록 모세의 손이 내려오지 않아 전쟁에서 승
리를 거두었다. 모세와 아론과 훌의 합심기도가 전쟁을 승리로 이끌었
다. 합심기도의 능력이 크다는 것을 깨닫게 하는 부분이다.

기도는 모든 일을 해낸다.

귀신도 쫓아내고, 산을 옮길만한 능력도 생기고, 전쟁도 이기게 하
고, 심지어는 우레를 발하게 하는 역사도 일으킨다.

바울과 실라는 빌립보 감옥에서 기도하므로 기적이 일어났다. 어떤
기적인가? 이는 큰 지진이 나서 옥터가 움직이고 문이 다 열리며 모든
사람의 매인 것이 다 벗어졌다(행 16:26). 이 일로 인해 간수와 그의
온 집안이 예수를 믿고 구원을 받았다. 바울과 실라는 감옥에서 석방
되었는데 이는 기도의 힘이 아닐 수 없다.

또한 엘리야는 비가오지 않기를 기도하므로 3년 6개월 동안 비가오
지 않았고, 비가 오기를 간절히 기도하므로 하나님께서 땅에 비를 내
려 주셨다(약 5:17-18).

우리는 기도의 중요성을 절실히 깨달아야 한다. 무엇이든 기도하고
기도의 힘을 받아 일해야 한다. 병자들도 기도함으로 치료함 받게 되

고 육신의 힘을 얻게 된다. 혹여 병원에 간다한들 기도한 후 가는 것과 기도 없이 가는 것은 다르다. 남 유다 아사왕은 선한 왕이었으나, 발이 병들어 위독했다. 그런데 아사왕은 하나님께 기도하지 않고 의원들을 찾았다가 결국 2년 후 죽음에 이르고 말았다(대하 16:12-13). 믿음의 기도는 병든 자를 일으켜 세우신다(약 5:15).

2. 예수님의 창대

"네 시작은 미약하였으나 네 나중은 심히 창대하리라"(욥 8:7)

사람은 누구에게나 무슨 일을 하든지 시작점이 있다.

처음 시작을 할 때는 설레는 마음도 있고 즐겁다.

그러다가 시작했던 일이 잘 안되면 실패로 끝나기도 한다.

그러나 아주 작은 일도 크게 성공하는 경우가 있다.

예수님은 이 땅에 오시기 전 예수님에 대해 예언하기를 아무 볼품도 없고 "연한 순" 같다고 말하고 있다(사 53:2)

그런데 이 연한 순 같은 예수님은 큰 나무가 되어 새들이 와서 깃들 정도 그 이상을 이루었다. 천국 또한 아주 작은 겨자씨 한 알을 밭에 심은 것과 같음을 비유로 말하고 있다.

"이는(겨자씨) 모든 씨보다 작은 것이로되 자란 후에는 풀보다 커서 나무가 되매 공중의 새들이 와서 그 가지에 깃들이느니라"(마 13:32)

예수님은 어린 아기로 베들레헴 마구간에 태어나셨다. 하나님이시지만 우리 인간과 똑같은 완전한 인간으로서 점점 자라나 30세가 되어 사역을 시작하셨다. 베드로, 안드레, 요한, 야고보 등 한사람, 한사람 제자 삼으시고 천국 복음의 씨앗을 뿌리셨다. 빌립, 바돌로매, 도마, 세리 마태, 알패오의 아들 야고보(작은 야고보), 다대오(야고보의 아들 유다), 가나안인 시몬(셀롯인 시몬), 가룟 유다, 12제자를 부르시고 가르치시고 권능을 주시고(마 10:1) 복음을 확장 시키셨다(마 10:2-4; 행 1:13). 마귀의 자식 가룟 유다 외에는 하나도 잃지 않으셨다. 70인 제자들을 삼으시고, 허다한 무리들에게 천국 복음을 선포하셨다. 안 알의 밀알이 땅에 떨어져 죽음으로 많은 열매를 거두었다(요 12:24).

십자가에 죽으시고 장사 된지 사흘 만에 다시 살아나시고(부활), 부활하신 부활체의 몸으로 40일 동안 제자들 및 500여 형제들에게 보이셨다. 승천하신 후 성령을 보내 주시고, 이들로 인해 하나님의 나라 교회가 세워지고 확장되어 오늘날 세계만방에 복음이 전파되었다. 그 누구도 그 무엇도 무너뜨릴 수 없는 거대한 왕국이 세워졌다. 이는 예수님 한분으로 인해 이루어진 것이다. 연한 순 같은 예수님의 시작은 아주 미약했지만 그 나중은 심히 창대한 결과를 가져왔다.
지금도 하나님은 그 어떤 한 사람으로 말미암아 교회를 세우시고 또 그 교회를 확장해 나가신다.

한 사람은 별 볼일 없는 사람이 아니다.
한 사람의 희생이 많은 영혼을 살린다.
한 사람의 희생이 나라를 빛낸다.

하나님은 아브라함과 이삭과 야곱의 하나님이시다. 아브라함 한 사람으로 인해 하늘의 별과 같이 셀 수 없는 믿음의 후손들을 결속 하였다. 야곱 한 사람으로 인해 이스라엘이란 언약 국가가 세워졌다. 이스라엘은 하나님의 선택된 제사장 나라였다. 하나님은 이스라엘의 하나님이셨고 이스라엘 백성은 하나님의 백성이었다. 그런데 이들의 불순종으로 이스라엘의 참 감람나무 가지 얼마가 꺾이고, 이방인인 돌 감람나무 가지가 접붙임 되어, 우리 이방인들도 선민 이스라엘의 뿌리의 진액을 받아 하나님의 은혜로 말미암아 거룩함을 입게 되었다.

예수님으로 인해 수많은 이방 나라에 복음이 들어와 이제 마지막 때를 치고 있다. 세상 나라는 확실히 무너질 것이고, 하나님의 나라가 완성될 날이 가까이 이르렀다. 세상 끝은 추수 때요(마 13:39), 천국 복음이 온 세상에 전파되는 때이다(마 24:14). 이미 복음은 땅 끝에 다다랐고 예수님의 재림을 재촉하고 있다. 주님께서 사람들에 대해 오래 참으심은 아무도 멸망하지 않고 다 회개하기에 이르기를 원하시기 때문이다(벧후 3:9). 그러나 주의 날은 도둑같이 올 것이다. 회개하지 못한 세상 사람들에게는 주의 날이 도둑같이 임할 것이다. 하나님의 진노는 참으시고, 참으시고 또 참으시지만 마침내는 그 진노하심이, 고무풍선에 공기가 빵빵하면 더 이상 지탱하지 못하고 터지듯이 뻥 터질 때가 반드시 있다. 믿음의 후손들에게는 구원의 날이요, 믿음을 갖지 못한 자들에게는 심판의 날이 곧 이를 것이다. 예수님은 만왕의 왕, 만주의 주, 공의의 심판주로 곧 나타나실 것이다. 이때는 우리도 예수님과 함께 왕 노릇하며 창대케 되는 날이다.

"내가 너로 큰 민족을 이루고 네게 복을 주어 네 이름을 창대하게 하리니 너는 복이 될지라"(창 12:2)

3. 보혜사 성령

"그러나 진리의 성령이 오시면 그가 너희를 모든 진리 가운데로 인도하시리니 그가 스스로 말하지 않고 오직 들은 것을 말하며 장래 일을 너희에게 알리시리라"(요 16:13)

예수님이 승천하신 후 10일, 부활하신 후 50일째, 오순절 날 성령이 강림하셨다. 제자들은 예루살렘을 떠나지 말고 약속하신 성령을 기다리라는 예수님의 말씀에 순종하여 마가의 다락방에서 120명이 모여 힘써 기도하였다.

오순절 날이 이르러 홀연히 하늘로부터 급하고 강한 바람 같은 소리가 있어 그들이 앉은 온 집에 가득하며, 불의 혀처럼 갈라지는 것들이 그들에게 보여 각 사람 위에 하나씩 임하였다. 모두가 성령의 충만함을 받고 다른 언어(방언)들로 말하였다(행 2:2-4).

오순절 날의 이 일은 보혜사 성령의 출발점이다. 성령의 보내심은 교리적으로 엇갈리는 견해들이 있지만, 예수께서 이 땅을 떠나가시면 진리의 성령을 보내시겠다고 약속하셨던 것이 성취된 것이다.

"보혜사 곧 아버지께서 내 이름으로 보내실 성령 그가 너희에게 모든 것을 가르치고 내가 너희에게 말한 모든 것을 생각나게 하리라"(요 14:26)

"그가(성령이) 와서 죄에 대하여, 의에 대하여, 심판에 대하여 세상을 책망하시리라 9 죄에 대하여라 함은 그들이 나를 믿지 아니함이요 10 의에 대하여라 함은 내가 아버지께로 가니 너희가 다시 나를 보지 못함이요 11 심판에 대하여라 함은 이 세상 임금이 심판을 받았음이라"(요 16:8-11)

보혜사 성령은 진리의 영이시다(요 15:26). 진리는 예수 그리스도로 말미암아 온 것이다(요 1:17). 그러므로 성령과 진리와 예수님은 동격이 된다. 성령이 그리스도의 영이면 성령님과 예수님 또한 동격이다. 성령이 아버지께로부터 오느냐? 아니면 성자 예수께로부터 오느냐? 라는 것은 서로 다른 의견이 있지만, "성자와 성부는 하나"(요 10:30)인 것을 본다면 고민할 문제는 아닌 듯하다. 성자 예수는 아버지께 들은 것을 말하였고 성령은 성자 예수께 들은 것을 말한다. 그러므로 성령은 아버지와 아들에게 있는 것으로 가르치시고 일하신다. 결론적으로 말하면 성부와 성자와 성령은 삼위일체의 한분 하나님으로 이 시대에도 함께 일하시는 것이다.

예수님은 부활 승천 하시기전 성령의 사역에 대해 언급하셨다. 보혜사 성령이 오시면 예수께서 말씀하신 것들을 깨닫게 하시고, 예수님을 증언하실 것이라고 말씀하셨다. 성령은 성도들 안에 내주하셔서 성도들이 예수 그리스도를 믿도록 증언하고 계신다. 또한 성령은 죄에 대하여, 의에 대하여, 심판에 대하여 책망하신다.

첫째, 죄는 예수님을 믿지 않는 죄이다.

오순절 날 베드로가 성령 충만함을 받아 설교하자 많은 사람들 즉 3천명이나 되는 사람들이 마음에 찔려 회개하고 주께로 돌아왔다(행 2장). 영생을 주시기로 작정된 자는 복음을 듣고, 예수님을 영접하여 회개하고 죄사함을 받았다. 성령께서 죄인을 책망하시므로 마음에 찔림을 받아 믿지 않는 죄에서 돌이킴을 받고 의인이라 칭함을 받게 되는 것이다. 그러므로 성령은 예수님을 믿지 않는 죄를 책망하시는 일을 하신다. 성령의 음성에 민감한 자는 죄에 대한 회개도 빠르고 하나님께 가까이 나올 것이다.

둘째, 의는 예수님의 의이다.

성령은 예수를 하나님의 아들로 믿지 못한 당시대의 많은 사람들을 책망하셨다. 예수님이 진정한 하나님의 아들이라면 아버지께로부터 왔으니 다시 아버지께로 돌아갈 것이다. 진정 예수님은 아버지의 뜻을 모두 이루시고 아버지께로 올라가셨다.

셋째, 심판에 대하여라 함은 이 세상 임금이 심판을 받았음이라고 말씀하신다. 이 세상 임금은 "공중의 권세 잡은 자"(엡 2:2), "무저갱의 사자"(계 9:11) 곧 사탄의 세력들이다. 사탄은 예수의 십자가 부활로 이미 패배 했지만, 완전한 패배는 천년왕국에 들어가기 직전 쇠사슬에 결박되어 무저갱에 갇히는 때이다(계 20:2-3). 사탄은 천년동안 무저갱에 갇히게 된다. 천년 후 잠시 풀려나지만 다시 또 불과 유황 못에 던져져 세세토록 괴로움을 받을 것이다. 그러나 사탄은 이미 예수님의 초림으로 심판을 받은 것이며, 예수님의 재림으로 인해 완전한 패배의 쓴잔을 받게 될 것이다. 성령님은 성도들을 천년왕국과 새 하늘 새 땅으로 인도 하신다.

예수께서는 내가 떠나가야 너희에게 유익이라고 말씀하셨다(요 16:7). 떠나가지 않으면 또 다른 보혜사가 오시지 않기 때문이다. 이 땅에 두 보혜사는 필요치 않다. 한분 보혜사로 충분하다. 예수님도 보혜사지만, 또 다른 보혜사는 성령님이시다. 예수님보다 성령님이 성도에게 유익한 점은, 예수님은 육신을 가지신 분으로 당시 이스라엘 땅에 국한되어 임재하시기 때문이다. 또한 예수님은 각 사람 마음에 직접적으로 내주하시지 못하시기 때문이다. 그러나 성령님은 예수님처럼 눈에 보이지는 않아도 각사람 마음에 어디든 임재하시는 초월성을 띠신다. 땅 끝까지 이르러 복음이 증거 될 수 있도록 역사하신다. 성도 간에 교통하시며 우리를 진리의 길로 인도하신다. 우리를 끝까지 생명수 샘으로 인도하실 성령님이시다.

※ 보혜사

보혜사는 헬라어 "파라클레토스"로 돕는 자, 위로 자, 상담 자, 대언 자, 변호 자 등의 뜻을 가지고 있다. 예수께도 "대언 자"로 쓰이고 있는 단어이다(요일 2:1). 예수님은 성도의 죄에 대해 하나님 아버지 앞에서 변호 자, 대언 자, 중보 자 역할을 하신다. 그러므로 예수님과 성령님은 성격이 똑같은 보혜사이시다.

"내가 아버지께 구하겠으니 그가 또 다른 보혜사를 너희에게 주사 영원토록 너희와 함께 있게 하리니 그는 진리의 영이라"(요 14:16-17)

4. 십자가의 죽음과 부활

"나는 하늘에서 내려온 살아 있는 떡이니 사람이 이 떡을 먹으면 영생하리라 내가 줄 떡은 곧 세상의 생명을 위한 내 살이니라 하시니라"(요 6:51)

살아 있는 떡은 예수님의 몸을 상징한다.

이는 예수께서 십자가에 몸 찢고 피 흘려 죽으심으로 인류에게 생명을 주시겠다는 뜻이다. 생명을 주시겠다는 것은 허물과 죄로 죽은 영혼을 살리고, 육신 또한 영원히 살 수 있는 신령한 몸으로 부활시키신다는 의미이다.

살아 있는 떡은 육신의 양식인 "만나"와도 다르다.

만나를 먹은 자들은 죽었거니와 이 산 떡을 먹는 자들은 영원히 살리라고 말씀하신다(요 6:58).

그럼 산 떡을 먹는다는 의미는 무엇인가?

떡뿐만이 아니라 떡(살)과 피를 먹는다는 의미는 무엇인가?

이는 예수 그리스도의 십자가 희생의 죽음을 마음속 깊이 받아들이고 예수를 생명의 주로 믿고 따른다는 것이다.

"내 살을 먹고 내 피를 마시는 자는 영생을 가졌고 마지막 날에 내가 그를 다시 살리리니 55 내 살은 참된 양식이요 내 피는 참된 음료로

다"(요 6:54-55)

"나를 먹는 그 사람도 나로 말미암아 살리라"(요 6:57)

예수님은 십자가에 죽으심을 앞두고 목요일 밤 제자들과 함께 큰 다락방에서 마지막 만찬을 하셨다. 떡을 가져 감사기도 하시고 떡을 떼에 제자들에게 나누어 주시며 "받아서 먹으라" "이것은 너희를 위하여 주는 내 몸이니라"고 말씀 하셨다. 저녁 먹은 후에 잔도 마찬가지로 "이 잔은 내 피로 세우는 새 언약이니 곧 너희를 위하여 붓는 것이라"고 말씀 하시며 포도주 담긴 잔을 건네셨다.

"이것은 죄 사함을 얻게 하려고 많은 사람을 위하여 흘리는 바 나의 피곧 언약의 피니라"(마 26:28)

또한 예수님은 "나를 기념하라" 하셨으므로 오늘날 교회들은 떡과 포도주로 성찬을 하고 있다(눅 22:19).

새 언약은 은혜언약, 구원의 언약이다.

히브리서 기자를 통해 "새 언약의 중보자"는 예수님이라 기록하고 있다(히 9:15). 예수님은 인간을 첫 언약(옛 언약) 때에 범한 죄에서 속량하시려고 십자가에서 죽으셨다. 이 죽으심은 하나님께 부르심을 입은 자로 하여금 영원한 기업의 약속을 얻게 하려 하심이라고 말씀하신다. 인간은 아담의 죄를 전가 받아 모두 죄인이 되었다. 모두 죄인이 된 인간들을 하나님께서 부르셔서 믿음을 갖게 하시고 영원한 기업의 약속의 땅 천국으로 인도하신다. 천국에 들어갈 약속의 표가 바로 새 언약으로 주신 예수님의 살과 피 이다.

구약의 이스라엘 백성들은 죄를 지을 때마다 짐승을 잡는 피를 흘려야 했다. 1년에 한번 대 속죄일(종교력 7월 10일)에 대제사장은 하나님의 임재처소인 지성소에 들어가 백성들의 죄를 위해 짐승의 피를 뿌리고 제사를 드려야 했다. 그러나 새 언약이 이른 후로는 예수님께서 십자가에 친히 어린양 제물이 되심으로 단번에 모든 죄를 영원히 속죄하셨다. 이제 더 이상은 짐승의 피가 필요 없다. 구약시대에 짐승의 피는 예수님의 피를 예표 한다. 구약의 제사는 예수 그리스도의 십자가 사역을 예표 한다. 그러므로 예수님을 영접하고 하나님의 자녀가 된 자는 예수님의 십자가 공로로 죄사함을 받고 영원한 천국에 들어갈 수 있는 것이다.

우리는 예수님이 죽으시기 마지막 밤 만찬을 잊어서는 아니 된다. 이는 예수님의 살과 피를 마시며 살라는 의미가 있기 때문이다. 또한 십자가에 나를 못 박고 예수로 살라는 것이다. 십자가에서 내 죄는 죽고 나에게 의가 살아난 것이다(벧전 2:24).

"그가 죽으심은 죄에 대하여 단번에 죽으심이요 그가 살아나심은 하나님께 대하여 살아 계심이니"(롬 6:10)

우리는 예수님과 함께 십자가에서 죽은 자가 되었고 또한 예수님과 함께 부활한 자가 되었다(롬 6:5). 그러므로 이제는 더 이상 죄의 종이 아니요 의의 종으로 사는 자들이다. 영원한 부활을 향해 가는 선한 양심으로 사는 자들이다. 예수 그리스도의 의를 옷 입고 담대히 하나님 앞에 나아가자.

5. 한 지체 한 몸

"떡이 하나요 많은 우리가 한 몸이니 이는 우리가 다 한 떡에 참여함이라"(고전 10:17)

떡은 예수님의 몸(살)을 상징한다.

한 떡에 한 몸이니, 많은 지체들이 모여 예수 안에 한 몸을 이룬다.

모세 시대에는 성막을 중심으로(출 25:8), 가나안 정착 후 여호수아 시대에도 회막을 중심으로(수 18:1) 한분 하나님을 섬기며 제사장 나라의 역할을 감당했다. 그 후 엘리 제사장 막바지에 이르러서는 블레셋 적국에게 언약궤를 빼앗기고(삼상 4장) 이스라엘은 잠시 중심을 잃었다. 실로 중심의 엘리 가문도 무너지고, 마지막 사사 사무엘 시대도 지나고, 왕정시대에 들어와 초대 왕 사울 시대를 지냈다. 사무엘 선지자를 통해 베냐민 지파의 사울이 왕으로 기름부음을 받아 40년을 통치하였고, 사울이 하나님의 말씀에 순종하지 못함으로 하나님은 사울 왕가를 끊어내고 당신의 "마음에 합한 자" 다윗을 기름 부어 왕으로 세우셨다. 이스라엘 통일 왕국의 왕다운 왕 다윗 시대를 맞아 하나님은 성전 건축을 계획하셨다.

다윗이 성전을 건축하고자 하였으나 다윗은 전쟁에서 피를 많이 흘린 자라 하나님께서 다윗의 손에서는 허락하지 않으셨다. 그러나 다윗의 뒤를 이을 그 아들 솔로몬 왕에 의해 성전이 건축될 것을 나단 선지자를 통해 뜻을 밝히셨다. 다윗은 성전 건축에 필요한 준비를 정성껏 하여 솔로몬이 성전을 건축 할 수 있도록 도왔다. 이 일로 인해 하나님은 다윗 왕가에 왕위가 영원할 것을 약속해 주셨다(삼하 7장). 다윗에게 등불이 꺼지지 않게 하셨다.

> "그는 내 이름을 위하여 집을 건축할 것이요 나는 그의 나라 왕위를 영원히 견고하게 하리라"(삼하 7:13)
>
> "네 집과 네 나라가 내 앞에서 영원히 보전되고 네 왕위가 영원히 견고하리라 하셨다 하라"(삼하 7:16)

다윗의 왕위는 하나님의 약속대로 꾸준히 이어졌고, 성전이 무너진 후에도 궁극적으로는 예수 그리스도를 통해 영원한 왕위를 보존하고 있다(마 1:1).

B.C. 966년에 시작하여 7년 동안 건축된 솔로몬 성전에 의해 옮겨 다니던 언약궤가 든든한 자리를 잡게 되었다. 물론 그전 언약궤는 다윗성에 머물렀지만, 솔로몬은 하나님의 임재 장소인 지성소를 하나님의 지시대로 건축하고 다윗성에 있던 언약궤를 모셔 들였다. 언약궤 안에는 모세가 시내산에 올라 하나님께 받은 십계명의 두 돌 판이 들어 있으므로 법궤라고도 부른다. 히브리서 기자는 여기에 만나를 담은 금 항아리와 아론의 싹난 지팡이도 들어 있음을 말하고 있다(히 9:4).

이에 이스라엘 백성들은 하나님께서 택한 한 장소에 모여 제사를 드려야 했다. 이는 하나님께서 모세당시 모세를 통해 이르신 말씀이었다(신 12장).

"오직 너희의 한 지파 중에 여호와께서 택하실 그곳에서 번제를 드리고 또 내가 네게 명령하는 모든 것을 거기서 행할지니라"(신 12:14)

이는 당시대에 하나님께서 백성들에게 명하신 규례로서, 위 말씀의 한 지파는 다윗왕의 소속지파인 유다지파였으며, 택하실 그곳은 예루살렘 성전이 있는 곳이었다. 그러나 신약시대 성령강림 이후에는 예수께서 사마리아 수가성 여인에게 하신 말씀처럼 예루살렘에서도(남 유다) 그리심 산에서도(북 이스라엘) 아닌 아무 곳에서나 영과 진리로 예배할 수 있는 때가 되었다(요 4장). 이는 성령께서 성도의 몸을 성전 삼고 계시기 때문이다(고전 6:19). 이제 성도의 몸은 하나님이 기뻐 하시는 거룩한 성전이 되었다. 아울러 성도는 구별된 삶을 살아야 할 의무가 주어진 셈이다.

그럼 구약시대의 한 장소, 단일 중앙 성소의 의의는 무엇일까?

그때는 하나님의 임재 처소가 언약궤가 있는 성전의 "지성소" 곧 지성소의 "속죄소(시은좌-은혜의 자리)" 이었기 때문에 백성들은 하나님의 임재 처소인 예루살렘 성전으로 나아와야 했다. 이를 통해 우리가 섬겨야 할 대상은 오직 여호와 하나님 한분뿐이심을 깨닫게 된다. 성전을 자신의 처소 삼아 백성을 만나 주시는 하나님, 그 하나님은 오직 유일한 하나님이시며(신 6:4), 우상은 아무것도 아니다. 아울러 성전은 예수 그리스도를 예표 하므로, 이제 우리는 예수 그리스도를 통해서 하나님께 나아가야 한다. 예수 안에 들어와 마음을 다하고 뜻을 다하고 힘을 다하여 하나님만을 섬겨야 한다(신 6:5).

또한 구약의 단일 중앙 성소를 통해 성도는 한 지체가 되어 하나님을 섬겨야 함을 깨닫게 된다. 후에 북이스라엘은 중앙 성소에서 떨어져 벧엘과 단에 금송아지 우상을 세웠지만 이는 안타까운 일이 아닐 수 없다. 북이스라엘의 초대 왕 "여로보암"의 죄악 된 길로만 행하는 계기가 된다. 결국 벧엘 제단 심판은 "하나님의 사람"의 예언대로 300년 후에 나타난 요시야 왕에 의해 심판 되었다(왕상 13:2; 왕하 23:20).

하여튼 성도는 한마음 한뜻으로 하나님을 섬겨야 함을 깨닫고 성령이 하나 되게 하신 것을 힘써 지켜야 할 것이다. 남북 분열이 하나님께 나왔지만, 그전에 분열될 요소를 만들지 말아야 할 것은 백성들의 몫이었다. 솔로몬 왕과 백성들은 하나님의 명령을 잘 지켜야 했었고, 솔로몬의 왕위를 이은 르호보암은 고역에 시달린 백성들을 잘 품어 과도한 세금을 절충해야 했을 것이다. 무엇보다도 남북 분열의 첫 번째 원인은 솔로몬 왕이 이방신을 섬기는 죄로 인해 비롯되었음을 잊어서는 아니 된다. 솔로몬 왕은 많은 이방 여인들을 아내로 두어 아내들이 들여온 이방신들을 따라 우상숭배에 빠져들었다. 하나님의 책망을 받고도 돌이키지 않으므로 아들 대에 나라가 분열될 것을 말씀하셨던 것이다.

영원한 생명의 길은 오직 하나이듯이 성도들의 마음 또한 그리스도의 지체로 하나 됨은 참으로 중요하다. 분열은 성령을 거스른다. 12지파 이스라엘은 두 지파(유다, 베냐민)와 열 지파로 남북이 분열된 후 연신 싸움만 해왔다. 어쩌다 화친하여 우상제국을 만들기도 했다. 한 몸 된 형제끼리 싸우면 어찌 되겠는가? 이는 서로 해될 뿐이다. 성도들의 참 길은 예수 그리스도 한 분 뿐이심을 깨닫고 구원의 역사를 그리스도 안에서 한 몸 되어 이루어 가야 한다.

6. 한해의 끝자락마다

언제부터인가 년 말이 되면 으레 감사 내용을 쓰게 된다.

이 단락은 2019년부터 2022년도 끝자락에서 쓴 감사 내용을 차례로 올려 본다. 이는 페이스북, 네이버 밴드, 카스에 올렸던 글들을 옮긴 것이다.

《2019년도를 지나며 쓴 감사내용》

1. 나를 지키시고 이끄시는 주님 감사합니다.

2. 천국 소망에 끌려가게 하심에 감사합니다.

3. 맡긴 사명 포기치 않고 인내하게 하심을 감사합니다.

4. 내게 맡겨주신 사명 끝나기 전에는 내 생명을 거두지 않을 것을 믿사오니 감사합니다.

5. 일을 계획하시고 성취하시는 여호와 하나님을 바라보게 하심을 감사합니다.

6. 나의 연약함을 알게 하시고 그 연약함으로 말미암아 주님을 더욱 의지하게 하심을 감사 합니다.

7. 나의 마음에 꿈을 품게 하시고 그 꿈을 향해 갈수 있도록 나를 도우시는 주님 감사합니다.

8. "찬양하는 사람들" 리더를 맡기시고 크나 적으나 이끌어 갈 능력을 주심에 감사 합니다

9. 아픔을 치료하시고 슬픔을 위로하시는 주님 감사 합니다.

10. 나를 큰 그릇으로 준비케 하시고, 내 마음을 넓혀 주신 주님 감사합니다.

11. 열방의 빛이 되리라 말씀하심에 그 믿음을 허락하심을 감사합니다.

12. 눈에 보이는 것에 연연해하지 않고 하나님 나라 위해 살게 하심을 감사합니다.

※ 2019년도는 투병생활에 승리할 수 있었던 해였습니다.

몸의 연약함으로 인해 주님을 더욱 의지할 수 있었고, 그 결과 큰 영적 성장을 가져왔습니다. 투병 중에도 기도의 끈을 놓지 않게 하시고, 내게 맡겨주신 자리를 이탈하지 않도록 붙들어 주시며, 주신 사명을 감당할 수 있게 하심을 감사하는 한해였습니다. 주님 감사합니다.

이 해의 감사 내용을 요약해 찬양으로 지어봤으나, 여러 형편상 음원을 아직 제작하지 못했음이 아쉬움으로 남습니다.

《2020년도 한해의 끝자락에서》

언제나 이쯤에 서면

아쉬움만 남습니다.

금 같은 시간에 충실하지 못했으며

열심을 내지 못했습니다.
그러나 사랑하시고 지키시는 은혜에 감사합니다.

7집 앨범을 해낼 수도 있었는데 못했으며
성경을 더 가까이 하지 못했고
많이 찬양하지 못했으며 목회도 잘하지 못했습니다.
그러나 그 무엇도 꾸중하시지 않으심에 감사합니다.

괜한 바이러스만 핑계 삼고 편안함만 추구 했으며
나의 마음과 뜻을 다하지 못하고 나약했습니다.
나의 믿음이 행동하지 못했습니다.
그러나 오히려 위로하심을 감사합니다.

주님께서 명하신 일에 최선을 다하지 못하면서
아버지께는 바보 자식을 둔 바보 아버지라고 함부로 말했습니다.
"바보는 아버지가 시킨 대로 하는 것이다"라고 말씀 하셨으니
바보 입에서 나온 말은 역시나 바보스럽습니다.

바보스럽지 않기를 원하지만,
"너는 내 앞에서 바보일수 밖에 없다." 그러나
"다시는 너를 바보라 부르지 않겠다." 하심은
티끌 같은 미련한 존재를 늘 존중해 주심입니다.

아버지의 온전하심과 같이 너희도 온전 하라 하심에

예수 그리스도만을 잘 따라가는 순한 양이 되길 원합니다.
선한 능력의 주님이시여!
저를 선한 능력의 길로 이끄시고 도우소서!

오직 나사렛 예수의 이름으로 일어서리라!
예수의 이름으로 반드시 승리하리라!
예수 이름 짓밟는 자 앞에서 아버지께 영광 돌리길 원합니다.
아멘!

※ 7집 앨범 10곡은 이듬해 5월에 음원이 나왔습니다.

《2021년도 한해의 감사》

한 해 동안 지켜주신 은혜에 감사합니다.
질병과 전염병으로부터 지켜 주시고
함께 하신 은혜에 감사합니다.

큰일, 작은 일, 범사에 감사합니다.
찬양을 많이 하게 하시고
많은 시를 쓰게 하심을 감사합니다.

성경을 떠나지 않고
말씀의 은혜를 주신 가운데
세우신 자리에서 떠나지 않게 하심을 감사합니다.

교회 안에 몸담고
자나 깨나 주님을 바라보게 하시고
하늘에 신령한 것들을 내안에 채워가게 하심을 감사합니다.

기도를 쉬지 않게 하시고
성령의 은사를 갈망하며
뚜렷한 사명을 발견하게 하심을 감사합니다.

세상을 향한 즐거움도 털고
육신의 정욕도 이생의 자랑도
땅의 것에 연연해하지 않게 하심을 감사합니다.

빈곤 속에 풍요를 누리며
있는 것에 만족하고 감사하며
필요를 채우시는 주님의 손길에 감사 합니다.

미움도 다툼도 없이
내안에 주님 안에 하나 되어
사랑의 마음을 넓혀 주심을 감사합니다.

새 기쁨 교회를 지키시고
불이 꺼지지 않는 떨기나무처럼
강권하여 주심에 감사합니다.

찬양하는 사람들과 함께 하시고
많은 찬양을 공유하며
이모저모 은혜 나누게 하심을 감사합니다.

주님의 사랑을 받으며
굳센 믿음으로
한해를 무사히 살게 하심을 감사합니다.

사랑하시는 주님!
은혜로 살게 하심을 감사합니다.
한 해 동안도 살게 하심을 감사합니다.

※ 2021년도 12월은 개인적으로 참 의미 있는 달이었습니다.
그동안 쌓아 올린 기도의 봇물이 터지고, 주님을 더욱 깊이 만나는 달이었습니다. 모세 같지는 않아도 주거니 받거니 주님과 깊은 대화를 나누기 시작했으며, 특별히 성령의 감동을 받아 주께서 내려주신 메시지대로 시와 글을 받아 쓸 수 있었습니다. 200여 편의 시를 받아 쓰고, 글을 쓰기 시작하여 첫 서적인 [나의 사랑 나의 신부야!]가 펼쳐지는 시작점이었습니다. 모든 영광 주님께 있길 원하며, 주께 감사를 올립니다.

《2022년도 한해를 돌아보며》

[나의 사랑 나의 신부야!]와 [길과 이끄심]을 편찬하는 한해였습니다.

화창한 봄이 왔으나 봄나들이를 뒤로한 채 강단에 올라 글을 써야 했습니다.

[길과 이끄심]은 여름과 가을을 거쳐 나왔으므로 한더위 휴가도 잊은 채 출간에 전념했던 것 같습니다.

주님의 이끄심에 피할 여력도 없이 나아갔던 것 같습니다.

글을 써서 여러 번의 검토 과정을 거쳤고, 출판사에 투고된 원고는 보통 두어 달의 기간을 거쳐 완성된 한권의 책으로 탄생했습니다.

책을 받아든 감동은 은혜와 기쁨 그 자체였습니다.

맨 먼저 두 권의 책을 꺼내 강단 하나님 앞에 올려 드렸습니다.

내 의지로만 쓰인 책이 아니었기에 더욱 뿌듯했습니다.

주께서 쓰실 일에 성령의 감동으로 쓰게 하셨음을 확신하니, 참으로 감격스러웠습니다.

이제 세 번째 [여정의 한 빛]을 90% 가까이 쓰고서 년 말에 이르러 한해의 감사를 주께 올려드립니다.

며칠 전 주님께 이런 고백을 했습니다.

내게 나타나신 주님을 한마디로 표현하라면 주님은 "일하시는 주님" 이시라고요.

후에 생각해보니 더 좋은 주님을 수식하는 언어가 많은데 심했다 싶어 다시 고쳐 더 좋으신 주님을 높여 드렸지만, 하여튼 올해 저로서는 열심히 일하는 한해가 아니었던가? 라는 생각을 해봅니다.

영적 환난에서 건지시고
고약한 투병에서도 이기게 하시고 건강 주심은

일하라 하심이 아닌가? 그저 감사할 뿐입니다.

일할 수 있도록 좋은 환경을 허락하심도 감사요,

마음에 평안을 주심도 감사입니다.

"너는 내 일을 하라 나는 네 일을 하리라" 하시며

전혀 돌보지 못한 자녀들도 지켜 주심에 감사합니다.

주위 사람들이나 형제간들도 무탈하게 잘 지낼 줄 믿으니 감사합니다.

아주 가끔 시간을 내어주시며, 외식과 공원 나들이를 허락해 주심을 감사합니다.

먹을거리와 필요를 채워 주서서 육신의 즐거움도 허락하시니 감사합니다.

옥상 위에 꽃을 피우시고 식물을 자라게 하시고 비둘기, 참새, 찍새(직박구리 별칭), 까치 등 새들을 보내시고, 선선한 바람을 주시어 휴식 공간과 함께 정서적 여유를 주시니 감사합니다.

자작곡 8집을 하지 못한 아쉬움과 성경을 더 살피지 못한 아쉬움을 뒤로한 채 한해의 감사 마당에 올 한해도 지키시고 함께 하시고 은혜 주심을 감사합니다.

풍성한 영감으로 채우신 주님 감사합니다.

찬양하는 사람들과 기독교인 다모여 밴드 위에 함께하심을 감사 합니다^^.

7. 예수님의 제자들

"그들이(베드로, 안드레, 야고보, 요한) 배들을 육지에 대고 모든 것을 버려두고 예수를 따르니라"(눅 5:11)
"그들이(야고보, 요한) 곧 배와 아버지를 버려두고 예수를 따르니라"(마 4:22)

시몬 베드로(게바)와 안드레는 형제이다. 야고보와 요한도 형제이다. 예수님은 시몬을 "게바(뜻:반석)"라 부르시고, 세베대의 두 아들에게 "보아너게" 즉 "우레의 아들"이란 별명을 붙여 주시고(막 3:17), 위의 네 사람을 첫 제자 삼으셨다. 이들을 제자 삼으신 곳 게네사렛 호수(눅 5:1)는 갈릴리 바다(마 4:18), 디베랴 바다(요 6:1)라고도 부른다. 유대인 마태와 요한은 이곳을 바다로, 헬라인 누가는 호수로 보는 관점이 있다.

핵심제자 네 명은 이곳에서 고기잡이 어부로 자신들의 일에 전념하고 있을 때 부르심을 받았다. 하나님은 이들처럼 자신의 일에 충실한 사람을 좋아하신 듯하다. 마태와 마가는 베드로와 안드레를 먼저 부르고 또 조금 가시다가 야고보와 요한을 부르신 것으로 기록하지만, 이방인 기자 누가는 고기 잡는 장면에서 함께 부르신 것을 기록하고 있다. 이는 강조하고자 하는 관점의 차이일 것이다.

위의 네 사람은 어부의 직업을 가진 자들로 동업자들이었다. 예수님은 시몬 베드로의 배에 올라 설교를 마친 뒤 시몬에게 "깊은 데로 가서 그물을 내리라"고 말씀하신다. 베드로는 밤이 새도록 즉 밤새내 그물을 던져 수고했지만 잡은 것이 없다고 하면서도 말씀에 순종하여 깊은 곳에 그물을 내렸다(눅 5:5). 순종은 행동이 따라야 참 순종이다. 말씀에 순종한 결과 잡힌 고기가 심히 많았다. 그물이 찢어질 정도였다. 두 배에 가득 잠기도록 채웠다. 베드로와 함께한 제자들은 놀라지 않을 수 없었다. 예수님의 신적 권능에 매우 놀랐을 것이다. 20여년 어부 경력으로 밤새내 그물질을 했으나 아무것도 잡지 못했는데, 어찌 이런 일이 있을 수 있단 말인가? 예수님은 모든 것을 초월하시는 하나님의 아들이심을 깨닫게 된다.

여하튼 말씀에 순종한 결과 많은 수익을 가져왔고, 예수님의 신적 능력을 목도한 베드로는 "나는 죄인이로소이다"라는 변화된 심령의 고백을 한다. 이는 누구든 하나님 앞에 가까이 나아갔을 때 깨달을 수밖에 없는 진리이다. 베드로는 하나님의 아들이신 예수 앞에 설수 없는 죄인임을 깨닫고 예수의 무릎 아래에 엎드렸다. 겸손의 모습이 아닐 수 없다. 예수 선생이 예수 주로 바뀌었다. 예수를 바라보는 관점이 선생의 관점을 뛰어 넘어 하나님의 관점으로 바뀌었다.

"시몬에게 이르시되 무서워하지 말라 이제 후로는 네가 사람을 취하리라 하시니"(눅 5:10)

예수님은 이들에게 물고기를 낚는 어부에서 사람을 낚는 어부가 되게 하리라 하시며 "나를 따르라" 하신다. 이들은 모든 것을 버리고 예수님을 따르게 된다. 부모도 배도 그물도 하나님의 권능 앞에 모두 내려놓는다. 머뭇거릴 여유도 없이 즉시 예수님을 따르는 것이 관점이다.

우리는 잠시 생각해 본다. 하나님의 부르심 앞에 무엇을 버렸을까를 생각해 본다. 부모, 자녀, 재물, 명예, 직업 등 무엇을 예수님 뒤로 밀쳐 냈을까? 성경은 자신의 소명 앞에 모든 것을 뒤로 한 채 오직 예수님만을 따를 것을 보여 주고 있다.

사도 바울은 유대나라의 엘리트 중 엘리트였으나 회심 전 귀중히 여겼던 모든 것들을 배설물처럼 버렸지 않는가?(빌 3:8). 바울에게 배설물 같은 것들을 세상 사람들은 그토록 추구하고 있다. 바울에겐 이런 것들이 그리스도를 위하여 다 해가 된다고 한다. 또한 그리스도 예수를 아는 지식이 가장 고상하기 때문에 해된 세상의 지식, 명예, 재물, 아내, 가족, 직업 등 모든 것을 배설물처럼 버릴 수 있는 것이다. 그러나 하나님께서 허락하시면 모든 것을 가질 수도 있을 것이다.

모세는 하늘의 상급을 바라보고 애굽의 모든 보화를 다 버렸다(히 11:26). 엘리사 또한 12 겨릿소(소 24마리)로 밭을 가는 재력가였으나 재력도 가족도 모두 버리고 하나님의 사람 엘리야를 따랐다. 하나님의 사람을 따른다는 것은 하나님을 따른다는 것이다. 엘리야가 길갈로 가면 자신도 길갈로, 벧엘로 가면 자신도 벧엘로, 여리고로 가면 여리고로, 요단으로 가면 요단으로 끝까지 하나님의 사람 엘리야를 붓 좇았다(왕하 2장). 그 결과 엘리사는 엘리야에게 있는 갑절의 영감을 받았다.

"엘리사가 이르되 당신의 성령이 하시는 역사가 갑절이나 내게 있게 하소서"

"나를 네게서 데려가시는 것을 네가 보면 그 일이 네게 이루어지려니와 그렇지 아니하면 이루어지지 아니하리라"(왕하 2:9-10)

엘리야는 회오리바람으로 승천하였다. 이를 목격한 엘리사는 갑절의 영감을 받았는데, 이는 포기하지 않고 끝까지 스승을 따른 결과이다. 우리도 예수 스승을 포기하지 않고 끝까지 따라야함을 알 수 있다. 엘리사는 육의 것을 버리고 영의 것을 취했다. 많은 사람들이 버리지는 못하고 취하기만 좋아한다. 그러나 비움으로서 그 빈자리에 채움이 있음을 알아야 한다. 만약 엘리사가 계속 밭이나 농작하고 있었다면 어찌 그 스승 엘리야를 따를 수 있겠는가? 어찌 엘리야에게 있는 갑절의 영감을 받을 수 있겠는가?

베다니의 마리아는 매우 귀한 향유 곧 순전한 나드 한 근, 금액으로 따지면 300 데나리온이나 나가는 한 옥합을 터트려 예수님의 머리에 부었다(마 26장, 막 14장, 요 12장). 당시 1 데나리온은 노동자 하루 품삯이었다(마 20:2). 300 데나리온이면 300일 품삯이다. 엄청 비싼 향유를 예수님의 머리에 부은 것이다. 제자들은 이 비싼 것을 허비한다고 분개했으나, 예수님은 이 헌신을 귀히 받으셨다. 이는 예수님 자신의 장례를 위함이라 하시며, 복음이 전파된 온 천하 어디서든지 이 여자가 행한 일을 기억하게 하리라고 말씀 하신다(마 26:13).

이처럼 예수님을 따르는 길은 많은 재물도 아낌없이 드리는 길이다. 진정으로 예수님을 사랑한다면 비싼 향유도 아깝지 않을 것이다. 드리고 비우면 하나님은 또 채우시기 마련이다. 궁극적으로 하늘 천국에서

라도 큰 것으로 채워 주시는 하나님이시다. 우리는 말씀의 깨달음대로 살아가는 예수님의 참 제자가 되어야 한다.

"그런즉 내 상이 무엇이냐 내가 복음을 전할 때에 값없이 전하고 복음으로 말미암아 내게 있는 권리를 다 쓰지 아니하는 이것이로다"(고전 9:18)

8. 제자들의 신앙고백

선한 능력은 예수 그리스도로 말미암는다.

예수와 관련된 일은 믿음을 동반하여 선한 능력을 발휘한다.

선한 능력은 삶의 원동력을 불러오고, 힘을 실은 삶은 생명 길을 향해간다.

생명 길은 십자가의 길이며 예수 그리스도를 따라가는 길이다.

"내가 그리스도와 함께 십자가에 못 박혔나니 그런즉 이제는 내가 사는 것이 아니요 오직 내 안에 그리스도께서 사시는 것이라"(갈 2:20)

내 안에 그리스도께서 사실 때 선한 능력은 나타나기 마련이다. 내 안에 그리스도의 영 곧 진리의 영이신 성령께서 운행하실 때 선한 능력은 나타난다. 그러나 내 안에 잔재된 죄성으로 인해 옛사람과 새사람이 갈등할 때도 있다. 옛사람은 성령 받기 전 사람이며 거듭나기 전 사람이다. 새사람은 의와 진리의 거룩함을 입은 사람이다. 의와 진리의 거룩함은 하나님의 속성으로 사람이 하나님과 함께할 때 나타난다. 그러므로 하나님의 사람은 성령의 도우심으로 선한 능력을 발휘하며 살 수 있는 것이다.

예수님의 제자들은 사도로 세움을 받아 많은 능력을 나타내었다. 물론 제자들은 제자도인 십자가의 길을 따랐다. 생계에만 전전긍긍하지 않았다. 사람의 방법을 따르지 않고 오직 예수 그리스도의 죽음과 부활을 전했다. 죽음은 십자가에서의 죽음이다. 죽음과 부활 뒤에는 무엇이 있는가? 도대체 죽음과 부활 뒤에 무엇이 있기에 목숨 걸고 외쳤던 것일까? 이는 이 땅에 안주하지 말고 하늘을 향해 순례자의 길을 가라는 뜻이다. 나의 생명과 가족들의 생명을 책임지시는 분도 하나님이시고, 나의 삶을 주관하시는 분도 하나님이시다. 그러므로 오직 하나님을 의지하고 나다나엘의 고백처럼, 도마의 고백처럼, 베드로의 고백처럼 살아야 한다.

> "나다나엘이 대답하되 랍비여 당신은 하나님의 아들이시요 당신은 이스라엘의 임금이로소이다"(요 1:49)
> "도마가 대답하여 이르되 나의 주님이시요 나의 하나님이시니이다"(요 20:28)
> "시몬 베드로가 대답하여 이르되 주는 그리스도시요 살아계신 하나님의 아들이시니이다"(마 16:16)

나다나엘은 친구인 빌립의 전도를 받아 처음 예수님을 만났을 때 예수님을 "하나님의 아들"로 참 신앙고백 하였다. 또한 자신을 훤히 꿰뚫어본 예수님에 대해 메시야 곧 "이스라엘의 임금"으로 고백했다. 예수님은 진정 이스라엘의 임금을 초월해 온 나라의 임금으로 나타나실 것이다. 세상 왕은 온 데 간 데 없고 예수 왕만이 다스릴 때가 올 것이다. 세상적인 눈으로는 예수님이 이스라엘 조그마한 나라의 왕으로 국한되어 보이지만, 이스라엘은 눈에 보이지 않는 또 눈으로는 다 볼 수도 없는 영적 이스라엘로 확장 되었다. 마침내는 세상 나라가 없어지고 거대한 영적 이스라엘 한 나라만 서게 될 것이다. 그러므로 우리는 예수 부활 뒤에 오는 새 나라를 꿈꾸며 그 나라에 들어가기 위해 살아야 한다. 예수님은 우리의 왕 이시요, 우리는 왕의 신부된 자들로 왕국에 들어갈 것이다.

도마는 부활하신 예수님을 제자들이 보았다고 하니 믿지 못했다. 예수님의 못자국난 손과 창에 찔린 옆구리를 만져보고 확인해야만 믿을 수 있다고 말하였던 것이다. 예수님은 도마가 있는 제자들에게 다시 나타나셔서 손과 옆구리를 직접 만져보라 하시며 확인시켜 주셨다(요 20:27). 하나님은 이처럼 신앙의 의심을 제할 수 있도록 하시고 확신을 주신다. 믿음이 차차 성장할 수 있도록 도우신다. 나의 주님, 나의 하나님을 진심으로 믿고 따를 수 있도록 도우신다.

하나님이 나의 주님이시라는 뜻은 앞에서 언급한 갈라디아서 2장 20절에 근거한다. 그러므로 이제 내가 육체 가운데 사는 것은 나를 위하여 십자가에 죽으신 하나님의 아들 예수 그리스도를 믿는 믿음 안에서 사는 것이다. 한마디로 말하면 내가 내 것이 아니요 피 값으로 산 하나님의 것이니, 하나님의 뜻대로 살아야 한다는 것이다. 종은 주인의 뜻대로 사는 것이다.

시몬 베드로의 고백은 하나님께로부터 나온 고백이다. 많은 사람들이 예수님을 제대로 보지 못하고 어떤 이들은 세례요한, 어떤 이들은 엘리야, 어떤 이들은 예레미야나 선지자 중의 하나라고 한다(마 16:14).

헬라어 "그리스도"는 히브리어로 "메시야"이다.

메시야는 "기름 부음을 받은 자"라는 뜻으로, 당시에 왕, 제사장, 선지자에게 기름을 부어 직분을 세웠다. 예수님은 이의 삼중직을 다 갖추신 분이시다. 예수님 당시 이스라엘은 로마의 속국이었으므로 구약에 예언한 "메시야"가 오면 자신들의 나라를 로마에서 해방시켜 줄줄 알고 있었다. 메시야를 순전히 정치적 인물로만 보고 그저 "메시야 대망"을 꿈꾸었던 것이다. 그런데 예수께서는 알 수 없는 하늘나라 얘기만 하시고, 자신들의 기대치와는 한참 빗나가니 예수님을 세례요한이나 엘리야 같은 선지자 정도로만 여겼던 것이다.

이때 베드로는 "주는 그리스도"이심을 고백한 것이다. 놀랄 수밖에 없는 신앙고백이다. 더불어 하늘에서 온 하나님의 아들이심을 고백했다. 베드로의 이 고백 위에 교회가 세워질 것이며 음부의 권세가 이기지 못할 것을 말씀하셨다. 예수 그리스도의 상징인 반석 위에 세운 교회는 사탄이 이기지 못함을 선포하셨다. 실상 예수님은 십자가에서 죽으신 후 부활하심으로 사탄을 이미 이기신 것이다. 그러므로 우리도 끝까지 예수 안에 거하면 더불어 승리하는 것이다. 베드로에게 주신 천국 열쇠를 우리도 위의 신앙고백 안에서 받은 셈이다. 예수 그리스도 안에서 활짝 열린 천국 문, 우리는 예수 그리스도의 공로로 믿음을 가지고 담대히 들어가면 되는 것이다. 마라나타!

9. 북 왕국의 왕들

이스라엘은 하나님이 선택한 나라로서 애굽의 종살이에서 해방 받은 나라였다.

통일왕국으로는 사울 40년, 다윗 40년, 솔로몬 40년의 통치를 지나 B.C. 930년에 남북으로 분열 되었다. 분열의 근본 원인은 솔로몬의 우상숭배로 인한 죄 때문이었으나, 부친 다윗을 생각하사 솔로몬 당대에는 분열시키지 않으셨으므로 그 아들 르호보암이 왕이 되었을 때 남북으로 분열되었다. 하나님께서 다윗 왕 가문에 등불을 끄지 않으시겠다는 약속 따라 12지파 중 10지파만 에브라임 산지 여로보암에게 넘겨 북 왕국 이스라엘을 다스리게 하셨고, 솔로몬의 아들 르호보암은 자신이 속한 유다와 다른 한 지파 베냐민으로 남 왕국을 다스리게 하셨다. 북 이스라엘 10지파, 남 유다 2지파로 분열 되었으니, 이는 아히야의 예언대로 이루어진 하나님의 뜻이었다(왕상 11:31,32). 지금부터 북 이스라엘의 9왕조 19왕에 관한 내용을 간략히 쓰고자 한다.

북 이스라엘의 초대 왕 느밧의 아들 "여로보암"은 큰 용사였다.

솔로몬이 여로보암의 부지런함을 보고 요셉 족속의 일을 감독하게 했던 것이다. 그러나 실로 사람 선지자 '아히야'의 예언 즉 아이야의 새 옷을 12조각(12지파)으로 찢어 여로보암에게 10조각(10지파)을 가지라고 준 일이 있은 후 솔로몬이 여로보암을 죽이려하매 여로보암이 애굽 왕 시삭에게로 망명을 갔던 것이다. 시삭은 솔로몬의 장인 전(前)왕과는 어긋난 왕으로 솔로몬이 만든 금방패도 모두 빼앗아간 애굽 왕이다. 그러기에 여로보암의 망명을 받아 주었고 여로보암은 솔로몬이 죽자 이스라엘로 돌아온 것이다. 여로보암의 등장으로 하나님의 의도하심 따라 르호보암과 여로보암의 두 왕으로 남북이 분열 되었다. 더 정확히 말하자면 솔로몬의 대를 이어 왕이 된 르호보암이 부친보다 더 과도한 세금부과를 하겠다는 정책에 백성들이 따르지 못하고 떨어져 나갔던 것이다. 사실 백성들은 그동안 성전건축(7년)과 왕궁건축(13년) 등으로 힘든 실정이었다.

느밧의 아들 여로보암은 '세겜' - '디르사'를 수도로 삼고 북 왕국 10지파를 다스렸으며 요단 동편 부느엘(브니엘)을 건축하였다. 또한 백성들이 남 유다 예루살렘 성전으로 예배하러 가는 것을 막기 위해 '벧엘'과 '단'에 하나님을 대신하는 금송아지를 만들어 세워 놓고 경배하도록 하였는데, 이는 북이스라엘이 생존해 있는 내내 하나님의 진노를 사는 계기가 되었다(왕상 12:29). 또한 산당들을 짓고 레위자손이 아닌 보통백성으로 제사장을 삼았다. 제사장은 레위지파에서 나오는 것이 율법이었으나 여로보암은 율법을 쉽게 어겼다. 사울왕은 사무엘이 제사지낼 길갈에 더디 오자 베냐민지파로서 자신이 사무엘을 대신해 번제를 드리다가 하나님으로부터 왕권을 빼앗기는 계기가 되었던 것이다(삼상 13장). 웃시야 왕 또한 유다지파로서 성전 향단에 분향하다 나병이 발병되어 평생을 별궁에 격리되어 지내다가 고독한 죽음을 맞았다(대하 26:16-19).

여로보암이 레위인 아닌 보통 사람으로 제사장을 삼았다는 것은 초기부터 북 이스라엘의 운명을 짐작할 수 있는 일이라 볼 수 있다. 벧엘 제단에 대한 규탄과 개혁은 '하나님의 사람'의 예언대로 300년 후 남유다 '요시야' 왕이 나타나 심판했다(왕상 13:2; 왕하 23:15-16). 뿐만 아니라 여로보암은 7월 15일부터 7일간 지키는 초막절(장막절)의 절기를 8월 15일로 날짜를 변경하는 죄를 범하였다.

"여호와께서 이스라엘 위에 한 왕을 일으키신즉 그가 그 날에 여로보암의 집을 끊어 버리리라 언제냐 하니 곧 이제라"(왕상 14:14)

이 말씀의 한 왕은 "바아사"를 뜻한다.

바아사는 여로보암의 뒤를 이은 "나답"을 죽이고 왕이 되었다. 북이스라엘의 초대 왕 여로보암은 고작 2대에 걸쳐 왕위를 마감하고 멸문하였다. 거름 더미를 쓸어버림 같이 여로보암의 집을 말갛게 쓸어버리겠다는 아히야의 예언 따라, 여로보암 22년, 나답 2년만에 바아사의 반역으로 여로보암 왕조는 멸절 하고 말았다. 반역을 하려면 왕손들을 모두 죽여야 자신의 왕위가 보존 될 수 있으므로 말갛게 쓸어버린다는 의미를 이해할 수 있다. 불행하게도 후대 왕들이 악하므로 하나님께서는 "여로보암의 길로 행하며"라고 말끝마다 여로보암의 불명예스런 이름과 죄를 지적하며 들먹이셨다.

2대 왕조 "바아사" - "엘라" 또한 여로보암의 길로 행하여 하나님을 노엽게 하므로 하나니의 아들 '예후'(10대왕 예후와는 동명이인)를 통해 바아사 집을 여로보암의 집같이 쓸어버릴 것을 예언하였다(

왕상 16:3).

아히야의 아들 "바아사"가 디르사에서 24년을 다스렸고, 그 아들 "엘라"가 이어 2년을 다스렸다. 디르사는 초대 왕 여로보암 때부터 6대왕 오므리 왕이 사마리아로 수도를 옮기기 전까지 40여 년간 북이스라엘의 수도가 되었다.

"시므리"가 엘라를 반역하여 디르사에서 7일 동안 다스렸다. 시므리역시 악을 행하며 여로보암의 길로 행하여 하나님께서 치시므로 새 왕조 "오므리"가 이어 왕이 되었다.

> "그(오므리)가 은 두 달란트로 세멜에게서 사마리아 산을 사고 그 산 위에 성읍을 건축하고 그 건축한 성읍 이름을 그 산 주인이었던 세멜의이름을 따라 사마리아라 일컬었더라 오므리가 여호와 보시기에 악을행하되 그 전의 모든 사람보다 더욱 악하게 행하여"(왕상 16:24-25)

4대 왕조 오므리 왕조는 오므리(12년) - 아합(22년) - 아하시야(2년) - 요람(12년) 4대를 다스렸으나 이 왕조는 가장 악한 왕조였다. 오므리 왕이 그전의 모든 사람보다 더욱 악을 행하였으며, 아합 왕 또한그전의 모든 왕보다 더욱 더 악을 행하였다(왕상 16:25,30).

7대왕 "아합"은 여로보암의 죄를 따르는 것을 오히려 가볍게 여기며시돈 왕 엣바알의 딸 "이세벨"을 아내로 삼아 바알과 아세라 상을 만들어 극진히 숭배 하였다. 사마리아에 바알의 신전을 건축해 놓고 바알을 위한 제단을 쌓고 바알을 국교화(國敎化) 시킬 정도였다. 이스라엘 모든 왕들의 죄악보다 아합의 죄악이 더욱 크므로 하나님이 심히노하셨다(왕상 16:33).

또한 아합과 이세벨의 딸 "아달랴"를 남 유다 5대왕 여호람과 정략결혼하여 남 유다에까지 바알 우상을 퍼트렸다. 여기서 잠깐 남 유다로 건너가보면 이 아달랴는 유다의 7대 왕으로 유일한 여왕이었다. 아달랴는 자신의 아들 아하시야 왕이 예후 군대에 의해 살해되자 왕자들을 모두 죽이고 스스로 왕이 되었다. 다행히도 아하시야의 누이인 여호세바가 아하시야의 아들 요아스를 유모와 함께 침실에 숨겨 죽음을 면케 하였다. 요아스가 6년 동안 성전에서 숨어 지냈다. 제사장 여호야다(여호세바 남편)에 의해 아달랴가 축출되고, 요아스 7세에 왕위에 올랐다. 악한 아달랴는 다윗왕조의 씨를 없애려 했지만 하나님은 다윗의 집에 등불이 꺼지지 않게 하시겠다는 언약을 지켜내셨다. 아달랴는 6년 동안 남 유다를 다스렸으나 여호야다를 통한 하나님의 손에 죽임당하고 말았다. 남 유다는 요아스로 인해 다윗 왕조가 계속 이어졌고, 바벨론 포로로 끌려가기 전까지 1왕조 20왕의 왕위를 보존했다. 남 유다 왕들에 대해서는 뒤편에 이어 다룰 것이다.

다시 북 왕국으로 돌아와서, 하여튼 10대왕 아합 왕은 가장 악한 왕으로 바알과 아세라 숭배에서 빠져나오지 못했다. 오히려 여호와 신앙을 배척하고 바알을 국교화 시키는데 전념했다. 여호와의 선지자들을 죽이므로 궁내 대신 오바댜가 여호와의 선지자들을 굴속에 50명씩 100명을 숨겨두고 떡과 물을 주어 살려내기도 했다(왕상 18:13).
아합 왕과 거세게 다투었던 엘리야 선지자의 일을 생각해 보자. 하나님이 이스라엘 땅에 대한 징벌로, 엘리야는 비가 오지 않도록 기도해 놓고 아합 왕 눈에 띄지 않게 숨어버렸다. 하나님께서 엘리야를 그릿 시냇가에 숨기시고 까마귀를 통해 떡과 고기를 먹이셨다. 시냇물이 마르자 시돈에 속한 사르밧 과부의 집에 보내셔서 먹이셨다(왕상 17장). 이스라엘 땅에 3년 6개월 동안 비를 주시지 않았으니 나라를 다스리는 왕의 고충이 얼마나 컸을지 짐작이 간다. 왕 조차도 가축에게 먹일 물을 찾아 나섰다. 그러므로 왕이 엘리야를 찾아오라고 사방에 광고를 내고 성화(成火)를 부렸다. 하나님께서 말씀하시자 아합 왕 앞에 스스로 나선 엘리야는 갈멜산으로 모이라 하여 바알 선지자 450명과 아세라 선지자 400명으로 영적 대결을 벌였다. 850 : 1의 싸움이다. 바알이 참신인지 여호와가 참신인지를 불로 응답하신 신이 이스라엘의 참신이신 줄 알기로 하고 서로 대결에 들어갔다. 제단의 나무위에 송아지를 각각 올려놓고 불은 붙이지 않고 제단 위의 제물을 사른 신이 참신인 것이다. 먼저 바알 선지자들이 바알에게 불을 내려주길 간구했으나 불은 내려오지 아니하였다. 엘리야는 오히려 제단에 물까지 흠뻑 퍼붓고도 여호와 하나님께서 불을 내려 주시므로 승리할 수 있었다. 엘리야의 하나님은 불의 하나님이셨다. 엘리야의 하나님은 참 하나님이셨다. 하나님은 자신이 이스라엘의 참 하나님 되심을 보여 주셨다. 이에 엘리야는 바알 선지자들을 잡아 기손 시내로 데려가 거기서 모조리 죽여 없앴다. 드디어 디셉 사람 엘리야가 다시 기도하므로 이스라엘 땅에 가뭄이 그치고 비가 내렸다. 하나님은 이처럼 자신의 진노가 어느 정도 풀린 후에야 재앙을 그치는 경우가 더러 있다. 엘리야를 통해 바알 선지자들을 처단하고 하나님 자신이 이스라엘의 참신이심을 밝히시고야 3년 6개월의 혹독한 가뭄을 해갈하셨다.

아합과 이세벨은 이스르엘 나봇의 포도원을 갖기 위해 불량자 두 사람을 거짓증인으로 세워 나봇을 죽이고 그 포도원을 차지했다. 이후 하나님은 엘리야를 통해 아합 왕가의 멸망을 예언하셨다. 개들이 나봇의 피를 핥은 곳에서 이들의 피도 핥을 것을 말씀하셨다. 여로보암의 집처럼 바아사의 집처럼 아합의 집도 쓸어버리실 것을 말씀하셨다. 나봇은 조상에게 기업으로 받은 땅을 팔수 없다는 율법을 수호하다가 의로운 죽임을 당한 것이다(레 25:23).

또한 아합 왕은 하나님이 이기게 하신 아람과의 아벡 전투에서 아람 왕이 화친조약을 제의해오자 조약을 맺고 아람 왕을 살려주는 잘못을 저질렀다. 하나님의 뜻에 의하면 아람왕은 살려 놓으면 안 되는 것이었다. 아람은 또 다시 배반하여 끊임없이 이스라엘을 괴롭힐 것이기 때문이다. 그런데 아람 왕이 굽실거리며 전에 빼앗은 이스라엘 성읍들을 돌려주고, 아람의 수도 다메섹 성읍 내에 아합의 이름을 붙인 거리를 만들라는 제의에 조약을 맺고 놓아준 것이다(왕상 20:34). 아합은 하나님이 주신 승리로 자신의 이름을 높이고자한 것이다. 이 일에 한 선지자가 아합을 규탄한다.

"그가 왕께 아뢰되 여호와의 말씀이 내가 멸하기로 작정한 사람을 네 손으로 놓았은즉 네 목숨은 그의 목숨을 대신하고 네 백성은 그의 백성을 대신하리라 하셨나이다"(왕상 20:42)

이스라엘과 아람이 3년 동안은 전쟁 없이 지냈으나 3년 후 다시 전쟁이 있었다. 아람이 배신한 것이다. 아합은 사돈지간인 남 유다 왕 여호사밧과 함께 아람을 치러 길르앗 라못으로 나갔다. 하나님께서는 위의 한 선지자 예언처럼 아합을 죽이기로 이미 작정하셨다. 거짓말하는 영들을 선지자들 입에 넣어 주어 아합이 이번 전쟁에서 승리할 것이라고 꾀었다. 미가야 선지자에게만 바른 예언을 주셨다. 미가야는 아합이 전쟁에 나가면 죽을 것을 바르게 예언했으나 아합이 이를 듣지 않고 왕복 대신 변장을 하고 전장에 나갔다. 그런데 아합은 한 사람이 무심코 당긴 활에 갑옷 솔기를 맞아 많은 피를 흘린 후 전사하게 된다. 아벡 전투에서 교만에 취해 벤하닷을 놓아준 결과가 선지자의 예언대로 이루어졌다. 아합이 흘린 피를 개들이 핥았을 것으로 본다.

지독하게 악한 왕인 아합이 사마리아에서 22년을 다스리고 그 아들 "아하시야"가 왕위를 이었다. 아하시야가 다락 난간에서 떨어져 병들었으나 하나님께 묻지 않고, 에그론의 신 바알세붑에게 사자를 보내 병이 낫겠는지 물어보게 했다. 이를 알게 된 하나님께서 엘리야를 보내 "네가 반드시 죽으리라"고 말씀 하셨다. 아하시야는 바알세붑을 찾을 것이 아니라, 하나님께 기도하고 하나님의 선지자 엘리야를 찾았더라면 좋았을 것이다. 아하시야가 죽자 그에게 아들이 없으므로 그 형제 곧 아합의 아들 "요람(여호람)"이 왕이 되었다. 요람은 오므리 왕조의 마지막 왕이다.

이스라엘뿐만 아니라 남 유다에까지 악을 끼친 4대 왕조, 오므리 왕조는 하나님의 예언대로 예후에 의해 심판된다. 아합이 이스르엘 나봇의 포도원을 불법으로 차지하자 하나님은 디셉 사람 엘리야를 보내 아합 왕가의 심판을 예언하시고 성취하셨다. 개들이 나봇의 피를 핥은 곳에서 아합의 피를 핥을 것이며, 아합에게 속한 남자는 모두 멸할 것이며, 아합의 집을 여로보암의 집과 바아사의 집처럼 쓸어버리시겠다는 하나님의 심판은 공의로우시다. 이세벨 또한 개들이 이스르엘 성읍에서 그 시체를 먹을 것을 말씀 하셨다. 이 모든 예언이 예후 왕에 의해 성취 되었는데, 오늘날 우리들의 신앙 또한 죄악에서 돌이키지 않는다면 마침내 멸망 받을 수밖에 없음을 깨닫게 된다.

이스라엘 13대왕 "예후(28년)"는 님시의 손자 여호사밧의 아들이다. 하나님은 엘리야 선지자에게 예후를 왕으로 세울 것을 명하셨다(왕상 19:16). 그러나 엘리야 승천 후 엘리사가 자신의 제자를 길르앗 라못으로 보내 예후에게 기름을 부어 왕으로 세웠다(왕하 9:6). 예후와 함께한 장관들이 예후를 왕으로 추대하므로 이스라엘에 혁명을 일으킬 수 있었던 것이다. 당시 요람 왕을 죽이고, 마침 요람 왕의 병문안을 왔던 남 왕국 아하시야 왕도 죽였다. 아하시야가 도망가는 것을 추격하여 쳤으므로 아하시야는 므깃도까지 도망하여 거기서 죽게 된다. 남 왕국 왕도 북이스라엘의 심판에 걸려든 것은 결혼 동맹으로 인하여 바알 숭배의 대상이 되었기 때문이다.

온 이스라엘을 바알왕국으로 물들이기까지 원인제공을 하였던 아합 왕의 아내 이세벨을 창문으로 내던져 박살냈다. 엘리야의 예언대로 이스르엘 토지에서 개들이 이세벨의 살을 먹었으므로, 이세벨을 장사하려고 보니 두골과 발과 손 외에는 찾을 수가 없었다. 개들이 딱딱한 부위만 남기고 다 먹어치운 것이다. 그 후 예후는 아합의 자손 70명과 남 왕국의 왕자 즉 아하시야의 조카들(대하 22:8) 42명도 함께 처단했다. 우리는 이들의 심판을 통해, 악이 크면 클수록 그 집안을 향한 하나님의 진노하심이 맹렬하다는 것을 깨달아야 한다. 온 나라를 바알국으로 물들인 죄악은, 돌이키지 않는 한 하나님의 심판을 면치 못한다.

예후의 이 혁명은 하나님으로부터 말미암았으며, 온 나라에 바알 숭배자들을 척결하는 계기가 되었다. 그러나 예후는 여로보암이 세운 벧엘과 단의 금송아지를 헐지 못하고 여전히 여로보암의 죄악 길로 행하였다. 그러므로 제한적 축복에만 머물렀다. 만약 예후가 여로보암이 세운 금송아지와 산당들까지 파괴 했다면 얼마나 좋았을까? 라는 아쉬움이 남는다.

예후의 제한적 축복은 자손 4대에 이어 왕위를 보장받았다. 여호아하스(17년) – 요아스(16년) – 여로보암 2세(41년) – 스가랴(6개월)의 4대에 걸친 왕위가 보장 되었다. 예후의 통치기간 28년을 합하여, 102년 6개월 동안 사마리아에서 이스라엘을 통치하였는데, 이 예후왕조는 10대부터 14대 왕으로 가장 오랫동안 통치한 왕조였다. 특히 여로보암 2세 때에는 나라에 큰 번영이 있었다.

야베스의 아들 "살룸"이 스가랴를 반역하여 한 달 동안 다스리고, 가디의 아들 "므나헴"이 디르사에서 사마리아로 올라와 살룸을 반역하고 왕이 되어 10년간을 다스렸다. 16대 왕 므나헴은 큰 부자들에게 은 50세겔씩 강탈하여 앗수르 왕 불(디글랏 빌레셀 3세)에게 은 천 달란트를 바쳤는데, 므나헴 역시 악을 행하고 하나님을 의지하지 못함이 안타깝다. 왕과 백성들이 죄악을 행할수록 이는 이웃나라 침략자들에게 시달리는 원인이 되는 것이다. 므나헴이 악을 행하다가 죽음으로 그 아들 브가히야가 왕위에 올라 2년간을 다스렸다.

"브가히야" 왕 역시 느밧의 아들 여로보암의 죄에서 떠나지 아니하였고, 그의 장관 르말랴의 아들 베가가 길르앗 사람 50명과 더불어 반역하여 왕이 되었다. "베가"가 사마리아에서 20년간 다스렸으나 역대 왕들과 마찬가지로 악을 행하고 여로보암의 죄에서 떠나지 아니하였다.

므나헴은 앗수르 디글랏 빌레셀 왕에게 조공을 바치므로 앗수르 공격을 받지 않았지만, 므나헴 왕조를 반역하고 새 왕조를 이룬 베가는 반 앗수르 정책으로 앗수르에게 여러 성읍들을 빼앗겼다. 이때부터 앗수르의 이주 정책에 의해 백성들이 앗수르로 끌려갔으니, 이제 북 이스라엘은 서서히 왕국의 막을 내리고 있는 셈이다(왕하 15:29).

엘라의 아들 "호세아"가 베가를 반역하고 북 이스라엘의 마지막 왕이 되어 9년간을 다스렸다. 호세아는 앗수르 왕 살만에셀에게 종이 되어 조공을 바치다가 애굽 왕 '소'에게로 돌아서므로 앗수르가 사마리아를 3년간 포위하였다. 마침내 주전 722년, 호세아 제9년에 사마리아가 앗수르 사르곤 2세에 의해 점령되어 북이스라엘은 종국 되고 말았다.

> "호세아 제구년에 앗수르 왕이 사마리아를 점령하고 이스라엘 사람을 사로잡아 앗수르로 끌어다가 고산 강가에 있는 할라와 하볼과 메대 사람의 여러 고을에 두었더라"(왕하 17:6)

북이스라엘의 9왕조 19왕은 모두가 여로보암의 길로 행하였으며 선한 왕이 하나도 없었다. 다만 예후만이 아합 왕가와 바알을 척결하는 부분적 선한 왕이었다.

주전 930년-722년 동안 208년의 역사를 지닌 북 왕국은 앗수르 이주 정책에 의해 혼혈족이 되어 선민의 순수성을 잃어 버렸다. 앗수르가 주전 612년 바벨론에 멸망 되므로 북이스라엘은 앗수르에 이어 바벨론의 속국이 되었고, 남 유다 또한 주전 586년에 바벨론의 포로가 되었으므로 이때부터 남북은 한 나라의 통치하에 놓이게 된다. 또한 바벨론은 주전 539년 바사(페르시아) 제국에 넘어갔으나, 남 유다는 고레스 칙령에 의해 포로 귀환하여 회복되기도 한다. 그러나 북이스라엘은 돌아오지 못하고 유대인으로부터 여전히 혼혈족이라는 천대를 받게 된다. 북 왕국 수도 사마리아 사람 즉 사마리아인은 유대인이 상종하지 못할 천한 사람으로 취급되었다. 그러나 먼 훗날 예수님에 의해 사마인아인의 차별대우가 벗어지기도 하는 것을 알 수 있다.

※ 예수님을 통해 회복된 사마리아인

1. 선한 사마리아인(눅 10:25-37)

어떤 사람이 예루살렘에서 여리고로 내려가다가 강도를 만나 거의 죽게 되었는데, 마침 제사장이 이를 보고 피해갔으며, 레위인도 이를 보고 피해 갔으나, 오직 사마리아인은 강도만난 이 사람을 불쌍히 여겨 자비를 베풀었다. 먼저 자신이 가진 기름과 포도주를 상처에 붓고 싸매고 응급처치를 한 후 주막으로 데려가 자신의 금전을 들여서 살려내었다. 강도만난자의 이웃은 이 선한 사마리아인이었다. 예수님은 자신을 시험하러 온 율법교사에게 "가서 너도 이와 같이 하라"하시며 오늘날 우리들도 이 선한 사마리아인처럼 살아야 함을 교훈해 준다.

2. 치료받은 나병환자들(눅 17:11-19)

열 명의 나병환자를 예수께서 치료해 주셨으나, 그중 사마리아인 한 사람만이 하나님께 영광을 돌리고, 예수님을 찾아와 감사를 드렸다.

"그 중의 한 사람이 자기가 나은 것을 보고 큰 소리로 하나님께 영광

을 돌리며 돌아와 예수의 발 아래에 엎드리어 감사하니 그는 사마리아 사람이라"(눅 17:15-16)

3. 우물가 여인(요 4:1-41)

예수님은 제자들과 함께 유대에서 갈릴리로 가시는 길에 사마리아를 질러가셨다. 사실 유대에서 갈릴리로 가는 길은 사마리아를 관통하는 길이 빠른 길이다. 그런데 유대인들은 자신들이 상종하지 않는 사마리아인들을 피해 일부러 먼 거리로 돌아서 가는 경우가 많았다. 예수님은 이와 달리 사마리아를 지나다가 '수가'성 야곱의 우물곁에 이르렀다. 이곳에서 사람들을 피해 한더위에 물을 길으러 나온 한 여자와 주거니 받거니 대화를 나누셨다. 대화의 주요내용은 물과 예배에 관한 것이었으나, 예수님은 이 여인에게 자신이 메시야 되심을 알게 하시고 이 여인을 통하여 수가성의 많은 사람들을 구원하신다. 남편이 다섯이 있었고 지금 있는 남편도 본인 남편이 아닌 이 사마리아 여인을 사람들은 개 취급하여 상종하지 않았을 것이 빤하나, 예수님은 이 여인으로 말미암아 사마리아 내에 전도의 불을 붙이신 것이다. 사람들의 비웃음거리인 하찮은 사람일지라도 예수님은 귀히 여기시고 사랑하신다. 아니 오히려 상한 심령과 소외된 자를 찾으시는 하나님이심을 우리는 기억해야 한다. 의인을 부르러 오신 예수님이 아니라 죄인을 부르러 오신 예수님이시다(마 9:13).

10. 남 왕국의 왕들

남 왕국 유다는 다윗에게 등불을 끄지 않겠다는 하나님의 약속 따라 1왕조 20왕으로 이어진다. 분열왕국 208년을 거쳐 북 왕국이 앗수르에 멸망되고도 B.C. 586년까지 136년을 더 잔존 하였다. 수도는 끝까지 예루살렘을 유지한다. 10지파를 북 왕국에 떼어주고 유다와 베냐민지파 두 지파만으로 총 344년의 왕국을 유지하다 B.C. 586년 바벨론 느브갓네살에 의해 멸망된다(B.C. 930-586).

① '르호보암'은 솔로몬과 암몬 사람 나아마 사이에서 태어난 남 유다의 초대 왕으로서 남북이 분단되는 비극을 겪어야 했다. 비극의 원인이 부친 솔로몬 왕의 죄악 때문이지만 직접적인 원인은 르호보암 자신에게서 비롯되었다. 온 이스라엘이 르호보암을 왕으로 삼고자하여 르호보암이 세겜으로 갔다. 여로보암과 백성의 회중들이 르호보암에게 나아와 말하기를,

"왕의 아버지(솔로몬)가 우리의 멍에를 무겁게 하였으나 왕은 이제 왕의 아버지가 우리에게 시킨 고역과 메운 무거운 멍에를 가볍게 하소서 그리하시면 우리가 왕을 섬기겠나이다"(왕상 12:4)

르호보암은 위의 물음에 바로 대답하지 못하고 삼 일 후에 다시 오라 하였다. 그리고 먼저 부친을 모셨던 노인들에게 자문을 구했다.

"대답하여 이르되 왕이 만일 오늘 이 백성을 섬기는 자가 되어 그들을 섬기고 좋은 말로 대답하여 이르시면 그들이 영원히 왕의 종이 되리이다"(왕상 12:7)

그런데 르호보암은 노인들의 자문을 거역하고 자기와 함께 자라난 젊은 사람들과 의논하여 그들의 자문을 따랐다. 젊은 사람들이 자문하기를 "내 새끼손가락이 내 아버지의 허리보다 굵다", "나는 너희의 멍에를 더욱 무겁게 할 것이라"고 어른들과 대조되는 의견을 내놓았다. 또한 "아버지는 채찍으로 너희를 징계하였으나 나는 전갈 채찍으로 너희를 징계 하겠다"고 한다. 이는 르호보암의 교만으로 패망(?)의 선봉이 되고 말았다(잠 16:18). 르호보암은 자신의 연약한 부분이 아버지 솔로몬의 강한 부분보다 더욱 강하다는 새끼손가락과 허리 비유의 주장을 하고 있는 것이다(왕상 12장).

삼일 만에 여로보암과 백성들이 르호보암의 뜻을 듣고자 왔으나 르호보암이 결국 나이든 신하들의 자문을 버리고 젊은 신하들의 아첨하는 말을 따랐던 것이다. 그러자 이스라엘이 르호보암을 배신하고 '여로보암'을 앞세워 떠나갔다. 여로보암이 10지파를 거느리고 북이스라엘의 첫 왕이 된 것이다. 부친보다 더 강한 탄압과 더 무거운 착취와 억압으로 다스리겠다는 어리석은 정책 앞에 10지파가 다윗의 집에서 돌아섰으니, 이는 "아히야"의 예언을 이루기 위해 하나님께로 말미암아 난 것이었다(왕상 11:31).

르호보암과 여로보암 사이에 항상 전쟁이 있었고 남 유다는 조상들보다 더욱 악을 행하여 하나님을 노엽게 하였다. 산 위와 푸른 나무 아래에 산당과 아세라 상 등 우상을 세웠다(왕상 14:23). 북이스라엘이 악을 행하면 "여로보암의 길로 행하였다" 함과 같이, 남 유다 왕이 악을 행하면 "다윗의 길로 행하지 아니하였다"고 하나님은 다윗왕의 충성스런 면모를 들어 높이셨다.

르호보암 제5년에 애굽 왕 '시삭'이 유다의 견고한 성읍들을 빼앗고 예루살렘을 쳐 성전과 왕궁의 보물들을 빼앗아 가고, 솔로몬이 만든 금 방패 큰 것 200개와 작은 것 300개 모두 빼앗아 갔다. 르호보암은 많은 처첩들을 두어 아들 28명과 딸 60명을 낳았는데, 마아가를 모든 처첩보다 더 사랑하여 마아가의 아들 아비야를 후계자로 세우고 그의 모든 아들들은 유다와 베냐민 각 지방에 두어 다스리게 하였다. 아들들 또한 많은 아내를 구해 주어 살게 했는데, 이는 북쪽에 10지파를 빼앗기고 약해진 왕실의 안정과 번영을 다진 계기가 되었고 볼 수 있다.

르호보암이 40세에 왕위에 올라 예루살렘에서 17년을 다스리고 죽으니 그 아들 아비야(아비얌)가 대신하여 왕이 되었다.

② '아비야(아비얌)'가 예루살렘에서 3년을 다스렸다. 어머니는 기브아 사람 우리엘의 딸 미가야(마아가)이다. 르호보암과 여로보암 사이에 싸움이 지속된 것처럼 아비야와 여로보암 사이에도 싸움이 이어졌다.

역대하 13장에 아비야와 여로보암의 전쟁 즉 남북이 전쟁하는 장면이 나온다. 아비야가 전쟁하지 말 것을, 다윗의 소금언약을 들어 설교했으나, 여로보암이 이를 듣지 않아 전쟁이 시작되었다. 아비야의 남 왕국 군사는 40만 명, 여로보암의 북 왕국 군사는 80만 명이었다. 여로보암이 유다 뒤에 복병을 두었다. 유다는 꼼짝없이 앞뒤 적군 사이에 낀 샌드위치가 되고 말았다. 이는 남 유다가 군사적으로나 전술상으로나 실패할 수밖에 없는 실정에 놓인 셈이다. 그러나 하나님은 남 유다의 손을 들어 주셨다. 유다 사람들이 여호와께 부르짖고, 제사장들은 나팔을 불고, 조상의 하나님 여호와를 의지하였다. 전쟁에서 나팔을 분다는 것은 하나님께 승리의 신호를 알리는 것이다. 하나님께서 나팔소리를 듣고 구원하신다는 약속이 있었다(민 10:9). 어떤 상황으로 남 유다가 이길 수 있었는지는 자세히 알 수 없지만, 하나님은 전쟁을 주관하시는 분으로서 하나님 자신을 향해 부르짖고 의지할 때 구원하시는 하나님이시다. 아비야의 타당한 설교와 백성들의 부르짖음, 여로보암의 악함과 배나 많은 군사력 앞에 하나님을 더욱 의지하는 남 유다의 승리는 하나님 앞에 당연한 것임을 보여준다. 우리도 사탄과의 전투에서 예수 그리스도를 의지하여 승리할 수 있다는 것을 확신케 한다. 여로보암은 이 전쟁으로 인해 하나님의 치심을 받아 죽게 된다.

"아비야와 그의 백성이 크게 무찌르니 이스라엘이 택한 병사들이 죽임을 당하고 엎드러진 자들이 오십만명이었더라"(대하 13:17)

북 왕국 여로보암 통치 말기에 아비야의 뒤를 이어 아사가 왕이 되었다.

③ '아사'가 부친 아비야의 뒤를 이어 예루살렘에서 41년을 다스리며 종교개혁을 단행하였다. 어머니 마아가는 아사의 조모이나 모친으로 기록되었다. 이는 자손을 아들, 딸로 기록하는 특성상의 이유인듯

하다. 남 유다 최초의 종교개혁자 아사는 어머니 마아가가 혐오스러운 아세라 상을 만들었으므로 태후의 위를 폐하고 그 우상을 찍어 기드론 시냇가에 불사르기도 하였다. 남색 하는 자를 쫓아내고 조상들이 지은 모든 우상을 없앴다. 아사 왕 제15년 셋째 달에 예루살렘에 모여 소 칠백 마리와 양 칠천 마리로 제사를 지내고, 마음과 목숨을 다하여 여호와를 찾기로 언약하고, 하나님 여호와를 찾지 아니하는 자는 대소남녀를 막론하고 죽이는 것을 마땅히 여겼다.

> "온 유다가 이 맹세를 기뻐한지라 무리가 마음을 다하여 맹세하고 뜻을 다하여 여호와를 찾았으므로 여호와께서도 그들을 만나 주시고 그들의 사방에 평안을 주셨더라"(대하 15:15)

아사가 비록 산당은 제하지 아니하였어도 하나님은 아사의 마음이 일평생 온전하였다고 선히 평가해 주셨다(대하 15:17). 또한 아사는 아버지가 성별한 물건과 자기가 성별한 은과 금과 그릇들을 하나님의 전에 드렸다(대하 15:18). 이때부터 아사 왕 제 35년까지 다시는 전쟁이 없었으니, 이는 하나님의 은혜였다.

우리가 잠시 여기서 깨달아야 할 것은, 성도가 우상을 멀리하고 하나님만을 의지하고 또 재물을 거룩히 구별해 하나님께 드릴 때, 하나님은 우리를 기뻐하시며 평안과 안정을 주신다는 것이다.

구스 사람(세라)과 룹 사람 군대가 이스라엘을 공격해 왔으나 아사가 하나님을 온전히 의지하므로 하나님께서는 심히 큰 군대를 아사의 손에 넘겨주신다. 그러나 북이스라엘 '바아사'가 남 왕국 아사에게 백성들이 넘어가는 것을 막기 위해 남북 교통요충지인 라마를 건축할 때, 아사는 하나님을 의지하지 않고 아람 왕 벤하닷에게 은금을 주어 라마 건축을 못하도록 바아사를 치게 하였다. 이에 선견자 '하나니'를 보내 아사 왕을 책망하여 "왕이 망령되이 행하였다" 하시며 이후부터는 전쟁이 있을 것을 예언한다. 아람왕의 군대가 아사왕의 손에서 벗어났다고 말씀하시니, 선한 아사의 신앙이 변하여 선견자를 옥에 가두는 일도 있었다.

이후 아사 왕 39년에 발에 병이 들어 매우 위독하게 된다. 아사가 하나님께 구하지 아니하고 의원들에게 구하였다. 결국 2년 후에 아사는 죽게 된다.

사람은 누구든 아사처럼 바르게 잘 살다가도 신앙이 약해져 잘못을 저지를 때가 있다. 우리는 사무엘처럼 한결같은 신앙을 갈망해야 한다. 그럼에도 아사왕은 2차에 걸친 유다 최초의 종교개혁자로서 선한 왕으로 평가 받는다. 다만 마지막에 하나님을 의지하였더라면, 북 왕국 바아사와 아람 동맹 관계의 큰 무리까지도 하나님께서 책임져 주셨을 터인데..., 라는 아쉬움이 남는다. 아사는 아람의 힘을 빌려 북이스라엘 라마 건축을 막고, 건축하다 말고 두고 간 돌과 재목들을 운반하여 유다의 게바와 미스바를 건축하였다. 이로 인해 아사에게 순간적인 이익은 왔을지라도 멀리 봤을 때 하나님의 손을 벗어난 아사의 손실은 더욱 크다는 것을 알아야 한다.

아사왕은 북이스라엘 여로보암 제20년에 즉위하여 여로보암 - 나답 - 바아사 - 엘라 - 시므리 - 오므리까지 거친 왕이었다. 아사왕 31년에 오므리가 이스라엘 왕이 되어 12년을 다스렸다(왕상 16:23). 아사가 죽고 그 아들 여호사밧이 북 왕국 아합 왕 제4년에 남 유다의 왕으로 즉위한다.

④ '여호사밧'이 35세에 왕위에 올라 예루살렘에서 25년 동안 다스렸다. 부친 아사가 병들어 3년을 섭정하였으므로 실질적인 통치 기간은 22년으로 본다. 여호사밧이 아버지 아사와 같이 선한 길로 정직히 행하고, 율법교육과 제판제도 확립과 예배음악 등 종교개혁에 힘쓴 왕이었다.

"그가 전심으로 여호와의 길을 걸어 산당들과 아세라 목상들도 유다에서 제거 하였더라"(대하 17:6)

여호사밧 왕 3년에 방백들(지방장관들)로 유다 여러 성읍에서 가르치게 하고 레위 사람들과 제사장들을 보내어 율법 책을 가지고 성읍들로 두루 다니며 백성들을 가르치도록 하였다. 이는 당시 종교적 분위기가 매우 고조되었음을 보여 준다. 여호사밧이 하나님 앞에서 선한 길로 가기를 힘쓰므로 하나님께서 유다 사방의 모든 이방나라에 두려움을 주어 여호사밧과 싸우지 못하게 하셨다. 블레셋 사람들이 은으로 조공을 바쳤고 아라비아 사람들도 숫양 7,700마리와 숫염소 7,700마리의 짐승 떼를 바쳤다. 이에 유다는 견고한 요새와 국고성을 건축하고 크고 용맹스런 군사를 많이 거느리며 강성하여졌다.

또한 여호사밧은 견고한 성읍마다 재판관을 세우고 사람을 위해 재판하지 말고 오직 불의함도 치우치심도 없으신 여호와 앞에서 진실과 성심을 다해 재판할 것을 명하였다. 뇌물을 받고 재판을 굽게 하지 말 것을 명하였다.

  모압과 암몬이 연합하여 여호사밧을 치고자 하였을 때 여호사밧이
온 백성에게 금식을 공포하고 여호와 하나님께 낯을 향하여 간구하였
다. 백성들 또한 유다 모든 성읍에 모여 하나님께 도우심을 간구하였
다. 아삽자손 '야하시엘'은 "이 전쟁은 너희에게 속한 것이 아니요 하
나님께 속한 것이라" 하며 승리를 예언하였다. 또한 여호사밧은 백성
들로 하여금 하나님 여호와와 선지자들을 신뢰하게 하였고, 노래하
는 자들을 택하여 거룩한 예복을 입히고 군대 앞에 행진하며 여호와
를 찬송하게 하였다. 노래와 찬송이 시작될 때 암몬과 모압의 연합군
은 서로 상대방을 공격하다가 자멸하고 말았다. 이는 사사기 7장에서
의 기드온과 미디안의 전쟁 때와 같은 현상이다. 유다는 순전한 하나
님의 은혜로 승리의 전리품을 엄청나게 획득하였다. 재물과 의복과 보
물이 너무 많아 사흘 동안 거두어들였다. 브라가 골짜기에 모여서 여
호와를 송축하였는데, 브라가 골짜기는 예루살렘과 헤브론 사이에 있
는 곳으로 "축복의 골짜기"란 뜻이다. 이를 통해 찬양의 힘은 크다는
것을 깨닫게 된다.

  "그들이 비파와 수금과 나팔을 합주하고 예루살렘에 이르러 여호와의
  전에 나아가니라"(대하 20:28)

  여호사밧이 찬양대를 앞세워 하나님의 마음을 감동시켜 전쟁을 승
리로 이끌었다. 그러나 또한 아합 집안과 사돈을 맺어 북이스라엘의 바
알 우상을 유다 내에 끌어들인 점에서는 아쉬움이 남는다. 여호사밧은

아들 여호람을 아합 – 이세벨의 딸 아달랴와 혼인하게 하여 남북 최초의 결혼 동맹을 맺었던 것이다(북 왕국의 왕들 참조).

그러므로 여호사밧은 북 왕국 아합과 아람전투에 함께 참여하여 악한 자와 함께 하였다는 하나님의 책망을 받기도 하였으며(왕상 22장), 아합의 아들 여호람(요람)왕과 연합하여 모압 왕 메사와의 전투를 승리로 이끌기도 하였다(왕하 3장). 이때 마실 물이 없으므로 엘리사에게 물어 골짜기 개천을 파서 많은 물을 얻을 수 있었는데, 엘리사는 여호사밧을 봐서 하나님의 대책을 간구하는 것이라고 여호사밧을 치켜세웠다. 이 전쟁은 하나님께서 적군들에게 물이 피로 보이는 착시현상을 일으켜 주심으로 승리할 수 있었다.

여호사밧이 다윗성에 장사되고 그의 아들 여호람(요람)이 즉위한다.

⑤ 여호람(요람)은 32세에 왕이 되어 8년을 통치하였다(실제 5년).

북 왕국 아합의 아들 9대왕과도 이름이 같다. 통치가 끝나는 해도 비슷하여 남북을 표시해주지 않으면 혼돈할 수 있다. 예후에 의해 멸망된 북 왕국 여호람이 남 왕국 여호람보다 약 3년 정도 더 통치하였다. 남북 여호람 왕 모두가 악한 왕이었다. 비슷한 시대에 남 왕국 6대왕과 북 왕국 8대왕도 이름이 '아하시야'로 같은 이름이다. 이들은 외삼촌과 조카 사이로 두 왕 모두 바알을 숭배하는 악한 왕이었다. 남 왕국 아하시야 왕은 아달랴의 아들로 북 왕국 여호람과 같이 예후에 의해 죽임 당했다. 또한 르호보암의 아들과 왕이 되지 못하고 일찍 죽은 여로보암의 아들도 '아비야'로 동명이인이다. 북이스라엘 여로보암 아들 아비야는 병들어 왕이 되지 못하고 죽었으나, 여로보암 집에서 하나님을 향하여 선한 뜻을 품은 유일한 자로, 이 아이만 묘실에 들어갔다(왕상 14:13). 병들어 왕은 되지 못했지만 어찌 보면 이처럼 하나님의 징벌에서 벗어나 축복이 되는 경우도 있다. 여로보암의 집은 바아사에 의해 말갛게 쓸어버림을 당했기 때문에, 그전에 일찍 죽은 것이 오히려 축복이 되는 것이라고 볼 수 있다.

   남 유다 5대왕 여호람은 북이스라엘의 아합 – 이세벨에게서 태어난 딸 아달랴와 결혼하여 아합의 집과 같이 바알숭배를 하는 큰 악을 행하였다. 또한 여호람이 자기보다 선한 아우들을 모두 죽여, 자신에 대하여 스스로 재앙을 불러 일으켰다. 선지자 엘리야가 글을 보내 징벌을 예언하였는데, 이 예언이 모두 이루어졌다(대하 21장).
   하나님께서 블레셋과 아라비아 사람들의 마음을 격동시켜 여호람을 치게 하셨다. 왕궁의 모든 재물과 아들들과 아내들을 탈취 당했다. 막내아들 여호아하스(=아하시야, 아사랴) 한 아들만 살았으니, 이는 다윗의 집에 등불을 끄지 않으시겠다는 다윗언약에 의한 씨를 남겨두신 것이다. 또한 창자에 중병이 들어 이년 만에 창자가 빠져나와 죽게 되었다. 여호람이 죽고 그의 아들 아하시야가 왕이 되어 1년을 다스렸다.

   ⑥ '아하시야'는 북 왕국 8대왕과 동명이인으로 북 왕국 아하시야 왕이 그의 외삼촌이 된다. 여호람과 아달랴 사이에서 태어나 42세에 왕위에 올랐다. 어머니 아달랴의 영향으로 지독히 바알을 숭배하는 악을 행하였다. 이스라엘 왕 아합의 아들 요람과 함께 길르앗 라못으로 가서 아람(시리아)왕 하사엘과 더불어 싸우다가 요람이 상처를 입었다. 요람이 상처를 치료하기 위해 '이스르엘'에 있었는데 이때 아하시야가 병문안 차 갔다가 예후의 심판을 받아 죽게 된다. 아하시야가 사마리아

에서 숨었으나 예후가 찾아내므로 끝내 죽임 당하고 만다.

아하시야가 죽고 그의 어머니 아달랴가 남 왕국 왕자들을 살육하고 반란을 일으켜 왕권을 탈취하였다. 이는 다윗의 왕좌를 빼앗지 않겠다는 다윗언약에 반기를 든 악행이었다. 이때 여호람 왕의 딸 '여호사브앗(여호세바)'이 아하시야의 아들 '요아스'를 몰래 빼내어 유모와 함께 침실에 숨겨 아달랴의 살육에서 벗어나게 하였다. 여호사브앗은 아하시야의 누이이자 제사장 여호야다의 아내였다. 아달랴의 딸은 아니고 여호람의 후처가 낳은 딸인 듯하다. 요아스가 하나님의 전에 6년 동안 숨어 지내는 동안 아달랴가 나라를 다스렸다(대하 22:12).

⑦ '아달랴'가 어머니 이세벨에게 받은 바알을 지독하게 숭배하고 남 유다 온 나라를 바알왕국으로 징치하고 마침내 제사장 여호야다에 의해 살해 된다. 이때 바알 숭배자들도 모두 살해되었으니 악인은 그 심은 행위대로 악한 열매를 거두게 된다는 것을 깨닫게 한다(갈 6:7).

⑧ '요아스' 7세에 제사장 '여호야다'가 아달랴를 축출하고 왕자 요아스를 왕위에 세웠다. 제사장 여호야다는 어린 왕자를 왕위에 세워 아달랴로 인해 끊어진 다윗 왕조를 일으켜 세운 것이다. 뿐만 아니라 아달랴로 인해 생겨난 바알 숭배자들을 모두 색출해 죽이고 바알 신전을 파괴해 변소로 삼았다.

요아스는 제사장 여호야다가 그를 교훈하는 날 동안에는 여호와 보시기에 정직히 행하였다. 아달랴의 바알숭배로 인해 파괴된 성전을 수리했다. 그러나 제사장 여호야다가 130세에 죽자 아세라 목상과 우상을 숭배하여 하나님에게서 돌아서게 된다. 하나님은 여호야다의 아들

스가랴를 보내 죄를 지적하셨다. 그러나 요아스가 돌이키지 않고 스가랴를 돌로 쳐 죽였다. 그러므로 하나님께서 요아스에게 아람 군대를 보내 징벌하심으로 왕이 크게 부상을 입게 된다. 요아스의 신하들이 스가랴의 피로 인해 침상에서 요아스를 쳐서 죽이므로 왕의 묘실에는 장사되지 못하고 40년의 왕위를 마쳤다. 요아스가 죽자 그의 아들 아마샤가 왕위를 이었다.

⑨ '아마샤'가 25세에 즉위하여 예루살렘에서 29년을 다스렸다.

아마샤는 정직하게 행하기는 하였으나 온전한 마음으로는 하지 아니하고 통치 후반에는 우상숭배를 하게 된다. 아마샤가 부왕을 죽인 신하들을 죽였으나 그들의 자녀들은 죽이지 아니하였으니, 이는 "자녀의 죄로 말미암아 아버지를 죽이지 말고, 아버지의 죄로 말미암아 자녀를 죽이지 말라"는 율법을 지켜 행한 것이다(신 24:16).

아마샤와 에돔과의 전쟁이 소금골짜기에서 있었는데 아마샤가 승리를 거두었다. 이때 유다 군사 30만 명으로 부족하여, 북 이스라엘에 은 백 달란트를 지불하고 큰 용사 10만 명을 고용하였다. 그런데 하나님의 사람이 아마샤에게 고용한 이스라엘 군사들을 돌려보내라고 한다. 아마샤는 이미 지불한 삯을 포기하고 하나님의 뜻에 따랐다. 그 결과 전쟁을 승리로 거두고, 포기한 금액보다 훨씬 더 많은 재물을 약탈해 왔다.

그런데 문제는 지금부터이다. 아마샤가 에돔을 치고 돌아오면서 세일 자손의 신들을 가져와서 자기의 신으로 세우고, 그 우상들 앞에 경배하며 분향하였다. 이 일에 대해 한 선지자가 아마샤를 책망했으나 듣지 않았다. 그러므로 하나님께서 남 유다 아마샤를 멸하기로 작정하신다.

아마샤 마음에 교만이 들어와 북 왕국 요아스 왕에게 사신을 보내 서로 대면하자고 한다. 대면하자는 뜻은 한판 붙어보자는 뜻이다. 돌려 보낸 북 이스라엘 군사들이 남 유다의 에돔 전투를 틈타 유다 성읍들을 약탈하고, 3천명을 죽이고, 많은 물건을 노략해 갔기 때문에 아마샤가 이 용병들의 만행을 응징하기 위해 전쟁을 선포한 것이다. 아마샤는 에돔 전투에서 이긴 것이 마치 자신의 힘 인양 의기양양하여 요아스를 향해 도전장을 보냈다. 요아스는 아마샤의 교만을 조롱했지만, 결국 남북이 벧세메스에서 대면하여 아마샤가 대패하였다. 하나님께서 아마샤의 교만으로 인해 아마샤를 치신 것이다. 이스라엘 왕 요아스가 유다 왕 아마샤를 사로잡고, 예루살렘 성벽 400 규빗을 헐고, 하나님의 전 안에 있는 금은과 그릇과 왕궁의 재물을 빼앗고, 사람들을 볼모로 잡아갔다(대하 25장).

아마샤는 북이스라엘의 포로로 굴욕적인 삶을 살다가 귀환 후에 부왕과 마찬가지로 반역의 무리들에 의해 살해당했다. 북 왕 요아스가 죽은 후에도 아마샤는 15년이나 더 생존하였으나 아마샤의 장수는 하나님의 징벌처럼 느껴짐을 알 수 있다.

이처럼 하나님을 잘 섬기다가 돌아선 사람들의 남은 생애는 비참함 뿐임을 깨닫게 된다. 요아스 왕이나 아마샤 왕이나 처음보다 나중이 미약해져 불행한 죽음을 맞았는데, 성도들의 신앙은 한 결 같이 하나님을 향해 타올라야 함을 깨닫는다. 아마샤가 반역 당하여 라기스로 도망하였으나, 거기서 죽임을 당하고 그 아들 웃시야(아사랴)가 왕이 되었다.

⑩ '웃시야(아사랴)'는 16세에 왕위에 올라 52년간을 통치하였다

(B.C.791-739). 24년간을 그의 부친 아마샤와 공동 통치를 하였고, 약 8년간은 그 아들 요담과 공동 통치를 하였다. 그러므로 단독 통치 기간은 약 20년 정도이나, 총 통치기간 52년은 므낫세(55년) 다음으로 긴 기간을 통치한 것이다.

웃시야가 '엘랏' 항구를 건축하였는데 엘랏은 에돔의 무역항으로 아라비아해안, 특히 오빌과의 무역을 위해서 중요한 항구이다. 북 왕국에서 가장 오래 통치한 여로보암 2세(41년 통치)와 같은 시대에 북쪽으로는 하맛 어귀 유프라테스 강 근처까지, 남쪽으로는 이 아카바만 해안까지 솔로몬의 통일왕국 통치 때와 같은 넓은 영토를 확장했다. 블레셋, 아라비아, 마온을 치고 암몬의 조공을 받았다. 망대를 세우고, 샘을 만들며, 산과 밭에 포도원을 두어 농사를 좋아한 왕이었다. 병기구들을 준비하는 준비성이 뛰어났으며 재주 있는 사람들에게 무기를 고안하게 하였다. 그러므로 솔로몬 이후 남 유다에 가장 큰 정치적, 경제적 번영을 가져온 왕이었다.

그러나 집권 말기에 성전 향단에 분향하려 하다가 제사장의 권리를 침해하는 죄를 범하여 하나님께서 치심으로 나병이 걸려 별궁에 격리되어 살다가 죽음을 맞았다.

"그가 강성하여지매 그의 마음이 교만하여 악을 행하여 그의 하나님 여호와께 범죄하되 곧 여호와의 성전에 들어가서 향단에 분향하려 한 지라"(대하 26:16)

웃시야가 강성하여지므로 교만해졌음을 알 수 있다. 우리는 크게 되었을 때 하나님 앞에 더욱 겸손해야 함을 깨닫게 된다.

참고로 향단에 분향하는 일은 구별함을 받은 아론 자손의 제사장들이 맡은 역할이었다. 신약시대 이후 만인제사장주의에 이르렀지만, 구약시대에는 아론 자손의 제사장 외에는 향단 분양을 하면 안 되는 것이었다. 제사장일지라도 나답과 아비후는 하나님이 명하지 않는 다른 불을 드리다가 불사름 당해 죽은 경우도 있었다(레 10:1-2). 하여튼 하나님의 법을 따를 때는 번성하는 복을 주시고 하나님의 법을 어길 때는 왕이라도 징계를 받게 됨을 잊어서는 아니 된다. 죄는 용서받아도 죄의 대가는 따르기 쉽상이다. 웃시야(아사랴)가 죽고 그의 아들 요담이 왕이 되었다.

⑪ '요담'은 25세에 왕이 되어 16년 동안 다스렸다.

부왕 웃시야와 공동통치 기간 약 8년, 아들 아하스와 공동통치 기간 약 4년을 제외하면 실제 단독 통치는 약 3,4년에 불과하다. 요담은 부왕 웃시야가 제사권 월권으로 나병이 걸려 비참한 생애를 마친 사실을 직접 경험했으므로 자신은 결코 성전에 들어가지 않는다. 요담이 여호와의 전 윗문을 건축하였는데, 성전 윗문은 북쪽 방향에 위치한 문으로 왕궁에서 바깥뜰로 나갈 때 사용되는 문이라고 한다(Barker). 요담은 웃시야의 일로 성전에 대한 경외심을 더욱 고양(高揚)했음을 알 수 있다. 또한 요담은 성벽을 많이 증축하고, 산중에 성읍들과 수풀 가운데에 견고한 진영들과 망대를 건축하고 암몬과 싸워 승리하므로 암몬이 유다에 조공을 바쳤다(대하 27:5). 요담이 하나님 앞에서 바른 길을 걸었으므로 점점 강성하여졌다(대하 27:6). 요담이 죽고 그의 아들 아하스가 대신하여 왕이 되었다.

⑫ '아하스'는 20세에 왕위에 올라 16년 동안 다스렸다(대하 28:1).

아하스는 유다 왕들 중에서 가장 극심한 우상 숭배자였다 바알들의 우상을 만들고, 힌놈의 아들 골짜기에서 분향하고, 자녀들을 불살라 제물로 바치는 인신제사(몰렉)를 서슴지 않는 등 이방 사람들의 가증한 것들을 행하여 하나님의 진노를 샀다. 아하스는 이처럼 16년의 통치기간 내내 선한 것이 하나도 없이 악행 하였다. 또한 앗수르 제단을 본떠 제사장 우리야에게 그대로 만들게 하여 그 제단 위에 제사를 드렸다. 성전의 놋 제단을 옮기고, 물두멍, 놋 바다, 놋 소 등 성전기구들을 훼파하고, 앗수르 왕을 두려워하여 성전 문을 폐쇄하고 옮겨 세우고, 다메섹 신들에게도 제사하여 아람 왕들을 의지하였다. 아하스는 한마디로 "망령되이 행하여 크게 범죄 하였다"고 기록하고 있다(대하 28:19).

그러므로 하나님께서는 유다를 낮추셨다. 아람 왕 르신과 이스라엘 왕 베가가 연합하여 유다를 쳐 '엘랏'을 빼앗았다. '엘랏'은 웃시야 왕때 세운 성읍으로 무역상 매우 중요한 항구도시였다. 또한 에돔과 블레셋이 유다를 침노하므로 여러 성읍들을 빼앗기고 백성은 사로잡혀 갔다. 아하스가 앗수르 왕 디글랏빌레셀에게 도움을 요청했으나, 앗수르가 유다를 돕기는커녕, 오히려 유다를 포위하고 공격하는 어처구니없는 일도 벌어졌다.

아하스의 극심한 악행에도 하나님은 선지자 '오뎃'을 보내 북이스라엘 사람들을 책망하여 사마리아로 끌려가는 유다 백성들을 놓아 돌려보내게 하셨다. 북이스라엘 사람들이 남 유다인의 포로와 노략한 물건을 방백들과 온 회중 앞에 두므로, 그들이 옷을 가져다가 벗은 자들에게 입히며, 신을 신기며, 먹이고 마시게 하며, 기름을 바르고 약한 자들은 모두 나귀에 태워 종려나무 성 여리고에 이르러 포로 형제들을 돌려주고 사마리아로 돌아갔다. 형제를 종으로 삼는 것은 율법에도 금지사항이었다. 심히 악행한 아하스는 왕들의 묘실에 들어가지 못하고 그의 아들 히스기야가 대신하여 왕이 되었다.

⑬ '히스기야'는 북이스라엘 마지막 왕 호세아 제3년에 유다 왕이 되었다. 25세에 즉위하여 예루살렘에서 29년간 다스렸다. 호세아 제9년에 북 왕국이 멸망하였으므로, 히스기야 제6년부터는 잔존유다로 23년간 다스린 왕이다. 북이스라엘이 앗수르 살만에셀 5세에 이어 사르곤 2세에 멸망당했으므로 남 유다는 살만에셀 - 사르곤 - 산헤립의 공격을 받는 시대적 위치에 놓여 있었다. 그럼에도 불구하고 히스기야는 역대 왕 중에 특출한 종교 개혁자였으며 하나님을 의지하고 기도하며, 초자연적인 하나님의 도우심으로 앗수르의 공격에서 통쾌하게 벗어날 수 있었다.

"히스기야가 이스라엘 하나님 여호와를 의지하였는데 그의 전후 유다 여러 왕 중에 그러한 자가 없었으니 곧 그가 여호와께 연합하여 그에게서 떠나지 아니하고 여호와께서 모세에게 명령하신 계명을 지켰더라"(왕하 18:5-6)

히스기야가 위의 말씀처럼 하나님을 의지하고 계명을 지키므로 하나님께서는 히스기야가 어디로 가든지 형통하게 하셨다(왕하 18:7). 다윗이후 남북왕조를 통틀어 가장 탁월한 왕이었으므로 열왕기하 18-20장, 역대하 29-32장, 이사야 36-39장으로 그의 통치와 업적에 대해 가장 길게 서술하고 있다.

첫째, 히스기야의 종교 개혁

가장 극심한 우상숭배에 젖어 있던 부왕 아하스와는 너무나 대조적으로 하나님 앞에 정직한 왕이었다. 선과 정의와 진실함으로 행하였다(대하 31:20). 부왕 아하스가 앗수르 왕이 두려워 폐쇄한 성전 문들을 열고 수리하고, 앗수르의 제단과 우상숭배의 더러운 모든 것들을 없애고 성전을 성결하게 하였다. 파손된 성전 기물을 복구하고 새롭게 하였다. 제사장들과 레위인들 또한 성결하게 하고 하나님을 섬기는 일에 "게으르지 말라"고 애정 어린 말로 간청하였다(대하 29:11). 히스기야는 조상들이 하나님을 등지고 범죄하여 유다에 두려움과 놀람과 비웃음거리가 미쳤으며, 자녀와 아내들이 사로잡혔음을 깨달았다. 그러므로 이제는 우상숭배를 버리고 하나님을 제대로 섬기는 일에 게으르지말 것을 간청했다. 산당들을 제거하며, 주상을 깨뜨리며, 아세라 목상을 찍으며, 모세가 만든 놋 뱀을 부수고 '느후스단'이라 일컬었다. 백성들이 놋 뱀을 분향하므로 놋 뱀이 우상이 된 것이다. '느후스단'은 '놋 조각'일뿐 아무것도 아니라는 경멸의 말이다. 놋 뱀은 십자가에 달리신 예수그리스도를 예표하지만 분향할 대상은 아니다.

히스기야는 이처럼 성전의 복구와 청결작업을 마치고 이젠 내면적 신앙 개혁으로 들어갔다. 속죄제와 번제와 감사제와 화목제를 드리고 각종 제사제도를 회복하였다. 제사장들과 레위 사람들의 반열을 정하고 그들의 반열에 따라 직임을 행하게 하였다. 번제 드리기를 시작할때부터 끝날 때까지 노래하는 자들이 다윗의 악기를 잡고 노래하고 제사장들은 나팔을 불었다.

> "히스기야 왕이 귀인들과 더불어 레위 사람을 명령하여 다윗과 선견
> 자 아삽의 시로 여호와를 찬송하게 하매 그들이 즐거움으로 찬송하고
> 몸을 굽혀 예배하니라"(대하 29:30)

번제물의 수효가 어마하므로 번제 짐승들의 가죽을 벗기는 제사장
이 부족하여 레위사람들이 더 열심을 내어 일을 도왔다.

> "이 일이 갑자기 되었으나 하나님께서 백성을 위하여 예비하셨으므로
> 히스기야가 백성과 더불어 기뻐하였더라"(대하 29:36)

히스기야는 성전성결과 성전제사를 회복한 후 '유월절' 행사를 전국
적으로 행하였다. 북이스라엘은 이미 멸망된 상태였기에 전국 12지파
가 예루살렘에 집합하여 함께 유월절을 지킬 수 있었다. 보발꾼을 보
내 북이스라엘 지방 각 성읍에도 유월절 행사 공문을 전달했다. 조롱
하며 비웃는 자도 있었지만 에브라임, 므낫세, 잇사갈, 스불론의 많은
무리들이 참여하였다. 오랫동안 잊혀진 유월절(+무교절) 절기를 뜻 깊
게 지켰다. 법으로 정해진 기간 7일을 마치고 7일을 더 연장하여 지켰
다. 시간관계상 율법의 규정대로 1월 14일에 지키지 못하고 2월 14일
로 연기했으나, 이는 의도적이 아니라 오히려 온전하게 지키기 위한 순
수한 마음이었다. 사실 율법에도 1월 14일에 지키지 못한 사람은 2월
14일에 지키도록 규정되어 있기 때문에 문제 될 것은 없었다. 형제가
연합하여 오랫동안 지키지 못한 유월절을 하나님의 기뻐하심 중에 지

켰다는 점에 큰 의미가 있다. 성결케 할 시간적 여유도 없이 성급하게 드린 유월절인지라 많은 사람들이 미처 성결하게 하지 못했다. 그러나 하나님은 히스기야의 중보기도를 열납 해 주시고 책망하지 않으셨다. 오히려 유월절을 지킴으로 인해 나라 안에 큰 기쁨을 주셨다.

"예루살렘에 큰 기쁨이 있었으니 이스라엘 왕 다윗의 아들 솔로몬 때로부터 이러한 기쁨이 예루살렘에 없었더라"(대하 30:26)

애굽에서의 유월절이 출애굽의 구원이었다면, 히스기야의 유월절은 앗수르에서의 구원이었다.

"히스기야가 온 유다에 이같이 행하되 그의 하나님 여호와 보시기에 선과 정의와 진실함으로 행하였으니 그가 행하는 모든 일 곧 하나님의 전에 수종드는 일에나 율법에나 계명에나 그의 하나님을 찾고 한마음으로 행하여 형통하였더라"(대하 31:20-21)

둘째, 히스기야 시대의 앗수르 침입

북이스라엘을 멸망시킨 앗수르가 두 차례에 걸쳐 예루살렘을 포위하고 공격해 왔다. 히스기야 왕 제14년에 산헤립이 올라와서 유다 모든 견고한 성읍들을 쳐서 점령하였다. 히스기야 왕이 은 300 달란트와 금 30 달란트를 앗수르 왕 산헤립에게 바쳤는데, 이때 히스기야는 성전 문의 금과 자기가 모든 기둥에 입힌 금을 벗겨 모두 앗수르 왕에게 바쳤던 것이다(왕하 18장). 다윗 이래 가장 훌륭한 왕으로 평가받는 히스기야도 이처럼 하나님을 의지하지 못하고 금은을 주어 앗수르의 침공을 모면했다. 사람은 누구나 하나님을 의지하지 못하고 연약할 때가 있음을 알게 된다. 그러나 산헤립의 두 번째 침공에는 다르게 반응했다. 산헤립은 대군을 보내 또 다시 예루살렘을 포위하고 유다 백성들의 사기를 꺾기 위해 유다 방언으로 히스기야의 신앙을 조롱하고, 하나님을 의지하는 것이 부질없는 것이라고 교만을 드러냈다. 사실 앗수르는 이미 많은 국가를 점령했으므로 기세등등하여 유다의 하나님이 유다도 지켜내지 못할 것이라고 소리쳐 퍼부어댔다. 히스기야는 자신이 하나님을 의지하지 못했음을 깨닫고 이번에는 오직 하나님만을 의지하게 된다. 사실 인간의 힘으로는 엄청난 앗수르 대군을 제압할 재갈이 없었다. 히스기야는 베옷을 입고 성전에 올라 앗수르가 보내온 편지를 하나님 앞에 펼쳐 놓고 기도하였다. 신하들에게도 베옷을 입혀 이사야 선지자에게 보내 위급한 전시 상황을 알렸다. 성 밖의 모든 물 근원을 막아 앗수르 군사들에게 흐르는 물을 차단했다. 무너진 성벽을 보수하되 망대까지 높이 쌓았다. 외성을 쌓고 다윗성의 밀로를 견고하게 했으며 무기와 방패를 많이 만들었다.

인간으로서 할 수 있는 모든 것을 다하고 하나님을 철저히 의지했다. 백성들을 성문 광장에 모으고 두려워하지 말며 놀라지 말라고 위로하였다. "저들의 신은 힘없는 육신의 팔이요, 우리와 함께 하시는 하나님은 여호와시라", "여호와께서 반드시 우리를 대신하여 싸우시리라" 하며 백성들을 안심시켰다. 하나님은 결국 이사야 선지자의 예언대로 모두 이루셨다. "내가 나와 나의 종 다윗을 위하여 이 성을 보호하여 구원하리라" 하시며 그 밤에 여호와의 사자가 나와서 앗수르 진영의 군사 185,000명을 쳐 죽였다. 아침에 일찍이 일어나 보니 다 송장이 되었다고 기록하고 있다(왕하 19:35). 185,000명이 하룻밤에 죽게 된 사인(死因)은 알 수 없으나, 하나님의 초자연적인 역사는 사람이 이해할 수 없는 경유가 많다. 한편 산헤립은 고국으로 돌아가 그의 신전에서 자신의 아들들의 칼에 죽임 당했으니, 이사야의 예언대로 성취되었다. 사람들이 예물을 가지고 예루살렘에 와 여호와께 드리고 히스기야 왕에게도 보물을 바쳤다. 하나님께서 히스기야를 높이시므로 히스기야가 모든 나라의 눈에 존귀하게 되었다고 말하고 있다(대하 32:22-23).

셋째, 히스기야의 발병과 회복

히스기야가 젊은 나이에 죽을병이 들었다. 이사야 선지자가 와서 "집을 정리하라"고 말한다. 집을 정리하라는 뜻은 왕실과 나라를 위해 필요한 조치를 취하고 죽을 준비를 하라는 것이다. 약 39세의 젊은 나이에 왕위를 이을 후사도 없이 죽음을 맞이한다는 것이 히스기야는 원통했을 것이다. 히스기야는 낯을 벽으로 향하고 심히 통곡하며 하나님께 기도하였다. 병들기 전 선하게 행한 것을 기억하시어 살려 달라고 심히 통곡했다. 히스기야가 기도하므로 하나님은 이사야 선지자를 보내 "네 기도를 들었고 네 눈물을 보았다"며 3일 만에 성전에 올라가겠다고 하셨다(왕하 20:5). 뿐만 아니라 15년의 생명을 연장할 것을 약속하시고, 그 약속의 증표로 아하스의 해시계(일영표)가 10도 뒤로 물러가게 하셨다. 이는 해 그림자로 시간을 아는 것인데 해시계의 그림자가 "열 계단" 물러난 셈이다. 시간이 뒤로 40분이 물러나는 초자연적인 기적의 사건으로 증표를 내주시어 생명연장을 확증해 주셨다. 3년 후 므낫세를 낳아 왕위를 이었으니 므낫세는 12세에 왕위에 오른 것이다.

넷째, 히스기야의 교만

바벨론의 브로닥발라단이 히스가야의 병문안 차 편지와 예물을 그의 사자들에게 보냈다. 사실 병문안은 표면상의 구실일 뿐 유다와 연합하여 앗수르를 제압할 목적이 있었을 것이라고 본다. 그러나 오늘의 친구가 내일의 적이 된다는 말이 떠오른다. 히스기야는 앗수르의 손에서 구원해주신 여호와 하나님을 높이기보다는 자신의 영광을 드러내기 위해 바벨론 사절단들에게 모든 것을 다 보이고 자랑하였다. 보물고의 보물들과 창고의 모든 것을 다 보이고 자랑 하였다. 이사야 선지자가 히스기야를 책망하고, 사절단에게 보여준 모든 것이 바벨론에 빼앗길 것이라 예언한다. 자신의 자손 중에서 사로잡혀 바벨론 왕궁의 환관이 될 것을 예언하였다. 이는 참으로 충격적인 예언이 아닐 수 없다. 왜냐하면 이는 B.C. 586년에 유다 예루살렘이 바벨론 느브갓네살에 함락되어 멸망되므로 성취되었기 때문이다.

히스기야가 29년의 왕위를 마치고 죽으니 백성들이 그를 다윗 자손의 묘실 중 높은 곳에 장사하여 그의 죽음에 대한 경의를 표하고 그의 아들 므낫세가 대신하여 왕이 되었다.

⑭ '므낫세'는 12세에 왕위에 올라 55년을 예루살렘에서 다스렸다.
므낫세는 부친 히스기야가 헐어버린 산당을 다시 세우며, 바알 제단을 쌓으며, 아세라 목상을 만들며, 하늘의 일월성신을 경배하여 섬겼다. 당연히 성전에 가증한 것들의 제단들을 쌓고 세웠다. 몰렉에게 인신제사를 드리고, 점치며, 사술과 요술을 행하며, 신접한 자와 박수를 신임하여 여호와 하나님을 무척 진노케 하였다. 주민들이 므낫세의 꾀

임을 받고 악을 행하였으므로, 이를 두고 하나님은 이스라엘 자손 앞에서 멸하신 모든 나라보다 더욱 심하게 악을 행하였다고 말씀하신다. 뿐만 아니라 므낫세가 영적 악 외에도 무죄한 자의 피를 심히 많이 흘려 온 예루살렘에 가득하게 하였다.

하나님은 말씀하시고 듣지 아니하므로 므낫세를 앗수르에게 넘겨 사로잡아 바벨론으로 끌고 가게 하였다. 이때서야 므낫세가 하나님께 간구하고, 하나님 앞에서 겸손하여 기도한다. 좋으신 하나님은 므낫세의 간구와 기도를 들어 주시고 예루살렘으로 다시 돌아와 왕위에 앉게 하셨다. 므낫세가 환난을 당하고 나니 그때서야 여호와께서 하나님이신 줄을 알았던 것이다. 포로에서 풀려나 다시 왕위에 앉아 이번에는 자신이 세웠던 성전의 우상을 제거하며, 가증한 우상의 제단들을 모두 성 밖으로 던져 없앴다. 제단을 보수하고 화목제와 감사제를 보수한 제단 위에 드렸다. 그러나 하나님은 므낫세의 온갖 악행으로 인해 예루살렘이 심판될 것임을 말씀하셨다.

"내가 사마리아를 잰 줄과 아합의 집을 다림 보던 추를 예루살렘에 베풀고 또 사람이 그릇을 씻어 엎음 같이 예루살렘을 씻어 버릴지라"(왕하 21:13)

므낫세의 죄악을 간과할 수 없는 하나님께서 북이스라엘을 공의롭게 판단하여 심판하신 것처럼, 남 유다 또한 공의롭게 판단되었으므로 심판하실 것을 말씀하신다. 므낫세가 죽어 그의 궁궐 동산 곧 웃사의 동산에 장사되고 그의 아들 아몬이 즉위하였다.

⑮ '아몬'이 20세에 즉위하여 예루살렘에서 2년 동안 다스렸다. 아몬이 부친 므낫세가 만든 아로새긴 모든 우상에게 제사하여 섬기고, 악을 행하고 더욱 범죄 하므로 그의 신하가 반역하여 궁중에서 그를 죽였다. 또한 백성들이 아몬을 반역한 사람들을 다 죽이고, 아몬의 아들 요시야를 왕으로 세웠다. 아몬이 웃사의 동산 자기묘실에 장사 되었다.

⑯ '요시야'는 8세에 즉위하여 예루살렘에서 31년 동안 다스렸다(대하 34:1). 16세에 다윗의 하나님을 비로소 찾고, 제12년 20세에 우상들을 타파했다. 산당들과 아세라 목상들과 아로새긴 우상들과 부어 만든 우상들을 제거하여 버렸다. 무리가 왕 앞에서 바알의 제단들을 헐었으며, 제단 위에 높이 달린 태양 상들을 찍고 모든 우상들을 빻아 가루를 낼 정도로 철저한 우상 타파의 개혁을 하였다. 이런 요시야의 개혁은 남 유다 뿐 아니라 북이스라엘 지방까지도 미쳐 온 이스라엘이 여호와 신앙을 회복하는 계기가 되었다.

요시야는 우상을 타파한 후 성전을 수리하였던 것이다. 성전을 수리하여야 성전제사를 드릴 수 있으므로 성전 수리는 종교개혁 시 꼭 수반되는 것이 특징이다. 요시야의 특이사항은 성전을 수리하는 중 제사장 '힐기야'가 모세가 전한 율법 책을 발견한 것이다. '힐기야'가 율법 책을 서기관 '사반'에게 주니 사반이 책을 왕에게 가져가 왕 앞에서 읽어 올렸다. 왕이 율법의 말씀을 듣고 자기 옷을 찢고 회개하는 일이 벌어졌다. 조상들이 하나님의 말씀을 지키지 않아 하나님의 진노가 컸음을 깨달았다. 율법 책을 통해 죄를 깨달은 요시야처럼 우리도 성경 말씀을 통해 하나님의 뜻을 깨달아 반응해야 할 것이다.

요시야는 율법 책을 통해 파기 되었던 하나님과의 언약을 회복하였다. 여선지자 '훌다'에게 제사장 힐기야와 사람들을 보냈다. 선지자 '훌다'는 유다 백성들의 죄악에 대한 하나님의 심판을 선포했다. 그러나 요시야의 회개와 겸손에 대해서는 축복을 예언했다. 주민에게 내리는 모든 재앙을 요시야 살아생전에는 보지 않을 것을 약속하시니 그대로 성취된다. 요시야는 노소를 막론하고 모든 백성들을 한 자리에 모아놓고 언약 책을 무리들에게 들려주고 언약을 세운다.

> "왕이 자기 처소에 서서 여호와 앞에서 언약을 세우되 마음을 다하고 목숨을 다하여 여호와를 순종하고 그의 계명과 법도와 율례를 지켜 이 책에 기록된 언약의 말씀을 이루리라 하고 … 예루살렘 주민이 하나님 곧 그의 조상들의 하나님의 언약을 따르니라"(대하 34:31-32)

또한 요시야 즉위 열여덟째 해 첫째 달 열넷째 날에 유월절 어린양을 잡아 유월절을 지켰다. 히스기야 때도 유월절을 지켰으나 요시야 때만큼은 못했다. 요시야는 백성들에게 유월절 준비를 잘하게 하여 준수했다. 참가인원이나 제물의 수를 봐서도 훌륭하게 치러졌지만 무엇보다도 율법의 규례를 따라 엄숙히 준수하였다. 그러므로 사무엘 선지자 시대 이후로 가장 성대한 유월절을 지키게 되는 결실을 가져왔다(대하 35:18).

유월절의 준수는 출애굽의 구원을 기념하는 것으로 예수그리스도의 구속을 예표 한다. 예수님은 십자가에서 유월절 어린양이 되어 피 흘려 죽으신 것이다. 피 흘리심은 우리의 죄를 대속하기 위해서였다.

요시야의 죽음 - 애굽 왕 바로 느고가 바벨론과 싸우기 위해 유브라데 강가의 '갈그미스'로 올라가는 중 요시야가 나가서 이를 방비하게 된다(B.C. 609). 느고는 유다 왕 요시야와 싸울 목적이 아니었으나, 요시야가 므깃도 골짜기에서 막아서므로 어쩔 수 없는 싸움을 벌인다. 하나님은 느고에게 싸움에 나갈 것을 명령하였으나 요시야가 듣지 않고 오히려 변장을 하고, 앗수르를 돕기 위해 갈그미스로 올라가는 애굽 군대를 막기 위해 나간 것이다. 아이러니하게 요시야는 애굽의 활에 맞아 죽음을 맞게 된다. 남의 싸움에 관여하는 요시야는 앗수르의 재기를 원치 않았으므로 앗수르를 돕기 위해 원정하는 애굽을 막아선 것이라고 볼 수 있다. 이때 앗수르의 수도 니느웨는 이미 바벨론에 멸망되고(B.C.612) 하란으로 쫓겨나 주둔하고 있었던 것이다.

예루살렘 사람들이 요시야의 죽음을 슬퍼하였다. 예레미야는 요시야를 위하여 애가를 지었으니 남녀 노래하는 자들이 요시야를 슬피 노래하였다. 요시야가 하나님의 뜻을 막아 전사했지만 이는 여선지자 '훌다'의 예언대로 곧 이루어질 예루살렘 멸망의 재앙들을 보지 않기 위해 죽음을 재촉한 것이라 해석된다.

요시야는 여호사밧, 히스기야와 함께 3대 개혁자라고 불린다. 멸망받을 전(全)이스라엘 12지파에게 마지막 신앙의 유산을 남기고 간 훌륭한 왕이라고 볼 수 있다. 남 유다는 주전 609년 갈그미스 전투에 이어 여러 차례 바벨론의 공격을 받아 결국 무너졌지만, 요시야의 신앙 유산은 바벨론 포로 생활에서 백성들이 여호와 신앙을 찾는 원동력이 되었을 것이다. 요시야는 흔히 말하는 짧고 굵게 산 사람이다. 39세의 나이에 생을 마감하였고, 백성들이 요시야의 넷째아들 여호아하스(살룸, 대상 3:15)를 왕위에 세웠다.

⑰ '여호아하스'(살룸,렘22:11)가 23세에 왕위에 올라 3개월 동안 다스렸다. 애굽 왕 바로 '느고'가 반 애굽 여호아하스를 폐위하고 그를 잡아다가 하맛 땅 리블라에 가두어 두고, 요시야의 둘째아들 즉 친 애굽파 '엘리아김'을 왕으로 세웠다. 또한 엘리아김의 이름을 '여호야김'으로 개명하고 애굽에 조공을 바치게 하였다.

여호아하스가 여호와 보시기에 악을 행하다가 애굽으로 끌려가 거기서 죽음을 맞이하였다.

⑱ '여호야김(엘리아김)'은 요시야의 둘째 아들로(대상 3:15) 25세에 왕이 되어 11년간 다스렸다. 이 왕의 시대부터 3차에 걸친 바벨론 포로시대가 펼쳐진다. 앗수르 제국의 수도 니느웨가 B.C. 612년에 바벨론에 멸망되고, 그 잔존세력이 '하란'에 머물렀으므로 B.C. 609년 '갈그미스'에서 전투가 벌어졌다. 무승부로 끝났지만, 이때 애굽이 앗수르를 돕기 위해 올라가다가 '므깃도'에서 이를 막아서는 요시야를 죽이고 간다. 요시야는 앗수르가 재기하지 못하도록 하기 위해 애굽을 막으셨다가 전사한 것이다. 그러나 온 나라를 주관하시고 섭리하신 하나님은 부상하는 신흥국가 바벨론 편에 서계셨다. 죄악으로 뒤덮인 온 이스라엘을 자신 앞에서 물리치고자 하신 하나님이셨다. 사실 거룩하신 하나님께서 우상숭배의 가증스러움과 피 흘림의 악에서도 다윗 왕과의 언약을 생각하사 참으로 오래 참으신 것이다. 그러나 또 포로 생활 70년을 거쳐 남은 자들을 돌아오게 하신 하나님이셨다.

여호야김이 애굽에 조공을 바치기 위해 백성들에게 은금의 액수를 정하여 징수하게 하였다. 유다가 친애굽 정치를 하는 한 바벨론의 공격에는 불가피했다. 바벨론 왕 느브갓네살이 B.C. 605년 갈그미스(2

차) 전투에서 애굽을 격퇴시키고 유다를 점령했다. 여호야김이 바벨론 왕을 3년 섬기다 배반하므로 바벨론은 주변국가들 즉 갈대아, 아람, 모압, 암몬과 동맹하여 유다를 쳐 멸했다(왕하 24:1-2). 하나님은 유다의 주변 국가들을 모두 들어서 자신의 백성들을 자신이 허락하신 땅에서 내치셨다. 바벨론이 여호야김을 쇠사슬로 결박하여 사로잡아가고 다니엘과 다니엘의 세 친구도 1차 포로로 끌려갔다. 바벨론은 인재들을 뽑아 그들의 법으로 교육을 시켜 나라에 충성하게 하였다.

여호야김이 바벨론으로 끌려갔으나 어떤 이유인지 임종 시에는 바벨론이 아닌 예루살렘에 있는 것으로 예레미야서를 통해 비춰진다. 여호야김이 하나님의 말씀이 적힌 두루마리를 불태우고, 바벨론을 섬기라는 예레미야의 예언을 멸시했다(렘 36:23). 이에 하나님께서는 여호야김의 자손이 왕위에 앉을 자가 없게 할 것이며, 그의 시체는 버림을 당하여 낮에는 더위 밤에는 추위를 당할 것을 말씀하셨다(렘 36:30). 이 예언대로 여호야김의 아들 여호야긴이 왕위에 올랐으나 약 3개월 만에 바벨론으로 잡혀갔고, 여호야김의 시체는 예루살렘 문 밖에 던져져 나귀 같이 매장함을 당했다(렘 22:19). 워낙 포악하고 강포한 그의 죽음에 대해 백성들은 슬퍼하지도 통곡하지도 아니하였으니(렘 22:18), 비참한 최후를 맞이한 유다의 18대 왕이었다. 요시야의 둘째 아들 여호야김이 죽고 그의 아들 여호야긴(여고냐, 고니야)이 왕이 되었다.

⑲ '여호야긴(여고냐)'이 18세에 왕위에 올라 3개월 10일 동안 다스렸다.

열왕기하 36:9에는 즉위 나이가 8세로 기록되나 아무래도 10이 빠진듯하다. 왜냐하면 여호야긴 즉위 석 달 후에 바벨론에 포로로 끌려 갔는데, 그의 아내들(왕하 24:15)과 자손(렘 22:28)이 함께 끌려갔기 때문이다. 8세의 나이에 결혼하지 않았을 것으로 보아 18세가 맞는듯 하다.

여호야긴은 부왕 여호야김과 달리 바벨론에 어머니까지 앞세워 항 복하므로 자신의 목숨은 물론 가족들의 목숨만큼은 건졌다. 그러나 포 로로 끌려가는 것은 면치 못했다. 하나님의 뜻은 바벨론에 항복하여 바벨론을 섬기는 것이었다. 그래서인지 끝까지 살아남은 왕은 이 왕 뿐이었다. 여호야긴이 사로잡혀 간지 37년 곧 바벨론 왕 에윌므로닥 원년 12월 27일에 석방되었다. 이후부터 종신토록 바벨론 왕에게 극 진한 예우를 받고 살았던 19대 왕이다(왕하 25:27-30). 이는 유다 왕 의 지위와 명예가 회복된 셈인데, 이는 곧 포로 귀환이 있을 것을 암 시해 주고 있다.

느브갓네살 왕 18년(B.C. 597) 여호야긴과 그의 어머니와 아내들과 내시들과 국가의 대표자들이 바벨론으로 사로 잡혀 간 것이다. 용사 7 천명과 장인들과 대장장이 1천명도 사로잡혀 갔다. 비천한자 외에 유 능한자는 거의 잡혀갔는데, 선지자 에스겔도 이때 포로로 끌려갔던 것 이다(2차 포로). 바벨론 1차 원정 시와 마찬가지로 성전기물들을 모두 약탈해 갔다. 여호야긴의 왕위를 폐위하고 그의 숙부 '맛다니야'를 왕 으로 세우고 이름을 '시드기야'로 개명하였다(왕하 24:17).

⑳ '시드기야'는 요시야의 셋째 아들로(대상 3:15) 21세에 왕이 되 어 예루살렘에서 11년간 다스린 남 유다의 마지막 왕이었다. 바벨론

에 의해 세워졌으니 마땅히 바벨론에 조공을 바쳐야 했으나 시드기야가 바벨론을 섬기다가 배반하고 또 다시 애굽을 의지하자 바벨론은 이번을 마지막으로 총 3차에 걸쳐 남 왕국을 끝장내고 만다(B.C. 586).

시드기야 왕 제9년 10월 10일부터 제11년 4월 9일까지 예루살렘은 바벨론 군대에 의해 무려 18개월 동안 포위 되었다. 기근까지 들어 양식이 떨어지고, 성벽이 파괴되므로 군사들은 도망가고, 시드기야 또한 아라바 길로 도망하다가 뒤쫓아 온 적군에게 여리고 평지에서 잡히고 말았다. 예루살렘은 결국 함락되고 말았다. 시드기야는 쇠사슬에 묶여 바벨론으로 끌려갔고, 그의 눈앞에서 두 아들의 죽음을 보았다. 그의 두 눈은 무기력하게 뽑히고 말았다(왕하 25:7). 죽음 또한 그곳에서 비참히 맞이하였다. 느브갓네살 19년 5월 7일 성전과 왕궁 등 예루살렘의 집들이 불태워졌다. 예루살렘이 폐허로 변했다. 시위대장 느브사라단이 불을 지르고, 포도원을 다스릴 비천한자만 남기고 모두 포로로 끌고 갔다. 성전 또한 철저히 약탈당했는데, 성전의 놋 기둥과 놋 바다와 놋 소와 하나님을 섬길 때 쓰는 작은 기구들의 놋이나 놋그릇까지 무게를 헤아릴 수 없는 양의 놋을 약탈해 갔다. 놋은 무기를 만드는데 필요하므로 철저히 약탈해 가기 마련이다.

시드기야는 그토록 외친 예레미야의 예언에 불순종하여 비운의 생을 마감했다. 예레미야는 한 결 같이 바벨론을 섬길 것을 외쳤다. 시드기야의 반 바벨론 정책이 시드기야 자신은 물론 자신의 집안과 예루살렘 백성들의 삶을 송두리째 앗아간 셈이다. 이일에 거짓선지자들도 한 몫 했다. 거짓선지자들은 이미 포로로 끌려간 백성들이 곧 예루살렘으로 돌아올 것을 예언하였다. 하나냐는 2년 안에 1,2차에 잡혀간 포로

들이 돌아올 것이라는 거짓 예언을 하여 예레미야의 예언대로 그해 일곱째 달에 죽고 말았다(렘 28장).

B.C. 722년에 북이스라엘 사마리아가 하나님의 내치심으로 멸망되었고, B.C. 586년 남 유다 예루살렘도 역시 하나님의 내치심으로 멸망되었다. 7년째마다 땅의 안식을 주라는 작은 율법 하나도 지켜내지 못했던 이스라엘 땅은 70년이란 긴 안식에 들어간다. (1차포로 B.C. 605년, 2차포로 B.C. 597년, 3차포로 B.C. 586년).

남 유다의 멸망 예고는?
모세 때부터 말씀하셨고 - 신 28:36-37
히스기야를 통해 말씀하셨고 - 왕하 20:17
이사야 선지자를 통해 말씀하셨고 - 사 39:6
예레미야 선지자를 통해서도 말씀하셨다 - 렘 17:3-4

우리도 하나님을 바로 섬기지 못하고 우상과 세상을 좇아간다면 이처럼 마지막 날에 멸망당할 것이다. 성전이 나라와 백성들을 지켜주지 못했듯이 하나님 외에 그 어떤 것도 우리를 영원한 생명에서 지켜주지 못한다. 오직 주 예수 그리스도를 통해 하나님을 섬기고 주 예수 그리스도를 따르는 자만이 구원을 받는다.

11. 하나님의 전신갑주를 입자

의의 사람은 하나님께 붙어있는 자이다.
의의 사람은 사탄의 속성인 어둠에 다니지 않는다.

"너희가 전에는 어둠이더니 이제는 주 안에서 빛이라 빛의 자녀들처
럼 행하라 빛의 열매는 모든 착함과 의로움과 진실함에 있으니라"(엡
5:8-9)

사람은 어둠에서 태어나 빛으로 나온다. 어머니의 자궁속이 어둠이
었으며, 그 어둠을 뚫고 세상 밖으로 나온다. 또한 태어날 때부터 원
죄를 타고나 어둠의 자식으로 살다가 거듭나게 되면 빛의 자녀가 된
다. 반면 물과 성령으로 거듭나지 않으면 계속 어둠에 다니게 된다(요
3:3,5).

거듭나려면 예수 그리스도를 영접하고 물세례와 성령세례를 받아
야 한다. 많은 사람들이 이 중요한 사실을 모른 체 살아가고 있는 현
실이다.

성령은 성부, 성자 하나님께로부터 내려온다. 다시 말하면 예수 그리
스도를 구주로 믿는 자들에게는 성령이 그들의 마음에 내주하신다. 성
령을 받은 자는 성령받기 전과 다르다. 성령을 받으면 삶에 변화가 일

어난다. 어둠의 속성에서 빛의 속성으로 변화 받는다. 마귀의 자녀에서 하나님의 자녀로 신분이 바뀐다.

그러나 하나님께 영혼을 빼앗긴 사탄 마귀는 그 영혼을 끝까지 하나님으로부터 떼어내려고 물고 늘어진다. 믿음이 연약한 사람은 잠시 사탄의 꾐에 넘어가기도 한다. 빛의 자녀로 신분이 바뀐 자는 사탄의 꾐에 넘어지지 않기 위해 예수 그리스도를 의지할 수밖에 없다. 또 그 안에 성령을 의지하여 넘어지지 않도록 힘써야 한다. 넘어지지 않도록 하나님의 전신갑주를 입어야 한다.

"하나님의 전신갑주"는 무엇인가?

첫째, 서서 진리의 허리띠를 띠어야 한다.

누워서도 앉아서도 아닌 서서 진리의 허리띠를 띠고 사탄과의 전투에서 이길 수 있도록 준비해야 한다. 서서 있다는 것은 언제든 싸울 태세를 갖추고 있다는 의미이다. 진리는 하나님의 말씀이므로(요 17:17) 말씀으로 띠 띠어야 한다. 또한 원어적 의미에서 '성실'과 '정직'으로 거짓의 아비 마귀(요 8:44)를 이겨야 한다. 마귀는 그 속에 진리가 없으므로 참된 길에 서지 못한다.

또한 싸움에서 허리띠를 띤다는 것은 매우 중요하다. 허리띠로 옷을 단단히 동여매어야 싸움을 잘 할 수 있다. 이사야는 예수님께서 '공의'로 허리띠를 삼고, '성실'로 몸의 띠를 삼는다고 소개하고 있다(사 11:5). 하여튼 성도는 말씀과 성실과 정직으로 허리띠를 띠고 서서 악의 영들에 대하여 투쟁할 태세를 갖추며 살아가야 한다.

둘째, 의의 호심경(흉배)을 붙여야 한다.

의는 하나님의 의이다. 하나님의 의를 덧입고 진리 안에 서야 한다. 또한 도덕적으로도 의롭게 살아야 한다. 하나님께서 온전하신 것처럼 우리도 온전해야 한다(마 5:48). 성도가 의롭고 온전할 때 사탄의 공격은 힘을 잃는다. 호심경은 전투 시 병사의 가슴부분을 보호하기 위하여 쇠나 구리 조각으로 만들어 착용하는 것으로서, 성도의 의로운 삶은 사탄의 공격으로부터 그의 심장을 보호 받는다. 한마디로 의롭게 사는 자는 사탄의 공격에도 넘어지지 않는다는 의의 호심경을 붙이고 살아가야 한다.

셋째, 복음의 신을 신어야 한다.

복음은 예수 그리스도의 평화의 복음이다.
복음은 예수 그리스도의 십자가의 도이다.

"십자가의 도가 멸망하는 자들에게는 미련한 것이요 구원을 받는 우리에게는 하나님의 능력이라"(고전 1:18)

우리는 십자가 복음의 능력을 입고 악의 세력과 투쟁해야 한다. 또한 화평의 복음을 전하는 일에 게을리 해서는 아니 된다. 신을 신는다는 것은 복음을 들고 어디든 다닌다는 뜻이다. 전도의 상급이 크게 있음을 믿고 때를 얻든지 못 얻든지(딤후 4:2) 복음을 전해야 한다. 전투 시 신을 신지 않는다면 긴 행군이 어려울 것이다. 전투에 편안하고

용이한 신을 신듯이, 평안의 복음이 준비한 것으로 신을 신어야 한다.

넷째, 믿음의 방패를 가져야 한다.

믿음의 방패로 악한 자의 모든 불화살을 소멸해야 한다.
믿음은 하나님을 전적으로 신뢰하는 것이다. 사탄과의 싸움에서 이미 승리하신 예수 그리스도를 믿고 의지해야 한다. 적이 불화살을 쏠 때 방패가 없다면 불화살에 맞아 쓰러져 죽을 수밖에 없는 것처럼, 하나님을 믿는 믿음이 없이는 악한 영들과의 전투에서 승리할 수 없다. 하나님은 최고의 능력자이시며, 예수님은 최고의 장수이시다. 구약시대 이스라엘 백성들은 싸울 힘이 약했다. 그러나 그들이 하나님을 의지할 때는 우레를 발하는 등 초자연적인 방법을 써서 반드시 대승을 거두게 하셨다.

그러므로 믿음은 세상 모든 것을 이기는 능력이 된다. 우리는 깨어 기도하여 믿음의 능력을 키우고 큰 믿음의 소유자가 되어야 한다. 의심은 물리치고 우리의 산성과 방패 되신 예수 그리스도를 의지해야 한다. 겨자씨 한 알 만큼만 믿음이 있어도 산을 옮길만한 능력이 된다고 하신 말씀을 기억할 필요가 절실하다(마 17:20).

"믿음의 주요 또 온전하게 하시는 이인 예수를 바라보자"(히 12:2)

다섯째, 구원의 투구를 써야 한다.

구원은 하나님의 선물이다(엡 2:8). 하나님의 은혜로 예수 그리스도를 믿는 자들에게 주신 선물이다. 그러므로 구원의 소망과 확신을 갖고 선물 받은 은혜에 감격하며 감사하는 삶을 살아야 한다. 구원을 베푸신 하나님께 감사 찬송해야 한다. 사람에게 머리가 중요한 것처럼 구원의 소망과 확신은 참으로 중요하다. 마지막 날에 반드시 천국에 이르러 영생할 것을 의심 없이 믿고, 하나님의 뜻 안에서 항상 기쁘게 살아가야 한다. 구원의 투구를 썼을 때, 자신이 구원받았다는 사실을 알게 된다.

여섯째, 성령의 검 곧 하나님의 말씀을 가져야 한다.

성령의 검과 하나님의 말씀은 같은 의미를 갖는다.

믿음이 수비용이라면 말씀은 공격용이다. 검 곧 말씀이 없으면 악의 영들을 공격을 할 수 없다. 하나님의 말씀을 모른 자는 사탄이 거짓과 교활로 공격해 와도 그 공격을 쳐낼 수가 없다. 사탄은 이미 예수그리스도의 십자가에서 패배했으므로 우리는 예수 그리스도의 보혈을 의지하고 진리의 말씀으로 사탄을 공격해야 한다. 사실 예수님은 사탄의 시험에 기록된 말씀으로 대항하시고 승리하셨다(마 4장).

또한 우리는 말씀으로 거룩해져야 한다. 거룩함은 하나님의 속성이요, 죄는 더러운 것으로 사탄의 속성이다. 그러므로 얽매이기 쉬운 죄(히 12:1)에 주의하고 죄를 떨쳐내야 한다. 말씀은 성령의 검인만큼 말씀을 가까이하고 기도하고 찬양하여 성령 충만함을 입어야 한다.

"술 취하지 말라 이는 방탕한 것이니 오직 성령으로 충만함을 받으라"(엡 5:18)

"하나님의 말씀과 기도로 거룩하여짐이라"(딤전 4:5)

성령이 나를 사로잡을 때 몸을 해치는 술과 담배도 죄악도 끊어지기 마련이다. 내 몸에 더러운 것들을 몰아내고 하나님의 거룩한 것들로 채워질 때에 성령의 충만함을 입게 된다. 성령의 충만함은 하나님의 은혜를 받아 풍성한 삶을 이룬다.

12. 은혜의 고백

찬란한 영광을 원했던가?

풍성한 재물을 원했던가?

아니면 세상 쾌락을 원했던가?

욕심도 없이 빈손으로 날으는 새처럼 살고자 했네.

아름다운 풍경이 있는 곳에 그저 조용히 살고자 했네.

그러나 이젠 '나'라는 존재에 대해 모두 알았네.

내 안에 오신 내 주께서 나를 깨우치셨네.

밤마다 아침마다 우리 함께 나누는 사랑의 교제 속에 세상 그 무엇과
도 바꿀 수 없는 생명이 있음을 알았네.

깊어만 가는 사랑의 교제 속에 방황했던 허무한 날들이 부끄럽고 무
의미하게 다가왔네.

주를 만난 후 내가 가진 세상 것들을 배설물처럼 버렸다는 사도 바울
의 고백처럼 나 또한 그러했네.

어찌하면 주를 기쁘시게 할까 많이 생각하며 살았네.

에녹처럼 300년까지는 턱없지만 내게 남은 30년만이라도 온전히
주님과 동행하길 원하네.

때론 외로움과 허전함이 파고들어도 애써 태연하며, 다시 마음을 새

롭게 다잡았네.

주님의 책망이 가시처럼 나를 찔러도 원망 없이 바로 서야 했음은 '나'라는 존재가 주님의 손에 붙들려 있기 때문이었네. 주님은 토기장이요, 나는 주님의 손에 진흙임을 확신했네.

내가 하늘에 올라갈지라도, 스올에 내 자리를 펼지라도, 바다 끝에 거주할지라도 주님은 그곳에 계신다는 다윗의 고백처럼, 나는 어디를 가든 주님을 피할 수 없는 존재임을 깨달았네(시 139편).

주님이 주신 뚜렷한 마음과 뚜렷한 음성에 과녁을 벗어나지 못하고, 잠시 헛된 생각을 했을지라도 다시 주님의 충만하심으로 채워 나갔네.

주님의 숨결, 주님의 마음과 느낌, 주님의 사랑, 주님의 은혜가 너무 좋아 주님을 떠나기 싫었네.

참 길을 알았고, 진리와 참 생명을 알았으므로, 다른 길은 내게 무의미한 길이었네. 다른 길은 무너지고 부서지는 길이었네.

바른 지도와 바른 인도와 바른 삶을 살게 하시니, 이 길이 나는 너무도 좋다오.

행여나 나를 떠나시면 어쩌나? 근심도 있었지만 이제는 아무 근심 없다네.

먼 훗날 그분의 사랑을 더 깊이 알 수 있으랴 생각하며 하루하루 무료하지 않게 살아가고 있네.

먼 훗날, 생애의 마지막 날 그분 얼굴을 뵈올 것을 생각하며, 힘든 삶도 이겨내려 하네.

성도간의 교통과 하나 된 유기적 연합 안에서 그분의 은혜와 사랑을 나누며 살고자 하네.

받은 은혜를 흘러 보내고 그분께 영광 돌리며 풍성한 삶이되길 원하네.

내 속에 자리한 옛 상처들, 하나하나 주님 앞에 끄집어 내놓고, 치료하며 위로 받으며, 무의식속 마음의 정화까지도 세심히 다루시는 그분을 의지하며 신뢰하네.

영계의 실존을 모른다면 어찌 믿으리오.

사탄의 간교함을 모른다면 어찌 성장하리요.

주님과 나 한 마음 되어 악의 영과의 싸움에서 반드시 승리하리라.

"생명의 말씀을 밝혀 나의 달음질이 헛되지 아니하고 수고도 헛되지 아니함으로 그리스도의 날에 내가 자랑할 것이 있게 하려 함이라"(빌 2:16)

13. 열 처녀 비유

한치 앞을 내다볼 수 없게 캄캄하게 보일 때가 있다.

갈보리 십자가에 달리시기 전날 밤 예수님의 마음이 그러했을 것이다.

겟세마네 동산에서 십자가를 앞에 놓고 기도하실 때, 주님의 마음은 심히 슬프고 괴로우셨다(마 26:38). 그 하룻밤이 열흘 밤, 아니 그 이상으로 느껴졌을 것이다. 갈보리 십자가를 지신 그 하루는 또 얼마나 길고 험했을까를 생각해 본다. 주님의 십자가는 오직 주님만이 감당하실 수 있는 일이셨지만, 누구에게든 기나긴 하룻밤이 있었을 것이다. 그때는 여기가 지옥인가? 가늠하지 못할 고통의 시간들이였을 것이다.

캄캄한 밤에 등불을 켜고 신랑을 기다리는 "열 처녀"의 마음은 어떤 마음일까? 기름은 자꾸만 소진(消盡)되어 가는데, 신랑은 나타나지 않고 밤은 깊어 졸음은 쏟아진다. 다 졸며 잘새 행여나 곧, 행여나 곧, 등불이 꺼지기 전에 "보라 신랑이로다 맞으러 나오라"(마 25:6). 반가운 기쁨의 소리를 절실히 마음 졸이며 기다렸을 것이다. 예수님은 유대 혼인잔치를 비유로 들어 말씀하셨지만, 마지막 재림 때 일어날 일을 교훈하고 있다(마 25:1-13).

그런데 여기서의 핵심은 "미련한 다섯 처녀"와 "슬기로운 다섯 처녀"

로 구분된다는 점이다. 혼인 잔치의 신랑은 예수님을 뜻하고, 구분되지 않는 열 처녀들은 흔히 말하는 성도들을 가리키는데, 그 성도들 중에서도 미련한자와 슬기로운 자가 있다는 사실을 알아야 한다. 이는 성도(교인)가 구원을 "받느냐?" "못 받느냐?"라는 신앙의 핵심 키(Key)로 대두되기 때문에 심히 상고할만하다.

이 열 처녀들 중에 미련한 다섯 처녀는 등만 가지되 기름은 가지지 못했고, 슬기로운 다섯 처녀는 그릇에 기름을 담아 등과 함께 준비했다. 그러면 핵심을 나누는 등(燈)과 기름은 무엇이란 말인가?

등(燈)은 그리스도인의 신앙생활의 상태를 보여주고, 기름은 '성령' 및 '성령 충만'을 가리킨다고 볼 수 있다. 마침내 신랑을 맞으라는 반가운 소리가 들리매, 잠들었던 열 처녀들이 정신을 차리고, 일어나 각각 자기 등을 정돈하여 준비했다. 밤중에 혼인잔치가 열렸기 때문에 등불은 각각 개인적으로 준비되어야 한다. 이때 등불이 없는 처녀는 불청객이나 도둑으로 취급당했기 때문에 등에 불을 켜고 혼인잔치에 들어가야 한다. 또한 등불을 켬으로 캄캄한 밤을 비추어 신랑의 얼굴을 알아보면서 잔치의 기쁨을 누릴 수 있다. 그런데 기름병에 기름을 따로 가지지 못한 미련한 처녀들에게 기름이 떨어져 불이 꺼져갔다. 기름을 가진 옆 처녀들에게 기름을 나눠달라 부탁해보지만 나누어 줄 여분의 기름이 없다. 자신들이 쓸 것 뿐이기 때문에 나누어 줄 수가 없다. 사실 기름을 상징하는 성령은 서로 나눌 수 없는 것이다. 마지막 날에 성도들의 신랑 되신 예수님과의 혼인잔치에 들어가는 믿음도 개인적이요. 따라서 구원도 개인적이다. 우스갯소리로 아내의 치맛자락 잡고 휴거(공중으로 들림) 된다는 말은, 말 그대로 우스운 소리에 불과하다.

그때서야 따끔한 정신이 들어 기름을 사러간 미련한 다섯 처녀들의 마음은 어떠할까? 후회한들 때는 이미 늦은 때이다. 혼인잔치에 들어갈 수 있느냐? 마느냐? 대운명의 갈림길에 서있다. 급한 마음으로 기름을 사왔으나 혼인잔치의 문은 닫히고 말았다. 문을 열어 달라고 주여! 주여! 외쳐보지만 소용없는 일이다. "진실로 너희에게 이르노니 내가 너희를 알지 못하노라"(마 25:12) 라며, 한번 닫힌 혼인잔치의 문(구원의 문)은 열리지 않으니, 때늦게 기름을 준비한 수고마저도 수포로 돌아갔다. 이는 구원의 조건이 되는 은혜의 믿음생활이 때가 있음을 알게 해 준다. 그러므로 예수님은 말씀하시기를 "너희에게 아직 빛이 있을 동안에 빛을 믿으라"(요 12:36), 사도 바울 또한 "보라 지금은 은혜 받을 만한 때요 보라 지금은 구원의 날이로다"(고후 6:2) 라고 말하고 있는 것이다. 그러면 어찌해야 하는가?

"그런즉 깨어 있으라 너희는 그 날과 그 때를 알지 못하느니라"(마 25:13)

어찌 보면 예수님은 이 한 구절의 말씀을 하시기 위해 앞에 거창한 혼인잔치의 비유를 들어 말씀하시고 계신다. 한마디로 "깨어 있으라"는 것이다. 깨어 있어 더디 오시는 예수님을 맞을 준비하라는 것이다. 혼인 잔치가 밤중에 치러지는 것처럼 지금의 시대는 악하고 혼란한 시대임을 깨우쳐준다. 깨어있지 않으면 성령 충만을 받지 못할 뿐더러, 밤중에 도둑같이 오시는 예수님을 맞을 수도 없다(살전 5:2; 벧후 3:10). 밤중이라도 깨어 있는 자는 도둑을 막아낼 수 있는 것처럼, 깨어 있는 성도는 '빛의 아들'로서 어둠에 있지 않으므로, 예수님의 재림이 도둑같이 임할 이유가 없다(살전 5:4).

"깨어 있으라"의 헬라어 "에그레고라"는 히브리어 "아마드"로 "파수하다(느 7:3)"의 뜻을 가지고 있다. 따라서 깨어 있다는 뜻은 파수꾼이 파수하기 위해서 잠을 자지 않고 밤새 깨어 서 있는 것을 가리킨다. 우리는 영적으로 깨어 있으므로 슬기로운 다섯 처녀들처럼, 다시 오실 예수님을 맞이할 준비를 주의 깊게 해야 한다. 믿음생활을 통해 성령 충만함에 이르기 때문에 그날과 그때 즉 예수께서 재림하실 시와 때는 알지 못하나, 늘 예수님의 재림을 맞을 준비를 다하고 "깨어 있으라"는 예수님의 메시지를 파수꾼의 행함으로 깊이 받아야 한다.

믿음은 하나님의 은혜의 선물로 받지만(엡 2:8), 믿음의 행위 또한 수반되어 하나님의 뜻대로 살아가야 한다. 하나님의 뜻을 깨닫기 위해서는 말씀의 은혜와 기도생활의 은혜와 모든 믿음 생활의 은혜가 수반되어야 한다. 깨어있는 자들이 하나님을 기쁘시게 할 것이다. 깨어 있는 자가 믿음과 행함을 보여 영광의 나라에 이를 때면, 모든 수고로움을 덜고 마침내 안식할 것이다.

사도 바울은 복음을 위해 자신에게 있는 권리를 다 쓰지 않았다(고전 9:18). 우리도 바울처럼 내 쓸 권리를 절제하면서 은혜의 자리에 나아가는 선한 행위의 믿음생활이 필요하다. 세상 즐거움을 물리치는 경건의 생활에 언약의 말씀을 붙잡고, 소망을 영원한 천국에 두며, 세상을 이기신 예수님처럼 우리도 세상의 지배를 당하기보단 도리어 세상을 이긴 삶을 살아야 한다(요 16:33). 육신의 정욕을 죽이고, 성령의 은사들을 사모하며 성령의 능력으로 서야 한다. 내 자아를 내리고 내

안에 예수 그리스도께서 사실 수 있도록 성령께 내 인생의 운전대를 맡겨야 한다. 향방 없는 달음질은 헛된 달음질이요, 허공을 치는 싸움은 헛된 싸움이다. 그러므로 예수 그리스도를 향하고, 천국을 향한 바른 삶을 살아야 한다. 헛된 영광을 버리고 물거품 같은 요소들을 제하며, 확실한 구원의 믿음에 거해야 한다. 구원의 문이 닫히면 때는 이미 늦음이요, 그땐 구원을 위한 믿음생활도 끝이 난다는 사실을 직시하며 살아야 한다.

"아름다운 열매를 맺지 아니하는 나무마다 찍혀 불어 던져지느니라"(마 7:19)

"사람들이 자기를 사랑하며 돈을 사랑하며 ····· 절제하지 못하며 사나우며 선한 것을 좋아하지 아니하며 배신하며 조급하며 자만하며 쾌락을 사랑하기를 하나님 사랑하는 것보다 더하며 경건의 모양은 있으나 경건의 능력은 부인하니 이 같은 자들에게서 네가 돌아서라(딤후 3:2-5)"

14. 사랑의 고백

아름다운 사랑이 아주 가까이 있다.

사랑이 없었으면 살지 못했을 것이다.

사람이 사람을 사랑하지만, 나의 사랑은 주님과의 사랑이 더 컸던 것 같다.

주님은 나의 사랑을 원하시고, 나는 주님의 사랑을 잊을 수 없다.

세월은 빠르게 흘러 주님의 얼굴을 직접 뵙기만을 고대하며 살아간다.

그날이 없다면 무슨 소망이 있겠는가?

그날의 소망은 나를 살게 하는 에너지가 된다.

울며 겨자 먹기 식으로 찬양을 짓는 씨름도, 그토록 쓰기 싫다한 인생사 이야기도, 맹렬한 시련의 불속에 던지심도 작금의 오늘, 주님과 나는 깊은 사랑의 자리매김을 하였다.

서기 위한 강한 훈련은 주님과 나 사이를 더욱 끈끈한 사랑의 줄로 얽어맸으며, 내 마음에 구석구석 묶은 때를 긁어내시는 아픈 고통은 주님과 나, 깊은 사랑을 이루기 위한 연단이었다.

어찌 내게 이러실 수 있을까?

엎치락뒤치락! 주물주물! 쾅쾅! 나를 다루시는 주님의 손길은 이해하지 못할 정도로 나를 숨 가쁘게 했다.

순간순간 벗어나고 싶어 투정도 부려보고, 강한 빛이 버겁다고 요청도 했었다.

강한 빛 대신 부드러운 빛으로 역사하셨고, 나의 투정은 그분의 부드러운 손길 되어 오셨다.

많은 이야기들을 나누는 중에 주님과 나는 서로를 알아가며 함께 할 일들을 꿈꾸었다.

나에게만 이토록 소유력(所有力)이 강하신 주님이실까? 아니면 사랑의 대상으로 질투하시는 분이실까? 사랑일까? 사명을 위한 훈련일까? 둘 다이겠지.

그분의 음성에서도 그분의 기분을 느낄 수 있으며, 그분의 심정을 헤아리게 된다.

어찌 이리 사람이 신과의 깊은 사랑에 감동할 수 있으랴마는 십자가의 사랑이 나를 끝없는 사랑의 길로 이끄신다.

온전한 마음과 마음으로, 온전한 사랑을 하기 원하시는 그 뜻은 여느 사랑하는 연인들과 다를 바가 없다.

끊임없이 '미안하다' '미안하다' 하심에 무엇이 그리 미안하십니까? 라는 질문에

"고된 훈련시켜 미안하고, 새장에 갇힌 새처럼 이곳에 혼자 둬서 미안하고, 앞으로 힘든 일 시킬 것을 생각하니 미안하다" 하신다.

'미안하다' 그만 하시라 해도 너에게 미안하지 않을 때까지 할 것이라 하신다.

미안하면 '미안하다' 하시고, 고마우면 '고맙다' 하신 그분은 나의 하나뿐인 유일한 사랑이시라.

그분으로 인해 사랑의 법을 배워가며 세상 살아가는 방법을 터득해 가니, 그분은 나의 유일한 지도자시라. 나도 미안할 땐 '미안하다' 말하는 사람이 되었고, 고마울 땐 고마움을 아는 사람이 되었네.

우울할 땐 친구가 되어 주시며, 책을 많이 보라하시어 지식도 쌓아가게 하시고, "너는 존귀한 자라" 하시며 품위 있게 살라 하시네.

무엇이든 내게 말하라, 무엇이든 내게 물으라 하시니 나의 궁금증을 풀어 주시고, 차츰차츰 그분을 아는 지식을 쌓아가게 하시네.

거창한 사역보다도 바위틈에 감추어 두시고 필요하시면 끄집어내어 쓰시네. 끌어내셨다가도 도망갈 여지가 보이면 다시 얼른 감추시네.

많은 사람들 중에 왜 하필 나일까? 묻기도 했지만 이제는 묻지도 말라 하시네.

기록할 수 없는 그분과의 대화, 정녕 그분은 내 모든 이야기를 다 들어주시는 분이시라. 그 어떤 이야기도 듣기를 즐기시는 분이시라.

에덴의 아담과도 이렇게 교제하셨나요?

무엇이 부족하여 그토록 미약한 사람과의 교제를 좋아하신 분이실까?

에덴을 짓고 사람을 빚어 "보시기에 심히 좋았더라." 하신 그분이 아니셨던가?

약속의 말씀인 성경을 벗어나지 않으시고 절대자로서의 품위와 인격은 나를 사로잡으시기에 너무도 충분하시다.

주님! 주님! 나의 주님!

"실로암" 제게 주심을 감사합니다. 아멘!

15. 인생 고백

인생은 어디서 왔다가 어디로 흘러가는가?

필자는 어려서 깊은 생각에 잠긴 적이 있었다.

사람이 만물의 영장이니만큼 사람이 세상을 지배하고 사는 판에, 만약 세상에 사람이 없었더라면 이 세상은 어찌되었을까? 라는 심한 고민에 빠진 적이 있었다.

고교시절 처음 교회에 발을 딛었지만 그때 까지만도 교회가 무엇을 하는 곳인지도 전혀 몰랐다.

어쩌다 성경을 손에 잡고 성경 삼매경(三昧境)에 빠지게 되었다. 말씀이 꿀 송이처럼 달다는 것을 실감했으며, 많은 지식이 성경 안에 담겨 있음도 알게 되었다.

사랑, 은혜, 구원, 신적존재, 전쟁과 평화, 교육 등 많은 지식을 얻고 깨달음을 받았다.

또한 성경을 통해 내 인생의 삶을 업그레이드(upgrade) 받은 셈이다.

그러나 어느 한 가지 것을 얻기 위해 또 다른 것들이 희생되기도 했다.

하나님과의 깊은 사랑을 얻기 위해 나의 시간과 소중한 가족과 내가 가진 것들이 희생되어야 했다.

이는 나의 계획도 아니요, 나의 의도적 삶도 아니다.

그토록 사람의 존재와 세상의 존재 이유에 대해 궁금했지만 사람과 모든 만물이 주께로 말미암고 주께로 다시 돌아감을 확신했다.

나의 인생사 또한 주께로부터 와서 주께서 펼치신 인생 무대 안에 존재되었다.

한마디로 사람의 주인이신 내 주님의 계획안에 나는 살아가는 존재였다.

내 안에 하나님의 존재를 심으시고, 하나님의 뜻을 따라 그 뜻대로 사는 인생이었던 것이다.

처음에는 뿌연 안개로 뒤덮인 듯 앞이 희미했지만, 지금은 차차 안개도 걷히고 맑은 하늘에 아름답게 피어나는 뭉게구름 조각을 볼 수 있다.

음악을 담은 한조각의 구름, 시를 담은 한조각의 구름, 사랑을 담은 한조각의 구름, 책들을 실은 또 한조각의 구름 등 여러 조각의 구름이 좋은 사연을 싣고 어디론가 흘러, 흘러 다닌다. 그 종착역은 어디일지 예전 같으면 몰랐겠지.

이제는 빠른 눈치에 척하면 "아하 그렇구나!" 그분의 지혜를 내 안에 담고 살아간다.

무엇을 얻기 위해 그분께 떼쓸 이유도 없이 모든 것이 순적하게 흘러간다.

어떤 일에 크게 연연하지 않으며 드러나는 상처로 인해 아파할 여유도 없이 인생사의 현재 진행형은 잘도 흘러만 간다.

불필요한 일에 그다지 시간을 허비하지 않고, 평안의 삶을 살면서 내게 주어진 진주 같은 일들을 헤쳐나가길 원한다.

뒤에 것을 잊어버리라 하지만, 순간순간 떠오른 옛일에 씁쓸한 미소 아닌 미소를 지으며, 다시 새로운 길에 희망을 싣는다.

장차 나타날 영광 앞에 우리는 무엇을 준비해야 하는가?

"왜 사람들은 나를 알려하지 않을까?"라는 주님의 잦은 의문의 물으심에 인생들은 무엇을 추구하며 살아가야 하는지를 깊이 깨달음 받는다.

"이 나라는 나의 것이라"는 주님의 주장하심에, 과연 이 나라 안에 주님을 아는 자들이 얼마 만큼인가? 최소한 50%는 믿음을 가져야 주님의 나라라 할 수 있지 않나요? 라며, 여기에 나의 작은 소망을 품어 보지만, 또 하루가 그저 지나감이 아쉬운 삶이라.

사람들아 창조주께로 나오라!

사람들아 구원 주께로 나오라!

나와서 영원한 삶을 받으라!

나와서 영원한 생명을 받으라!

이 세상의 삶이 끝이 아니요, 영혼불멸은 또 다른 새로운 세계로 이동함이라.

때가 되면 거기 새로운 세계로 이동하여 우리 주님과 함께 영생하세!

천국의 아름다움은 이 땅의 언어로 표현할 수 없다네.

옛사람을 벗고 새사람을 입어 영원하신 참신 예수와 함께 영생의 복을 누리세!

황금길, 진주성의 아름다운 천국은 오늘의 나를 설레게 하며, 그곳을 바라는 나의 삶은 주님 닮은 향기로운 삶이길 원하네.

죄로 인해 들어온 수고로움도 끝이 나고, 안식하는 그날을 향해 할렐루야를 외치며 나아가는 인생이라.

삶

절망인줄 알았는데 희망이었소
죽음인줄 알았는데 생명이었소
버림당한 줄 알았는데 사랑이었소
꿈이 없는 줄 알았는데 꿈을 꾸고 있었소

모두가 떠난 줄 알았는데 거기 있소
은혜가 사라진 줄 알았는데 은혜였소
삶의 한순간 한순간이 은혜였소

(신보은의 108번째 찬양 곡)

맺음말

「나의 사랑 나의 신부야」, 「길과 이끄심」에 이어 세 번째 서적 「여정의 한 빛」을 주님의 도우심으로 마치게 되었음을 하나님께 감사드립니다.

이번 서적은 앞 두 권의 서적과 달리 많은 시간을 할애했으며 보다 여유로움을 피웠던 것 같습니다. 모든 제목이 성령의 감동으로 정해졌으며, 모든 글 또한 하나님의 은혜가 아니고는 도저히 쓸 수 없었을 것입니다.

글을 쓰기 시작하고 중간 중간 많은 게으름을 피웠으나, 하나님은 끝까지 저를 믿어 주시고 지금까지 기다려 주셨습니다. 알파와 오메가 되신 주님께서 마침내 「여정의 한 빛」이란 또 한권의 책을 탄생시켜 주셨습니다. 많은 사람들이 이 책을 통해 하나님께 가까이 나아가기를 원하며, 독자들을 위해 늘 기도합니다.

우리는 모든 일을 주께 맡기고 나아갈 때 끝까지 승리하게 하실 하나님을 믿게 됩니다. 어떤 일이든 쉽게만 되는 것은 아니나, 어려운 중에도 포기하지 않으면 끝내 마침표를 찍게 하신 하나님이십니다. 이와 같이 이번 「여정의 한 빛」은 "어렵다", "힘들다" 하면서도 끝까지 포기하지 않았던 것이 승리의 기쁨을 맛볼 수 있었던 것입니다. 이제 하나님께 영광이 되는 귀한 책으로 쓰임 받기를 원하며, 이 책을 통한 영광을 하나님께 올려드립니다. 필자는 주님께 쓰임 받는 도구였음을 고백하며, 주님 감사합니다.

2023년 04월 07일
성금요일에
새기쁨 교회 신보은 목사

제4장

시는 날개를 타고...

신보은 시

눈물 바람

거친 밤 거친 일
홀로 가는 사람아
묻어 버린 아픔 뒤
새 꿈을 향한 임아

불같은 사랑도
아린 가족애도
먼 그리움 한 켠에
슬그머니 눈물 바람

다시 옷깃을 여미고
울컥한 마음 가다듬고
책상 위 책을 벗 삼아
하염없이 나아가노라

사노라면 누구게든
목적이 있는 삶
그 목적 어디메뇨?
대망의 날이 오리라

시나브로 응당

시나브로 사계의 흐름 속에
다시 선선한 가을을 기다렸건만
이제 또 한 번의 가을이 지고 있다.

시나브로 어느새 입동도 지나고
낙엽은 두터운 옷으로 땅을 덮고
다음 주 으레 추수감사절을 맞는다.

우주만물을 운행하신 그분의 솜씨
사람들아 아름다운 가을도 지나는데
우리네 인생길은 어디쯤 왔을까?

낙엽이 지고 찬 서리 내리듯
육체에 담긴 순리도 그와 같이
봄의 새 순을 내기 위해 준비하노라.

응당 썩어질 육신이
다시 썩지 아니함을 입어
신령한 몸 입기 위해 준비하노라.

영혼의 항해

저 바다에 배 한 척
한 빛 된 선장과 나
먼 항해 길에 떠 있네

풍랑이 일수도 있겠으나
선장은 든든한 능력자
풍랑 타고 날아오르지

허기질 수 있겠으나
선장은 필요의 공급자
오병이어 축복이 있지

무료할 수 있겠으나
선장은 흥미로운 분
때마다 쇼킹한일 벌이고

곤고할 수 있겠으나
지나는 항구에 들러
쉬어갈 수도 있겠지

다시 힘을 실어
부지런한 항해
동무들도 함께 태워

정녕히 마침내
영혼의 닻을 내리고
찬란한 나라에 이르겠지

행복의 요소

당신이 다정히
내 이름을 불러주면
난 행복합니다.

당신이 조용히
내 얘기를 들어주면
난 행복합니다.

모락모락 김이 피어오른
커피 잔을 들 때면
난 행복합니다.

우리 만남의 아지트에
당신과 나 함께라면
난 행복 합니다

당신의 이름을 부르고
내 마음을 쏟아내노라면
난 행복 합니다

거친 숨결 희미한 생각도
쓰라린 아픔 기쁨의 요소도
모두 아신 당신은 사랑이십니다.

절망을 이긴 희망

앞을 봐도 옆을 봐도
사방을 둘러봐도
희망이 없어 보일 때가 있네.

한 시간 두 시간 하루 이틀
그저 흐르는 시간마저
야속한 세월일 때가 있네.

젖 먹던 힘까지 내어
살아나는 생명이 또 다시
절망스러울 때가 있네.

그러나 살게 하시고
언제나 살아내게 하시고
피투성이라도 살라 하시네.

살수 없을 것 같은 인생이
살다보니 좋은 날이 있고
오히려 정금 되어 나오네.

고난이 유익이라니
감사로 제사하며
온유와 겸손의 주 따르네.

내 인생의 주관자
그분의 손에 이끌리어
예비 된 희망의 나라 보리라.

사랑의 밀어

아름다운 불빛 아래
속삭이는 사랑의 밀어

서로가 서로를 확증하고
서로의 존재를 기뻐한다.

너와 나, 한 빛이라
너와 나, 한 몸이라

느끼지 못하면 사랑일까?
뜨거운 가슴도 어색함 없이

그대 있어 행복 하노라
당신 있어 사는 맛이라오.

솔가지에 걸터앉은
까치 새 암수처럼

도란도란 주거니 받거니

이 밤아 머물러라

한 폭의 수채화처럼
우리 사랑 누가 알랴

우리 사랑 깊어가니
어느새 자정이로다.

어느 주일 고백시

바울에게
디모데 같은 아들,
내가 주께
그 아들이길 원합니다.

바울이 디모데에게
유일한 스승이었듯이
주께서 나의 유일한
스승이 되시기를 원합니다.

디모데에게 친부 같은
따뜻하고 정감 있는
위로의 말과 권유함
우리 아버지께 듣길 원합니다.

오직 너 하나님의 사람아!
십자가의 원수된 것들을 피하고
의와 경건과 믿음과 사랑과
인내와 온유를 따르길 원합니다.

꽃을 보며

안개꽃 속 노오란 소국
어쩜 그리 맑고 뚜렷할까?
티 없이 완전하구나.

널 보는 나의 의식은
너의 어여쁨 따라
방울방울 피어오르고

방안 그윽한 너의 향기는
아득한 고향의 향수
말하는 꽃이라면 어떨까?

한 송이 한 송이
한 망울 한 망울
모이고 모여 미의 극치

누가 누가 피웠을까?
에덴의 조성자
만유 주 하나님이시라.

바람아!

스산한 바람 같지만
즐거운 바람이련다.
오랫동안 묵은 짐을
탈탈 털어내듯
개운한 바람이련다.

오늘은 오늘로 만족하고
내일은 내일의 꿈이 오듯
자금(自今) 한시의 시간을
바닷바람에 넋두리하며
마음에 여운을 남긴다.

떠나간 임은
다시 오지 않고
바람은 불어
어디론가 가는듯하나
여전히 나를 두른 바람이련가?

걷잡을 수 없는 바람 되어

스산한 바람을 잠재우고
희망의 바람 소망의 바람으로
내 곁에 머물러 다오
내 곁에 있어다오

봄노래

여인들의 옷자락에
봄을 보며
사람들의 생기에
봄을 느낀다.

올 듯 말 듯
심술부린 봄은
그만한 가치가 있어
망설이나 보다.

향긋한 냉이 국이
내 마음에 봄을 놓고
어서 일어나라
봄노래를 부른다.

봄은 봄에게 말하고
추위는 추위에게 말하며
서로서로 자신의 위치를
잘도 파악한다.

봄아 머물러라

추위야 떠나가라

임아 어서 오라

우리 함께 꽃동산 가자.

봄 햇살

가까이 온 봄의 기운이
창문 연 햇살을 타고 와
어서 일어나라 손짓하니
삼라만상 방긋이 웃는다.

어느새 입춘이라니
동장군 한파도 자리를 접고
눈 속에서도 자존감 지킨 동백꽃은
새빨간 얼굴을 치켜세운다.

얼어붙은 사람들의 마음이
부드러운 봄 햇살에 녹아지니
겨우내 움츠린 가여운 마음들아
따스한 봄기운에 보상을 받으라.

자 이제 기지개를 활짝 켜고
뒷산 언덕에 뛰어 올라 보라
자 이제 네 영혼의 갈급함을
따스한 햇살 주께 간구해 보라.

은혜 주(主)

귀인들을 의지하기보다
하나님께 소망을 두고
하나님을 가까이 해보자.

은혜 베풀 자에게 은혜 주(主)
도움주실 자에게 도움 주(主)
하나님은 참 좋으신 주(主)시라.

인생은 흙으로 돌아갈지니
소멸될 인생들을 의지하기보다
만물 주(主) 영원 신을 의지하자.

허황되고 헛된 것을 좇는 자는
영영 빛을 보지 못하고
주의 약속을 받지 못한다오.

주의 약속은 새 하늘과 새 땅
형언할 수 없는 기쁨이니
의인의 하나님을 의지하자.

일상

외로운 찍새 한 마리도
외로운 길 비둘기 한 새도
단벌신사 빈손에
비가 오나 해가 뜨나
먹잇감 위해 힘쓰나?

파프리카는 뒤늦게
예쁜 빛을 발하고
미니 호접난은 진 후
다시 새가지 꽃 피우고
수북이 쌓인 돌나물은
누가 파갔나? 어디로 사라졌나?

사람은 자연에 살고파
공원을 찾고 산을 찾고
만유 주 공유 놀음에
짝 잃은 혈(孑)새들 반기니
꽃 한 송이 풀 한포기 한이 없어라.

(찍새는 저자가 붙인 직박구리 새의 별칭)

팔월의 막바지에서

달아올랐던 태양 빛도 기울고
어느새 팔월의 막바지
쌀쌀한 바람 탓에 겉옷을 걸친다.

호접란의 마지막 잎 새가 덩그러니
애써 제 계절을 지켜보려 하지만
꽃의 영화도 인생의 영화도 지나는 걸

하반기도 두어 달을 지나고
쌀쌀한 바람을 홀로 맞고 보니
인생에 대한 참회는 깊어간다.

아직도 무언가를 도전하는 의지는
둥실둥실 떠다닌 뜬구름 같은가?
마지막 꽃잎처럼 내 자리를 지키련다.

지속되는 사랑의 대화 속에
흔들리는 갈대처럼 엎치락뒤치락
남은 생의 큰 뜻 앞에 갈등하며 서 있네.

시월의 첫날

시월의 첫날
어둑어둑한 새벽 미명
하나님의 기운을 느끼며
아주 익숙한 강단에 오릅니다.

간밤에 꾸었던 꿈의 은사가
사역에도 나타나길 기도하며
불붙은 이 자리를 빼앗기지 않고
지금처럼 설 수 있기를 기도했습니다.

많은 간증이 쏟아지기를
많은 신앙 서적을 쓸 수 있기를
주님과 깊은 관계를 유지하기를
많은 도움을 요청했습니다.

깊어가는 가을 앞에
가을의 아름다움과
가을의 풍성한 은총을
감사, 찬양했습니다.

깊어가는 한해 앞에
끝자락을 향해가는 아쉬움인가?
말씀을 더욱 가까이 하지 못했고
이에 열심을 품기를 다짐해 봅니다.

지난 오월과 지금의 시월
두 권의 서적이 탄생하니
꿈꾸지 못한 복된 해의 이면에
내 삶의 주인 되심을 고백합니다.

다시(again)

사라져가는 가을이가
내년에 다시 올꺼래요
마지막을 화려하게 장식하고
손 흔드는 가을이가~

다시 올 것을 믿기에
슬프지도 않아요
울 주님도 가신대로
다시 구름타고 오실텐데...,

가을은 저절로 오지만
울 주님은 오래참고 오래 참아
모든 사람이 구원 받도록...,
그러나 반드시 오실거래요

아름다운 가을이 다시 옴처럼
계절의 순환을 필히 이룸처럼
우리 주님 필히 오시면
둥실둥실 혼인잔치 할꺼래요

가을에는

선선한 가을에는
사랑하게 하옵소서
사랑 사랑 누가 말했나
사랑 사랑 성경에 씌였죠

풍요로운 가을에는
서로서로 나누게 하소서
풍성한 열매 누가 누가 맺었나
엘로힘의 하나님께서 맺으셨죠

울긋불긋 가을에는
내 마음도 불타게 하소서
물이 포도주로 변하는
변화의 삶 되도록

짧게만 느껴지는 가을은
아쉬움 속에 흘러가지만
가을을 친구 삼는 자는
마음의 풍요를 누리리라

주일의 은혜

시월의 첫 주일 아침
습관처럼 커피를 드립하고
빵 한쪽, 사과 반쪽, 강냉이 하나에
만족스런 식사를 마친다.

예배에 나설 준비는
설렘과 즐거움
한 주간의 은혜를 갈망하며
순한 마음을 가져본다.

사람들이여 어서 깨어라
일어나 주께로 나가자
기다리시는 주님은
우리들의 은총이시라.

예수의 보혈을 덮어쓰고
은혜 위에 은혜를 구하여
가을의 풍요로운 삶으로
영광과 찬양을 주께 돌리자.

금강석 같은 굳은 마음도
옥토 같은 부드러운 마음으로
때려 쳐 갈아엎으실 주님은
사랑과 자비와 긍휼이시라.

주를 모르는 사람들
주께로 돌이키면
그 속에 흠뻑 젖어드나니
신령한 첫사랑에 감격하리라.

주님의 은혜

지금의 나 된 것은
주님의 은혜라

때론 강하게 때론 부드럽게
훈련시키신 주님이시라.

주님을 잘 몰랐을 땐
왜 날 그리 사랑하시나?

그 사랑 아직도 다 몰라
세월이 흐르면 알게 되리

사도 바울의 다메섹 도상이 없었으면
어찌 했을꼬? 어찌 되었을꼬?

초자연적인 강한 매질은
곧은 목을 단방에 꺾으셨네.

내 의지를 내고자 하는

부끄러움은 어느덧 사라지니

아가야! 내 딸아!
아름다운 내 사랑아!

오히려 모진 훈련에
미안한 마음 전해 주시네.

주님의 은혜가 아니었으면
나 어찌 되었을꼬?

나의 나 된 것은
주님의 크신 사랑이라.

빗물 눈물

나를 향한 당신의 아픈 마음
속히 사그라들게 하옵소서
당신의 가슴에 못처럼 박힌
이 못난 아이를 살피소서

십자가의 사랑에 감격하기보단
지나온 내 아픔과 설움에 울고
잃어버린 것들에 슬퍼 연연해하고
짐에 버거워 나아갈 수 없는 날...,

어처구니없는 어머니의 죽음도
어처구니없는 딸의 아픔도
뒤엉켜버린 것처럼 흩어진 가족도
모두가 회복의 역사 있게 하소서!

정리된 마음과 삶의 평안으로
사명의 길을 다할 수 있도록
빗물처럼 흐른 눈물이 그치도록
환희의 미소의 길로 날 이끄소서!

당신의 아픈 그 귀한 손가락
성령의 기름 부어 치유 하시고
크다 하신 마음의 빚도
은혜와 영광으로 두르소서!

단풍나무

울긋불긋 예쁜 옷 갈아입고
어디로 어디로 흐르니?
짐시잠깐 예쁜 옷 입고
어디로 사라지려니?

만물의 영장들에게
깊은 시선을 끌고
큰 기쁨을 선사하고
예쁜 옷 뽐내지만 슬퍼 보여

한해의 소명 앞에
희생되는 너는
땅에 떨어져 짓밟히고
가루가 되어 사라지노라.

죽어야 사는 법,
알몸으로 엄동설한

어찌 어찌 견디랴
알몸 된 너의 고상 누가 알랴?

살기위해 예쁜 옷 벗어 던져
몸통만 덩그라니
새 봄이 오면 다시 푸른 옷
겨우내 잘 견디어라.

날은 날대로

추운 날은 추운 날대로
따스한 날은 따스한 날대로
흘러라 흘러라!

잡는다고 잡힐소냐?
묶는다고 묶일소냐?
네 뜻대로 흘러라 흘러라!

아침이면 옷깃을 여미고
저녁이면 이불자락 감싸고
새 날이 오면 감사하노라!

* 새벽에 일어나 룻기와 사무엘상을 읽다가 또 잠이 들고,
다시 일어나 또 일과를 시작합니다.
그저 그런 반복 되는 삶인 것 같지만, 그저 그런 삶 아닙니다.
어제 한일과 오늘 한일이 매일 새롭습니다.
내일 모래 흘러가는 세월 따라 가다보면 환희의 나라에 이를 때가 분
명 있습니다^^.

이 땅에 그리 연연할 필요도 없습니다.

어떤 일에 연연하며 심난해할 필요도 없습니다.

흐르는 물처럼 내 삶의 주인께 내 몸을 기대고 살면 됩니다.

오늘도 행복 하세요^^.

(SNS에 이 시와 함께 올렸던 글도 딸려 실어 봅니다.)

발버둥 좀 쳐봐

꽃이 시들어 간다
사람이나 꽃이나
때가 되면 시들어 가거늘
시들어 간다는 것은 슬픈 현상

만물도 썩어짐의 종노릇에서
치료 받아 해방 되고자
그 주인의 나타나심을
학수고대 기대하건만

어리석은 인생은
썩지 않는 영원 삶을 모르고
이 풍진 세상에 구세주를 찾지 않아
썩어질 세상 자꾸만 따라가는데

야야! 썩어짐의 종노릇에서 벗어나려
발버둥 좀 쳐봐!
유한한 삶은 본연의 삶이 아니니
본질의 고향을 찾아 회복 되어라

아침의 고백

깜깜한 어둠 속에서도
당신은 나와 함께 계시며
눈을 감아도 눈을 떠도
당신은 날 바라보고 계십니다.

시무룩해 있을 때면
"일어나 시를 쓰자"
게으름에 빠질 때면
게으름을 터는 힘을 주십니다.

내리 쬐는 햇빛 일지라도
날 해하지 못하도록 지키시며
당신이 어디든 나와 함께라면
살아갈 소망과 용기가 됩니다.

당신의 얼굴을 피할 수 없음이
내가 바르게 살아갈 이유이며
피할 수 없다면 차라리
맘과 뜻을 다해 섬기렵니다.

당신을 참 사랑하기에
당신의 뜻을 따르길 원하며
장차 나타날 크신 영광 앞에
난 겸손히 살길 원합니다.

강한 성공

또 넘어지면 어때
다시 일어나면 되는 걸

또 실패하면 어때
다시 성공하면 되는 걸

뒤를 보지 말고
앞을 바라봐

아직 많은 날들이
널 기다리고 있어

무엇보다 네 삶의 주관자
창조주께서 널 응원해

일곱 번 넘어져도
아니 일흔 번 넘어져도

넘어진 삶 그 삶도 중요해
허다한 실패가 강한 성공이야

기회는 반드시 오니
포기하지 않으면 잡는 거야!

준비 된 마음

사랑을 하려거든
다른 것으로 꽉 찬
너의 마음을 비워봐

마음과 마음이
온전히 연합되면
아름다운 사랑을 이룰꺼야

너의 존귀한 사랑을
너의 존귀한 자에게만 주며
둘이 하나 된 사랑의 행복

우물물이 밖으로 새지 않게
그 행복 안에 머물 수 있도록
서로서로 한 몸 된 마음을 지켜

생명도 마음에서 나고
사랑도 마음에서 나고
행복도 마음에서 나나니

사람아!
진정한 사랑을 하려거든
그 사랑을 위해 준비해 봐!!

왜? 허다한 사람들이
지켜내야 할 고귀한 사랑을
오늘도 허비하려 할까?

언제든 말하시오

커피 한잔을 앞에 놓고
인생의 씁쓰름함을 토해낸다

내 앞에 있는 그가 내 얘기를
들어준다는 것만으로 만족하다

내가 말하고 싶을 때
내 얘기를 들어줄 사람 누군가?

내가 누군가를 필요로 할 때
내게 달려와 줄 사람 누군가?

이런 사람 모두 날 떠났다 할지라도
내안에 진실한 이런 사람 계시오니

언제든 말하시오
무엇이든 말하시오

참 길 되신 그분께서
당신의 씁쓰름함을 제하여 주시리라.

바다가 발안에 들어와

피어나는 봄
2월의 막바지에 선
운치의 속초 바다!

수평선 넘어 뜬
둥근 햇살의 바닷빛이
바람찬 얼굴에 비춰오고

꾸밈없는 백사장에
파도랑 뛰놀다 보니
바다가 발안에 들어와 앉고

더 진하게만 느껴진
봄 바다 앞에서
쉼과 자유의 찰나를 누리는데

추운 겨울을 이겨낸
위엄찬 바다도 파도도
성실한 마음에 기쁨을 놓는다.

* 이 시는 안소영 목사가 현장에서 포스팅한 글을 보고 시로 지어낸
것이다.

꽃의 신비로움 따라

계절은 계절의 순리 따라
제 이름 값을 다 하고
꽃은 추위에도 인(人)의 손길 따라
아름다움을 한 아름 선사한다.

하얀 빨강 노랑 분홍 꽃
제 이름을 갖고서 화려하게
그 이름대로 그 모양대로
섬세함을 넘어 신비로운 자태,

사람의 모습도 이처럼 미적(美的)이랴?
사람의 신묘막측함도 미적(美的)이랴?
죄악의 성향을 제거 한다면
꽃과 같은 영광의 자태 품어내리

꽃은 꽃대로 계절은 계절대로
사람은 신의 형상과 모양으로
제 본분의 역할을 감당하여
조물주 하나님을 경외 할지라.

그런 분

내가 외롭고 슬플 때
누가 내 옆을 지키고 있는가?

내가 기뻐 웃을 때
누가 나와 함께 웃고 있는가?

그 사람은 분명
나와 가장 가까이 있는 자라

나와 가장 가까이 있어
나의 보호자요, 동반자라

나의 슬픈 마음 읽으시고
나의 기쁜 마음 읽으시고

그런 분 어디에 계시나?
그런 분 내 안에 계시오니

깊은 사랑을 원하시고
온전한 사랑을 받으시네.

빛을 비추소서!

주님이시여!
당신의 얼굴의 광채를
이곳에 비추소서!
이 땅에 비추소서!

대한민국 한(恨)의 나라
자유가 숨 쉬는 신의 국가
온 땅에 빛을 발하소서!
참 빛을 발하소서!

그 이름 여호와시여!
정의가 강 같이 흐르게
공의가 파릇파릇 희망차게
당신의 얼굴을 이 땅에 드소서!

피로 얼룩진 이 나라
대한민국 영속들에게
당신의 얼굴의 광채를
비추소서! 비추소서!

그 은혜의 광채로

우리 모두가 구원을 받아
당신의 영광을 찬양하며
한 몸 이룬 빛을 발하리이다.

한파를 다스리며

살을 에는 듯 영하의 추위에
막아설 따뜻한 작은 공간이
작금의 연약한 나를 살립니다.

보글보글 칙칙칙 끓어오른
따뜻하고 달콤한 차 한 잔이
차가운 몸속을 녹입니다.

못내 이기지 못하여
전기난로를 필 때면
옛적 그리움이 찾아들고

무 몇 쪽에 다시 멸치 넣어
오뎅국을 끓여 들이키니
행복한 아침 식사가 됩니다.

화병에 꽂힌 오색 꽃들
바닥에 놓인 고무나무
책상과 단스 위 푸른 화초들…,

방안 중앙에 경(輕)테이블을 놓고

책을 보며 글을 쓰며

오늘 하루도 추위를 이겨냅니다.

겨울밤

일찍 어두워졌건만
날은 또 왜 이리 더디 새노?
긴긴 겨울밤에
잠 없는 자 무엇하라고?

꿈을 향해 사는 자는
한 밤중에도 새벽녘에도
그 꿈의 계시자를 만나나니
오히려 긴긴 밤 은혜로다.

따뜻한 아랫목에
배 깔고 눕던 어린 시절도
침대 머리맡에
쿠션을 기댄 지금도

꿈의 계시자 그분이시여!
그때나 지금이나
여전히 날 사랑하심은 진정
생명책에 기록된 내 이름이나요?

오늘도 예배로 나아가지만

40여년 길들여 온

그저 그런 습관이 아니기를

강하신 팔로 내 맘 잡으소서!

가는 해 오는 해

너는 가고 너는 오느냐
갈 자 가고 올 자 오라
가도 서운치 않고
오니 반갑구나.

가는 해야
잘 살아줘서 고마워
오는 해야
새 삶 가져 오렴

세월은 차차 영글어
열두 수레 왕창 퍼붓고
빈 열두 수레 들이니
아아 그리운 시절이여!

새 수레 받은 새 해
새 기분 새 맘으로
하하하 복 받으리
참 반가운 새 님이여!

재물은 넘실넘실

가치는 업그레이드

사랑은 울려 퍼지고

정은 정대로 쌓이게!!

참고문헌

제자원, 성서아카데미 「그랜드 종합주석」, 2004.

말씀과 은혜와 고백과 시를 담다
여정의 한 빛

초판1쇄   2023년 8월 31일
지은이   신보은
펴낸이   이규종
펴낸곳   엘맨출판사
등록번호   제13-1562호(1985.10.29.)
등록된곳   서울시 마포구 토정로 222
          한국출판콘텐츠센터 422-3
전화   (02) 323-4060, 6401-7004
팩스   (02) 323-6416
이메일   elman1985@hanmail.net
          www.elman.kr

ISBN   978-89-5515-075-9   03230

값 15,000 원